考古与文明丛书

Series in Archaeology and Civilizations

王仁湘 主编

衮衣绣裳
——中国古代服饰

Costumes and Accessories of Ancient China

赵超 著

文物出版社

图书在版编目（CIP）数据

衮衣绣裳：中国古代服饰 / 赵超著 . -- 北京：文物出版社，2024.3

（考古与文明丛书 / 王仁湘主编）

ISBN 978-7-5010-8190-5

Ⅰ . ①衮… Ⅱ . ①赵… Ⅲ . ①服饰—文物—考古—研究—中国—古代 Ⅳ . ① K875.24

中国国家版本馆 CIP 数据核字（2023）第 179464 号

衮衣绣裳
——中国古代服饰

著　　者：赵　超

丛书主编：王仁湘

责任编辑：张冬妮

责任校对：陈　婧

责任印制：张　丽

封面设计：特木热

出版发行：文物出版社

社　　址：北京市东城区东直门内北小街2号楼

邮　　编：100007

网　　址：http://www.wenwu.com

经　　销：新华书店

制版印刷：天津裕同印刷有限公司

开　　本：710mm×1000mm　1/16

印　　张：18.75

版　　次：2024年3月第1版

印　　次：2024年3月第1次印刷

书　　号：ISBN 978-7-5010-8190-5

定　　价：96.00元

徜徉在文明的长河

文明，如同一条长河，涓滴汇溪，宽缓窄急，回旋蜿蜒，奔流不息，时有波平又浪起，时见雾涌又云蒸，景象万千。

文明之河悠长，如今站在长河的何处，我们其实知道也不知道。我们并不知晓河源有多远，也不知晓河流有多长，所以也不能完全明白自己的坐标在哪里。我们只是看到前后不远处的气象，更远处的景致，通常只是从文本与传说获得的印象，既不真切，也不确定，还有许多的猜测。更有文明孕育的遥远年代，许多的故事也都有待发现，有待复构。

我们会好奇，好奇文明长河那些未知的风景，想知道风景是怎样的妖娆，想看看色彩是怎样的斑斓。我们真惊奇，但见长河散璧遗珠，是那样典雅温润，想象中还有多少失踪的宝藏？我们也会惊叹，长河流淌过的人文情怀是如何光灿日月，我们的民族精神是怎样的不屈不挠？我们也很惊疑，长河源头究竟有多远，众里寻她千百度，还需几番探寻才能确认？我们非常向往，文明长河会流向何方，百川归海又会是怎样的气势？

忽如一夜东风来，考古列入国家文化建设战略，我们心中的文明之谜将会加速开解。我们的社会活跃着一批考古人，考古人回归文明长河，直入到历史层面，去获取我们已然忘却的信息，穿越时空去旅行与采风，将从前的事物与消息带给现代人，也带给未来人。

考古，如同是一列筏子，是漂泊在文明长河上的筏子，石器美玉，彩陶黑陶，甲骨青铜，秦砖汉瓦，酒樽茶盏，丝帛锦绣，满载宝藏。这筏子上撑篙把舵的考古人，还会关注更多的细节，他们由细节驶往真实的形色历史中。与历史学家不同的是，考古人是在不同的维度上重现历史的面貌，这是立体的历史，是全真的历史。

考古人研究一式式陶器，一座座废墟，一群群墓葬，一坑坑垃圾，一组组壁画；考察大长城、大古都、大聚落、大陵墓、大运河、大丝路。考古人探索人类起源、农业起源、文明起源、国家起源、文字起源、技术发展以及文化艺术诸多课题。考古，就是研究实在的历史，复原历史的样相与色彩，寻找我们的文化根脉，重构我们的文化传统，重建我们的文化自信。

人事有代谢，往来成古今。过往与未来，都会令我们迷恋。未知的世界，都会让我们好奇。感受文明跳动的脉搏，探究文明前行的动力，明确我们的坐标，要依仗考古人。考古人带我们赏鉴和感触文明长河的浪花，让我们的心灵与过去和未来世界相通。

"考古与文明"这一个系列读本，是考古人合力扎起的一个个筏子，让我们一起登上这筏子，去展开一次次特别的旅行，到文明长河去徜徉去感悟去漂流吧！

王仁湘

目 录

引言

　　今天，虽然地球上仍然充满了各种战乱与矛盾，存在着饥饿与疫病的威胁，但是与人类社会以往的几千年相比，可以说社会已经发展到一个前所未有的锦绣阶段。近一二百年间，人类通过科学技术的发展，已经能够尽量地运用自然力来改善自己的生活。与几千年前的原始社会相比，今天世界上大部分人们的衣食住行已经产生了前人无法想象的巨大变化。特别是在人们的日常生活中，衣装的重要性正在与日俱增。中国改革开放四十多年来，经济发展令世人震惊，国内生产总值达到世界第二位。人民的生活水平有了普遍提高。在日常衣着上的变化，就是最为明显的例证。那种"新三年，旧三年，缝缝补补又三年"的做法，那种衣服色彩单一、式样简单的景象，就是在偏远的欠发达地区也已经见不到了；更不用说大城市里那随时更新的流行衣装式样，变化多端、五彩缤纷的服装颜色，适应冷暖、轻便舒适的四季服装……现代服装的变化，将今天的中国社会打扮得生机勃勃，花团锦簇。对美好服饰的追求，推动着人们奔向越来越美好的明天。

　　更应该看到的，是服装行业在国民经济中所起到的巨大作用。我国的服装纺织产品，在出口商品中占有相当大的比重，加上有关的机械制造、运输贸易，为我国的经济发展提供了大量外汇收入，支撑着现代化建设的飞速发展。改革开放之初，中国就是靠大量纺织品的出口换取了引进先进机械技术的资金。而从养蚕、种棉、放羊、葫麻到纺织、印染、制衣、销售，更是有数以亿计的工人农民参与生产。有关衣着的社会经济运转中吸收了多少劳动力，提供了多少就业位置啊！在当前的现代化工业社会，不能设想，如果在整个社会经济中没有了服装以及有关的行业生产，这个社会会变成什么样子。实际上，当人类向工业社会迈进时，推动他们走出这一步的就是纺织行业的发展。200多年前，就是为了发展英国的纺织业，才出现了新型织机、蒸汽机、铁路以及各种大型机械，使人类进入了工业化时代，才有了以后科学技术的突飞猛进，直至进入今天的电子时代。服饰在人类历史上的作用，是怎么形容也不会过分的。

走到今天，现代人们普遍可以方便地获得轻软舒适、式样精巧美丽的各种衣装，用不断变幻的鲜艳色彩装点着自己。而在人类社会发展的漫长历史中，服装的获得却曾经长期是那么烦劳困难的事情，人们为之付出了大量精力与劳动，使得服装饰物从原始简易逐步发展为华丽复杂，从衣不蔽体发展到服装丰足。这正是人类通过劳动创造推动历史发展的折射。那么，试问一下今天的人们，对于天天要穿的衣装，我们还有没有兴趣去探讨一下它们的演变历史，想不想去关注一下我们的历代祖先是怎样穿着的呢？

要了解古代的衣装服饰，最直接的印象应该来自流传至今的古代实物。虽然大量古代的文献记载中也提及了各种各样的服饰，但是文字的描写毕竟不如亲眼所见来得确切真实。近代以来，随着世界各地考古学的重要发现不断增多，随着考古科技与文物保护技术的发展，出土的古代衣装服饰实物也大量增加，并被越来越完好地保存下来，向我们越来越真实细致地勾勒出了不同历史时期的人类衣着式样。现在，对于不同历史时期的古代服装饰物，从其质地材料到加工式样，基本上都可以清晰地从出土文物上辨析出来。

下面，我们就以近百年来发现的考古文物资料为主，辅以丰富的古代文献资料与绘画雕塑等传世文物，梳理介绍一下中国古代服装饰物演变发展的精彩历史。

追根溯源

服饰缘起

中国是世界上四大文明古国中传承延续时间最为长久的国家。五千年耕读劳作、征战废兴，造就了伟大的中华古代文明。在近3000年前的春秋时期，文化思想空前活跃，诸子蜂起，百家争鸣。在位于今日山东省内的诸侯国鲁国，产生了影响深远的孔孟儒家学派。而在当时儒家始祖孔丘的著作中，就已经把关注民生放在最重要的地位上。于是"衣食住行"就成了从古至今人们嘴上最常出现的字眼。的确，一个人的一生中，哪一天能离开这四件事呢？说得直白一点，每一个老百姓的一生几万天里，不都是在为这四件事碌碌奔波吗？而把衣放在这四件事的第一位，更是突出表现了"衣"在我们祖先心目中的无比重要。《论语·乡党》中记载了孔子对服装要求的谈话，称："君子不以绀缅饰，红紫不以为亵服。当暑，袗绤绤，必表而出之。缁衣，羔裘；素衣，麑裘；黄衣，狐裘。亵裘长，短右袂。必有寝衣，长一身有半。狐貉之厚以居。去丧无所不佩。非帷裳，必杀之。羔裘玄冠不以吊。吉月，必朝服而朝。"用现代白话来说，就是：君子的衣服不用深青中透红或者黑中透红颜色的布镶边，不用红色或紫色的布做家里穿的平常服装。夏天，穿或粗或细的麻布单衣，但一定要套在外边。羔羊皮袍要配黑色外衣，鹿皮袍要配白色外衣，狐皮袍配黄色外衣。在家里穿的皮袍要长一些，右边衣袖短一些。一定要有睡衣，长度达到一人半。用厚毛的狐貉皮做垫子。脱去丧服后，才可以随便佩戴饰物。如果不是礼服，一定要去掉多余的成分。不能穿黑羊羔皮袍戴黑色冠去吊丧。每月的初一，一定要穿着礼服去拜谒君主。从这些孔子对服装与礼仪的叙述中，可以看出他将服装的色彩、式样及配搭都做了清晰的规定，强调了礼与非礼的区别，是把服装作为古代社会礼仪制度的必要组成部分来看待的。而在儒家世代秉持的《周礼》《仪礼》《礼记》三礼典籍中，也有不少对于礼仪服饰的记载与规定。因此，在儒家思想的影响下，古代服装不仅是个人的私事，而且始终紧密地与国家推行的礼仪制度结合在一起，要按照儒家的思想修养要求去着装，从而统一民众思想，使衣着的穿戴和选择也成为维护封建统治的一种政治手段与文化特征，这可能就是古人把"衣"放在首位的原因吧。

轩辕黄帝，被后人称作中华民族的共同祖先，是中华文明最早的代表之一。几千年来的古代文献中，都把黄帝说成是中华民族的始祖，是在人类文明发展中立下诸多功业的伟大英雄。《史记·五帝本纪》中说："轩辕乃修德振兵，治五气，艺五种，抚万民，度四方。"《尚书大传》中说："黄帝始制冠冕，垂衣裳，上栋下宇，以避风雨，礼文法度，兴事创业。"说明古人认为黄帝发明了农耕、建筑、武器、服装……乃至礼仪法律、道德标准等等构成人类社会的一切事物。我们在著名的东汉历史文物——山东嘉祥县武氏石室画像石上可以看到当时人们刻画的黄帝像，并且

图 1 山东嘉祥东汉武氏石室画像石上的黄帝像

在画像旁注明了黄帝的种种功绩，其中之一就是"制衣裳"（图 1）。由此可见，在汉代或汉代以前，我们的祖先就把创造衣服的功绩归于黄帝。如果采用这一说法，那么，服装出现在中华大地上的历史，最少也要有五六千年了。

而在同时，我们自然会想到一个问题，既然说黄帝时才创造出了衣裳，那么，在黄帝之前，是不是就没有衣裳存在呢？我们的祖先，是不是有过一个什么都不穿、与野兽一样"赤条条来去无牵挂"的历史时期呢？

根据达尔文提出的进化论原理和古人类研究成果，可以确认人类是从类人猿进化而来，是从动物界进化而来。那么，上述问题的答案就是肯定的。当然，这个由无衣时期到有衣时期的演变不一定像我们的老祖宗划定的那样，就是发生在黄帝时代。那应该是一个更遥远的时代中的逐渐演变过程。但是人类的原始祖先本来是没有衣着这一点，应该是毫无疑义的。关于这一点，人类祖先遗留下来了各种丰富的图像资料，足以做出非常有力的证明。

地无分南北，世界各地的众多人类文明在其产生与发展中都经历了大致相似的进化过程，可以互相借鉴。这样，我们先来看看世界上其他的古代文明遗迹。在遥远的非洲尼罗河畔，古代埃及王国曾经造就极其宏伟的古代文明。作为古埃及法老

墓葬的众多金字塔、石室墓等遗址中，给我们留下了大量的壁画与雕塑，表现出当时古埃及人的各种形象。我们从中可以看到，当时的埃及人，从国王到奴隶，从男到女，都是经常裸体的。即使是国王，也往往只穿一条裙子或围一条肚带。显然，在古埃及地区的热带气候中，裸体是很平常的事情。在另一个西方文化古国 ——希腊，曾经拥有高度发达的地中海商业文化，是古罗马文化乃至近代西方文明的始祖。在近代考古事业开展以来，这里的古代遗址中出土了大批著名的古代希腊文物 ——陶瓶，这些造型精美的瓶子外壁上面，绘制有丰富多样的图画。这些图画描绘了当时人们的生活场景与神话故事，那上面的人物中，很多是以裸体出现。这应该是当时人们的生活实况写照。而在古代亚述、希腊、罗马、印度等各种早期文化的雕塑作品中，更可以见到大量的裸体人物形象。这些古代文物的写真形象向我们表明，在世界各地，都曾经有过悠长的那样一段历史时期。那时，人们还不知道去穿着衣物，就像西方神话中述说的人类祖先亚当与夏娃在伊甸园中的形象一样。

远在公元前17世纪就开始撰述的西方精神法典 ——《圣经·旧约》中记载了一个美妙的传说：在世界开创之时，上帝耶和华创造了天地万物以后，又仿照自己的形象，"用地上的尘土造人，将生气吹在他鼻孔里，他就成了有灵的活人，名叫亚当"。神造出世界上唯一的一个人类亚当后，为了给他一个伴侣，又从亚当身上抽出一条肋骨，用它造了一个女人 ——夏娃。亚当与夏娃，在伊甸园中赤身裸体，无忧无虑地生活着。"当时夫妻二人赤身露体并不羞耻。"但是，一次，在蛇的诱惑下，夏娃不顾上帝的禁约偷吃了智慧树上的果子，也给亚当吃了。他们马上有了智慧，感到了善恶、真假，产生了羞耻之心。他们开始感到身上一丝不挂实在难堪。于是，他们就采摘了无花果树的叶子来遮掩身体。而后，"神为亚当和他妻子用皮子做衣服给他们穿"。从此，人们便从裸体天堂进入了凡间的衣装时代。这个故事，我们可以从很多西方的宗教名画中看到。有趣的是，这个故事，在一定程度上正是表现了人类在服装上的进化历史。

我们具有悠久文明的中华古国，与西方诸早期文明具有极大的不同。自传说的西周初期周公制礼以来，礼仪规制成为社会上层遵循的基本意识形态。由于礼制束缚，曾经有过漫长的对裸体讳莫如深的时代，以至于汉唐以后的文献传说中

图 2 辽宁牛河梁出土红山文化女神　　　图 3 浙江出土青铜房屋模型中的裸体乐人
　　　塑像（残）

都把裸体说成是鬼怪、蛮夷的特征。但是在近年来的考古发掘中，也陆续发现了一些远古时期的文物，得到了对于古代先民裸体无衣状况的最好证明。这就是20世纪末在辽宁省朝阳地区牛河梁发现的女神塑像，出土于5000多年前的红山文化遗址。在这一遗址的发掘中，清理出来了清晰的古代祭祀坛丘遗迹，说明这里是先民部落的重要祭祀场所。1983年，在这里出土了一尊与真人大小相同的彩绘泥塑"女神"头像与一些泥塑的神像碎块。考古工作者将这些碎块拼合以后，呈现出一个体态丰硕、乳房饱满的裸体女性形象。显然这是根据当时人类的实际形象塑造的。她有力地向我们展现出了5000年前那没有衣服的原始社会风貌（图2）。无独有偶，在浙江的一个古墓葬中也出土过一件大约3000年前的青铜制造的房屋模型，有人认为它可能是古代举行礼仪使用的明堂建筑模型。房屋中，有一组乐人手持乐器，正在表演音乐。而这些乐手全都是赤身裸体，与古代文献中记载生活在这里的越人是裸体文身正相符合。它说明在南方，古人裸体的习惯持续得更长（图3）。

　　可以推想，在漫长的新石器时代，类似的裸体原始部族曾广泛散布在古代中国的土地上。近几十年间，各地在山岩上发现了大量古代人们留下的图画——岩画。这些岩画的绘制时间十分悠久，可能从上万年前延续到近千年前。像广西花山

图 4 广西花山岩画

岩画、内蒙古阴山岩画、新疆阿尔泰岩画等，都是现代重要的田野考古发现。它们虽然绘制得比较简略，却也生动地反映出了当时人们的社会生活景象，如射猎、战争、舞蹈、生殖活动等。上面表现的古代人物中很多都是裸体的形象（图4）。可见不论南北东西，不论农业民族还是牧猎民族，人类的进化过程中都有过漫长的无衣时代。服装的历史只不过是人类进化历史上最近的薄薄几页。

有人会问，既然远古的先民不穿衣服，那么衣服又是怎样出现的呢？我们的祖先为什么要想起用毛皮、织物把自己包裹起来呢？

对于这个有趣的问题，已经有很多学者进行了探讨，例如，有人指出：服装的产生是为了御寒。针对这种意见，人们就会问道：这样，生活在热带的原始人不就永远也不会想到去创造衣裳了吗？也有人认为，创造衣裳是为了实用，是为了保护身体，防止擦伤和虫子叮咬。但即使是今天的衣物也不可能完全有效地保护身体不被擦伤或不被虫子叮咬，古代那些简单的衣物，更不可能完全出于这种目的而被创造出来。也有人认为最早的衣物是出于狩猎的需要，原始人套上动物的皮毛装扮成动物，以便接近猎物。这种做法，我们在描述非洲和大洋洲一些原始部落的民族学著作中可以见到。但是那些介绍中也提到，在狩猎以后，猎人就会脱下这些毛皮。可见它只是一种狩猎工具，不会发展成为日常穿着的衣物。由此看来，很多对于最初服装产生原因的解释都是不符合实际情况的。

实际上，衣服的产生与发展可能是多种因素综合作用的结果。但对于使用衣物遮体的起因，我们认为，最有道理的解释，还是要把衣服与人类文明的发展，与人类的性心理与遮羞心理联系起来。在讨论这个问题时，需要注意民族学与考古学揭示出的大量事实根据，即鲁迅先生早就指出的："即以衣服而论，也是由裸体而用会阴带或围裙，于是有衣服、冠冕。"

在民族学者对各原始部族的大量实地考察资料中，反映出这样一个事实：散居在各地的原始部族居民往往是只掩盖下体，而不穿着其他衣物。例如在大洋洲的当地土著原始部落居民，经常是只兜一条遮盖下体的细带。儿童甚至完全裸体，只是成人才有这样的遮体物。著名的夏威夷土著衣着——草裙，也是同样的服装。中国清代学者在记录台湾高山族居民的衣着时说：高山族男子用一尺多长的布遮盖下体前部，而后部则全部裸露在外。欧美学者对非洲沙漠中生活的一些黑人部落进行考察，发现他们经常赤身裸体，仅在腰胯间悬挂一块织物或者毛皮，有些人仅系一条会阴带。但是他们在沙漠中常年生活，经受了严酷自然条件的磨炼，毫不畏惧寒冷与酷热，能够赤身应付炽热的日光与阴冷的黑夜。如果仅用衣服是为了御寒或保暖等实用目的而产生的观点去解释这些现象，是完全解释不通的。很显然，这些会阴带等织物只是为了掩盖外生殖器，它们应该是具有遮羞（或标志性成熟）与保护生殖器的双重功能。

同样，在原始人那里，首先产生的也应该是这种用来遮掩下体的衣物。我们的祖先也早就认识到这一点。中国汉代的《白虎通义》一书中说："太古之时，衣皮

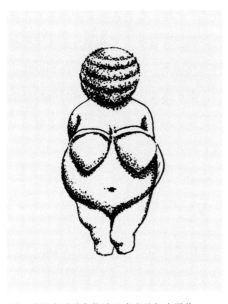

图 5 欧洲奥瑞纳文化遗址出土的妇女雕像

韦，能覆前而不能覆后。"就是说在远古时期人们穿着兽皮、草叶，衣物只能遮住前身而不能盖住身后。考古学上也有类似的实物发现，例如在欧亚大陆的北部地区，西起地中海沿岸，东到贝加尔湖附近，都曾经散布有远古时代的文化遗址。在这些遗址中，多处曾经出土远古人类用骨头与兽牙雕刻的妇女小雕像，其时代可以追溯到上万年以前。这些雕像多为裸体，身躯肥胖，在大腿的根部刻出一条细细的带子，遮住会阴。著名的法国勒斯标格雕像就是一个突出的例子。这种衣物可以说是当前我们所能见到的最早人类衣着。如果让你看了这种衣物后，告诉你它能够御寒或者能帮助狩猎，恐怕是谁也不会相信的（图 5）。

中国古代的哲人早就针对人类的天性指出："食色，性也。"马克思也曾经指出：性欲与饥饿是固定的动力，"存在于一切环境之中"。因此，由于两性生理不同而产生的羞耻感可能造成需要遮羞的人类心理，这是人类与动物界的一个根本不同，也是人类文明的一个重要生长点。从而，造成了用于遮羞的衣物。加上原始人对于原始生殖崇拜的普遍信仰，引出了保护性器官的必要性，促进了会阴带的使用。另外也有学者提出异议，如格罗塞在其《艺术的起源》一书中提出："原始人类的身体遮护……并不是为了对性器官的遮掩，而是为了表彰，引起异性的注意。"这两种意见对服装作用的解释虽然正相反，但都是从性心理上去解释服装的产生原因。

总而言之，道德观念、性意识等这些表面看来与衣着毫不相关的人类思想意识，却是造成衣服产生的决定因素。由此看来，衣服自从产生的那一天起，就被牢牢地捆在了文明与思想的快车上，随着它一同发展、变化，影响着人类社会的面貌。这样，衣着便不仅仅是人类外表的包装，它更是人类内心的折射，是人类思想意识与文明进化的具体体现。作为在5000年前就把衣冠礼乐放在至高地位的中华古国，拥有世界上历史最为悠久的不间断文明，衣装在中华古代文明中的作用更是无与伦比的。

我们把视线转向更为遥远的人类初始时期，从猿人发展到智人的远古阶段，由于考古发掘中尚未发现这一时期的服饰实物，我们只能根据现有的一点资料以及民族学、古代文献中的旁证来对远古人们的服饰做些推测。

远古人们首先穿着的衣服，当然不会是用现在这样的各种纺织品制作的。例如我们在远古原始雕像上看到的会阴带，它可能是用兽皮剪裁，也可能是一种简单的植物纤维纺织品。而在产生织物之前，人们使用的服装用料，很可能就是动物的毛皮与植物叶子。

野兽是原始人类的主要食物，利用兽皮应该是人类产生要穿衣物的思想后很自然的结果。家喻户晓的中国古典名著《西游记》中，描述了这样一段情节：唐僧从五行山下把赤裸裸的孙悟空解救出来后，走了不远，就见到一只老虎。孙悟空笑道：这是给我送衣服来的。于是一棒将老虎打死，剥下个囫囵皮来，割成四四方方一块，把它围在腰间，揪下一条葛藤，紧紧束定。这种描写，真有点像原始人的生活了。

根据民族学的调查资料，有些原始部族最初可能是披上一块完整的兽皮或树皮。例如云南、贵州等地的彝族人曾穿着一种羊皮衣。它是用一块完整的羊皮制作的，仍保存着羊的外形，用羊腿系在一起代替纽扣。夏天正着穿，冬天反着穿。纳西族的羊披肩也是这样一块方形的羊皮，用绳子拴在身上。白天披上遮挡风雨，晚上当作被盖，不论晴天雨天、酷暑寒冬，时刻不离。类似的全皮衣物在各地的民族衣物中都有过发现。

而在以采摘业与农业为主要生活来源的民族中，在植物茂盛的地区，人们更可能先使用植物叶子作为衣物。自然界中的树叶草藤不但随手可得，而且更易于缠绕在身上。当原始人类产生了遮掩身体的要求后，就从附近摘取一些草叶、树叶用藤萝缠绕在身上，这是多么自然、多么顺理成章的进展啊！《圣经·旧约》中讲亚当与夏娃最早是用无花果叶遮挡下体，应该也是符合远古人类的生活实际，有所依据的。

近代著名画家徐悲鸿先生曾经画过古代诗人屈原的名作《九歌·山鬼》，画面上，一位美丽的少女，身上缠绕着鲜花与香草，骑坐在豹子上，显得如此神秘。她来源于诗人的名句："若有人兮山之阿，披薜荔兮带女萝。"这个在山道上时隐时现的女神，以花草树叶为衣，不仅令历代的读者产生无限美妙的遐想，而且确切地描绘了古代人们的衣着材料来源。

对中国南方少数民族的调查中，可以看到一些地区的少数民族仍然保存着穿戴草叶的习惯。在一些清代的野史笔记中记载了苗族男子披着草衣短裙。《滇黔记游》记载清代的云南少数民族"纫叶为衣"，台湾的高山族人用芭蕉叶或椰树皮做衣服。广东有些少数民族用竹皮制作衣服。这些都应该是古代人们直接穿用植物的孑遗。表明我们的祖先有过一个那样的"初级阶段"。

向自然学习，利用自然界的馈赠来改善自身生存条件，是人类发展中的根本因素。与动物不同，人类是通过制造工具与掌握生产技术来改变命运，成为世界的主人的。但最初的每一种创造，都经过了长期的摸索与总结。而每一种简单工具的产生，都对人类的进化起着巨大的促进作用。今天很少有人会想过，仿效自然界中藤萝类植物而产生的绳索是人类发展史上多么重要的一项发明。将植物纤维或动物纤维搓成线绳，这个发明是人类发明纺织与服装制造的第一步。其所具有的开天辟地一般的意义绝不可以轻视。没有它，就没有后来的一切织物与服装，没有今日人类经济的重要支柱 ——服装纺织业，甚至没有捆扎、牵引、提举等有关生产技艺与有关工具。对于这一点，也许我们的祖先看得比我们更清楚。在流传至今的商周青铜器上，铸有大量青铜器主人所属的古代氏族徽号。这些徽号由各种图形符号组成，用符号刻画出这些氏族的祖先所创造的光辉业绩。这些业绩大多也是人类生产发展历程中的重大成就，例如驯养家畜、制酒、造船、制车轮、版筑造屋等等，其中也有表示制作绳索的族徽和表示从事纺织的族徽。还有一种族徽符号，是在表现一种摇制绳索的绳车。有趣的是，类似的绳车直到现在还被使用着，堪称一种活文物。在20世纪末，西北农村中还使用类似的器械制作粗麻绳。这些商代的族徽，生动地表现出当时社会生活中对绳索和各种线绳的需求在急剧增加，表现出从最初的手工制绳发展到简单机械制绳。由此可见，绳索的发明与应用曾经在我们祖先的头脑中留下了多么深刻的印象（图6）。

线绳的出现，使动物毛皮得到进一步利用，更新式的草叶服装也得以出现。早

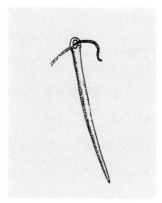

图 6 商周青铜器铭文族徽中的绳车、织锦与绳索图像　　　　图 7 山顶洞人使用的骨针

在旧石器时代晚期，人们就开始使用磨制的和钻孔的骨、石工具，其中就包括缝制衣物的针。北京周口店的山顶洞人遗址中，曾经发现了一枚20000年前的骨针。它保存完好，仅针孔有残缺，全长82毫米，针孔的直径约3毫米，刮磨得很光滑（图7）。学者们一致认为，它是当时人们用来缝纫的工具。这枚骨针的出现，意味着人类的生产技能已经提高到可以将兽皮缝缀起来使用的地步。那些缝缀起来的皮毛，无疑应该是山顶洞人服装的一部分。可以设想，用兽皮制作的衣服，既坚固又保暖，还有一定的美观效果，在古代，曾经被寒温带的人们长期穿用。近来，在辽宁省海城小孤山遗址又出土了迄今发现中年代最早的骨针，大约已经有了45000年的历史。

　　有些学者推测，在石器时代，人们可以使用锋利的石切割器把兽皮割成一条条、一块块，让它们适用于遮掩身体各部位的需要。然后，经过长期的生活实践，又懂得了将切割开的皮块用皮条连接起来，形成一些服装式样。到了人们通过实践与思考，知道利用骨针和动物筋、线绳等来缝制衣服时，服装的制作便达到了一个新的阶段。这时，人们开始将切割开的各种不同形状的皮片缝合到一起，形成比较完善的服装。需要指出，这仅仅是一种推测，还没有具体实物证明。从现有的资料看，山顶洞人使用骨针，很可能是用它将兽皮缝成大片，在夜晚作为被褥或帐幕使用，主要用于遮挡风雪。然而，这确实就是人类服装的起点。让我们设想一下，在深邃的山洞中，大堆的篝火旁，山顶洞人用骨针缝缀着一片片毛皮。这是一幅多么温馨的生活画面啊！如果我们玩一个超越，把这幅场景与今天服装厂中哒哒作响的成排电动缝纫机放在一起，那该是一种多么强烈的对比。而这种对比，就是几万年来，人类服装文明迈出的一大步。

人们最早穿用兽皮，可能还是像我们在前面说过的彝族人羊皮衣那样，整块披裹。后来，有人将兽皮中央穿一个洞，把头套进去，然后前后对折，束在腰间。有了纺织品后，也有可能是将树皮布、麻布等斜披在背后，再从身体两侧通过肩、腋绕向胸前。由于这种穿法简便易行，古今很多民族都曾经这样穿衣。直至近代，云南独龙族的衣装还是这种样式。

有了利用自然馈赠制作衣物的观念后，人们逐渐开始充分利用各种衣物来保护自己。在发挥衣物的保护功能这方面，鞋、帽与覆盖全身的长衣则是古人类的新创造。古代的帽子与鞋子也是利用树叶、兽皮等材料制作而成。这些同样可以从民族学的资料中找到证明。老人们都知道，东北曾经有过一首民谣："关东山，三件宝：人参、貂皮、乌拉草。"乌拉草的用途是填充在冬季的保暖鞋 —— 靰鞡中。而靰鞡就是用一整块牛皮做成的。这种鞋今天恐怕见不到了。它和最早的鞋子大约一脉相传，都是用一块皮子包在脚上。清代的《云南志略》一书中记载：古代的僚人用桦树皮制作帽子。阿昌族人用竹子做帽子，上面还要包上熊皮。南方的人们则多用草来编织鞋子。这种做法，直到现在还仍然存在。

有句话说得不错："天生万物以养人。"大自然给予人们的生活资料真是无比丰富。除了使用兽皮以外，人们还注意到其他的一些天然物品也可以利用来做衣服。在南方，有一些有韧性的树皮就被充分利用。如台湾的高山族同胞曾经以楮树或构树皮制作树皮布。他们在夏季用石刀把树皮从楮树或构树上剥下来，因为这时的树皮含水分多，柔软，容易剥取，也利于加工制作。加工的过程很细致，先要用力捶打树皮，去掉上面的杂质，然后再把它揉软，最后晒干。云南西双版纳的基诺族人和傣族人用箭毒木的树皮做树皮布。他们也是先剥下树皮，然后将它在水中浸泡多时，再将它捣烂、漂洗干净，剩下的纤维就可以用来做衣服，如头巾、腰裙、外衣等。东北的赫哲族人不会纺织，他们则利用鱼皮制作外衣。

利用动植物纤维，是人类发明纺织业的根本。这条道路自然是从人们懂得捻线那一步开始的。最早人们应该是用手捻搓，把植物纤维或动物毛发捻成长长的细线。而后就创造了纺轮这样的原始工具来纺线。在5000年至8000年前的属于中国新石器文化的古代人类居住遗址中，如河姆渡、庙底沟等地的新石器文化遗址，都曾经发现大量各种形制的纺轮（图8）。这些纺轮有石制的，也有陶制的。它们的构造很简单，在石或陶制的轮盘中央凿一个洞，插上一根木制的纺杆。纺杆上方刻有一个倒钩。这就形成了一件使用历史最长的纺织工具，至今我们在一些偏远地区的农村中还可以见到这样的纺轮。使用它纺线时，先将动植物纤维用手搓出一条线头，把它拴在纺杆的底部，并绕在纺杆上。然后将纺轮垂下，使它转动，就可以利用转动将纤维均匀

图 8 新石器时代的陶纺轮

地纺成线了。操作者只要一面转动轮盘，一面将毛、麻、棉、丝等纤维续进去，就可以纺出长长的线来。同样的纺轮也出现在世界各地的远古遗址中，在公元前3500年外里海地区的安诺文化最下层中就已发现了陶纺轮。在伊拉克的埃利都遗址、希腊克里特岛的新石器文化遗存中也都发现过陶纺轮。这种小小的工具，又是人类文明进化上的一个重大突破。它标志着人类创造机械的开始。可能当时人类已经注意到了圆的转动，了解到圆与转动的机械效能，也就知道了轮子的使用。它使人类掌握了省力的方法，懂得了利用机械工具来更好地向自然索取。这自然会极大地加速人类社会前进的步伐。纺轮、车轮与制陶用轮，应该是人类最早使用的机械工具。有了它们，才有了人类工具的不断发展，才创造出现代文明的一切成就。从这一点出发来评价服装的产生在人类文明发展中的伟大作用，是怎么赞美也不会过分的。

　　通过大面积的考古发掘，在各地的新石器文化遗址中发现了如此之多的纺轮，

正说明当时纺线已经成为大规模的生产活动。如此大量的纺线活动，自然不会只生产一些用于缝纫的线绳。在今天，一些农村还有类似的纺轮使用。一个熟练的妇女，用它一天可以纺出半斤以上的细线，大约有上千米长。原始先民的生产力可能不会与此相差太多。这时纺出的大量线应该是用于纺织，织出新的服装面料 ——纺织品。一个新的服装世界由此开始了。

　　布帛纺织技术的灵感是怎么得来的呢？从人类与自然的关系来看，它很可能是来源于编织技术的产生。利用柔软的树木枝条与草茎编织成筐、篓、席等简单器物，是古代社会中十分普遍的生产技巧，也应该是人类从自然中最早得到的启发之一。可能在上万年前的旧石器时代，已经开始了用树枝、草茎来编织筐、篮、席子等器物的生产活动。鉴于采摘果实种子是原始社会中很多部落的主要生存方式，对存储器皿的需要十分迫切，并由此产生了最早的编织技术。由于现在很多学者都认为，古代陶器的发明，可能是源于这样一个过程：原始人先编织了筐、篮，用于装采摘来的果实、种子等食物，而后又在筐篮上涂抹陶土，堵塞空隙，以免细小的籽实漏出。可能在偶然的情况下，这样的筐篮被火烧了，使得陶土浆形成的外套烧成了坚硬的陶器。由此启发人们，开创了制作陶器的工艺过程。也有的学者不同意这一结论，认为陶器的产生与编织的筐、篮无关。但不管结论如何，编织器物都是先于陶器产生，编织技术出现早于人类开始制作陶器的时代。所以编织工艺应该是非常古老的一种技艺。直至今日，东北的鄂伦春族人还不会织布，但是他们能用柳条编织门帘，用马尾绳编织鞍垫等。或许也从一个侧面说明了编织技术的产生要早于纺织技术。在新石器时代的仰韶文化半坡遗址中，曾经发现在其底部保留有席子条纹的陶器残片，说明陶坯制成后曾经放置在席子上晾干。它是当时存在着成熟的编织工艺的具体证明。

　　用绳子织成网来捕鱼、捕鸟，也是原始人类利用植物纤维谋生的重要发明。在马家窑文化的彩陶盆上，可以看到网格式的花纹，可能就是表现当时使用的渔网。网的编织方式已经与织布十分接近。最早的布匹还是比较粗疏的，古人就形容它与网罗一样。显然织布技术就是在各种编织工艺的发展中逐步完善成熟的。

　　在中国一些少数民族中保留下来一些十分简陋的织布机。它们就是原始织布机的影子。例如在南方的黎族、佤族、基诺族、布朗族、高山族等民族居住地区都可以找到一种席地使用的水平式腰机。它是由几根粗细不等的圆木棒构成。用它织布时要席地而坐，把经线的一端拴在腰间，另一端分布开拴在一根木棒上，其他的木棒穿过经线把经线撑起。织布者双脚伸直，踏住拴经线的木棒，然后用梭子来回穿过经线引出纬线，使之横竖交叉，再用木刀把纬线打紧，如此反复操作，从而织成布匹。

20世纪50年代，在云南晋宁石寨山的滇国文化遗址曾经出土一件用青铜制作的贮贝器。在这件贮贝器上

图9 山东大汶口文化遗址出土陶杯底部的麻布纹痕迹

雕铸出各式各样的人物形象。其中就有一些用席地式水平织机织布的妇女。这些妇女有的在用纬刀用力打纬，有的正在来回抛梭子，有的双手握刀向前剔经线。这些动作都是织布的基本动作，把它们连接起来，就形成了一套完整的原始纺织过程，仿佛一系列静止的录像场面。原始人们使用的早期织机，估计与此原理基本相同。这就表明，在古代社会中已经有了明确的分工，纺织是妇女们日常从事的一项重要劳作，是社会生产的重要组成部分。

更重要的是，在五六千年前的陕西省临潼姜寨、陕西省华县泉护、河南省陕县庙底沟、山东省大汶口等新石器文化遗址中，都曾经在出土陶器的底部发现了布纹的印痕（图9）。这是由于当时在制作陶器时，使用麻布垫底。布的纹理便留在了陶器上。可见那时布已经不是罕见的贵重物品了。显然在新石器时代纺织已经是较为普遍的生产现象。在庙底沟等地陶器上发现的布纹是一种十分粗疏的布帛留下的，在每平方厘米中只有10根经线与10根纬线。很像汉代《淮南子·氾论训》中所说的："伯余之初作衣也。緂麻索缕，手经指挂，其成犹网罗。"意思是：伯余最初制作衣物时，用麻的纤维搓成线，在手指上挂上经线织布，织成的布像网一样粗疏。可见早期的布帛之简陋。在时代与此相近的浙江省余姚河姆渡新石器文化遗址

中，曾经发现用苘麻纺的双股线。同时这里还出土了木制的纺车与织机零件，如打纬刀、梳理经线用的长条木制齿形器、两端带有缺口的卷布轴等。明确表现出纺织技术的存在与进展。这些遗物经用碳14测定年代，距今大约7000年。

在稍晚于河姆渡时期的江苏省吴县草鞋山遗址中出土了当时编织的双股经线的罗地葛布。布面上用圈绕的方法织出了罗纹。这种葛布的经线密度为每平方厘米10根，纬线密度为每平方厘米13至14根，花纹部分可以达到28根纬线，已经比较精细了。说明当时纺织技术的进步。这种葛布是目前中国发现的最早的葛纺织品。藤葛最初是野生植物，后来由人工栽培，大量利用。人们在收割藤葛后用热水煮烂它，就可以剥出葛纤维。葛布疏薄轻凉，适合在夏天穿用，应该是一种上层社会享用的纺织品。正如战国时期的《韩非子·五蠹》中所说：当时的贵人"冬日麑裘，夏日葛衣"。

再晚一些，在距今约5000年的浙江省吴兴钱山漾新石器文化遗址中，出土了苎麻纺织物的残片，包括有麻布与细麻绳等。其中的平纹麻布，经线与纬线的密度达每平方厘米16至24根，甚至有些达到经线31根、纬线20根。其密度与现代的细麻布相近。比吴县草鞋山遗址中出土的双股经线的罗地葛布织造技术更为进步。在南方的一些原始部族中，还开始利用木棉、棉花等植物纤维纺织。在距今约3200年的福建省崇安武夷山船棺葬内发现了青灰色的联核木棉布，它的经纬密度各为每平方厘米14根。这些考古发现，从多方面展示了古人们在纺织技术上的进步，充分证明当时的人们已经熟练地利用各种植物纤维来大量制作衣物了。

北方内陆的原始先民们则大量利用羊毛、驼毛以及其他动物毛纤维。近年来，多次在新疆出土了古代的毛纺织物。如在罗布泊中曾经出土了数千年前的古尸，身上包裹着一种粗毛织物。由于内陆戈壁的干燥气候，这些织物保存得比较完好。距今约3200年的哈密五堡遗址中，曾出土了精美的毛织品。其中有平纹与斜纹两种织法织成的毛布。还有用彩线织成条纹的毛罽。毛罽是一种类似毡子的物品，比较厚，应该是作为褥垫使用。把动物毛平铺在一起，用力捶打或碾压，就会使之互相粘接，形成大块的毛毡。这种制作方法比纺织要简便，可能很早就被古人应用了。

现代的考古发掘工作，在从南到北、从东到西的华夏大地上广泛发现了如此之多的数千年前的纺织品。有力地揭示出古代人类大量使用麻、葛、毛、丝等动植物纤维来进行纺织的事实。这也是中华先民们走出莽荒，告别裸体，向自然索取温暖与舒适的具体体现。

从新石器时期的陶器上，我们还可以幸运地见到一些仿照当时人的形象制作的陶器。从而直观了解到一些当时人的衣着情况（图 10）。

1988 年，在甘肃省玉门出土了一件新石器时代的彩陶人形器。制作者巧妙地将人的头做成器口，两臂做成器

图 10 彩陶罐口的披发女人像

柄，身上有网纹的饰件，似乎是粗布的衣服，下穿不连裆的裤子，脚上有翘头的靴子，显得憨厚可爱。这里还出土过一些模仿人的下半身的彩陶罐，有明显的裤子与鞋，罐身像是一条腰间束紧的裙子。1989 年在甘肃省甘南藏族自治州卓尼县冰崖村出土的彩陶人形瓶，身上画了四排斜角弧线纹，可能就是象征有纹样的衣服。或许可以证明当时的人已经普遍穿着了外衣与鞋子。出土文物表明，在新石器时代，人们已经制造了帽子。现在能够见到的上古戴帽人物形象戴着的是看来已经很完善的帽子。例如在仰韶文化遗址中曾经出土过大量绘有人面鱼纹的彩陶盆。在这些人面形象的头顶都绘制出一个大大的三角形，在三角形的外面还画出短线表示的绒毛，表明它应该是一种动物毛皮制作的帽子。而在陕西临潼邓家庄曾出土一件属于庙底沟文化类型的陶塑人像，他戴了一顶完整的圆沿软帽，与现在人们戴的圆毡帽十分相似，或许也是毛毡制作的。这种平顶圆帽可能在新石器时代长期流行，湖北省天门县邓家湾的新石器时代石家河文化遗址出土了一件陶塑女子像，头上戴有平顶的有檐圆筒高帽。陕西省北首岭新石器文化遗址中也出土过头戴平顶帽的人像。在甘肃省秦安大地湾遗址出土的一件带有人头形器口的彩陶瓶上，也表现了一顶圆形的平顶帽。这件彩陶瓶属于仰韶文化中期，距今五六千年（图 11）。

青海省大通县上孙家寨出土的属于新石器时代马家窑文化的彩陶盆，是著名的珍贵文物，它上面画了三组舞蹈人物，反映了当时人们的群居生活。这些凝固在红色陶盆上的黑色舞蹈人物穿着窄袖紧身、长度与膝部相齐的衣服，头戴巾子或梳发

羴。特别有趣的是他们还在身上垂下一条兽尾一样的饰物（图12）。1995年，青海省同德县团结村也出土了类似的彩陶盆。上面画的人物穿着紧身上衣，下身却穿着鼓成球形的短裙，似乎是表现舞蹈时短裙飘起的景象。安徽省含山县凌家滩新石器文化遗址中出土过一件玉人。它身穿紧身衣裤，束腰，头戴有方格的扁平圆帽。这已经是一套完整的衣装了（图13）。甘肃省玉门还出土过陶制的尖头靴子。从而告诉我们当时已经有了从头到脚的各种服装。这些实物证据虽然比较简单粗糙，不能更为具体地表现出新石器时代的衣装细节，但也足以反映出当时多姿多彩的衣着式样了。

附带说一下青海省大通县上孙家寨出土的彩陶盆上表现出的古人系尾习俗。这种模仿动物形象的饰物很可能是古人们原始图腾信仰的一种表现，也可能是出于对勇猛动物的崇拜心理，希望自己能具有与凶猛动物一样的能力。它不仅出现在新石器时代的马家窑文化中，在内蒙古阴山岩画中也可以看到一些系有尾饰的人物形象，这些岩画的绘制时间，有些学者也把它定在新石器时代。直至汉代，还可以看到这种系尾的习俗存在。东汉时期的著名字书《说文解字》中解释"尾"字时称："尾，微也。古人或饰系尾，西南亦然。"《后汉书·南蛮西南夷列传》中记录："盘瓠死后，因自相夫妻。织绩木皮，染以草实，好五色衣服，制裁皆有尾形。"《华阳国志·南中志》称："（哀牢蛮）衣后著十尾，臂胫刻之龙文。"可知直至汉代，西南地区的少数民族中还保留着系尾的风俗。图像文物中，我们可以看到湖北江陵凤凰山西汉墓中出土的一件漆盾上，有红色彩绘的人物形象，其中一个人的衣后附着一个小卷尾。这种装饰，甚至可以在甲骨文字中看到。商代甲骨文中的"仆"字，是具有象形意义的文字，表现一个侧身的人托举着一个畚箕在簸米。而这个人形的身后也垂挂有一个尾饰。凡此种种，说明在中国古代长期存在着系尾这样一种服饰习俗，它正是古代先民思想意识的生动体现与宝贵遗存。

这种习俗不仅限于中国先民之中，在世界各地的岩画遗存中都可以看到装饰有尾巴的人像，例如在蒙古和西伯利亚，在非洲的博茨瓦纳、北欧的斯堪的那维亚半岛、美洲的智利等地，都发现过类似的岩画。由此看来，装饰上尾巴是一种人类进化过程中普遍存在的特殊审美现象。为什么先民要装饰上一条尾巴呢？俄国哲学家普列汉诺夫认为：佩戴一些模仿动物的装饰品"是在暗示自己的灵巧及有力。因为

图 11 仰韶文化庙底沟类型人头陶罐

图 13 安徽含山凌家滩遗址出土的玉人

图 12 青海大通上孙家寨出土的彩陶盆

谁战胜了灵巧的东西，谁就是灵巧的人。谁战胜了力大的东西，谁自己就是有力的人。这些东西最初只是作为勇敢、灵巧和有力的标记而佩戴的。只是到了后来，正是由于它们是勇敢、灵巧和有力的标记，所以引起了审美的感觉，归入装饰品的范围。"

以上介绍的众多考古发现证明，在新石器文化时期，先民们已经把制作服装作为生产活动的一个重要组成部分。服装已经成为生活的必需品。从此，穿上服装的人类文明将以前所未有的加速度向前奔驰。

远古美饰

开始我们曾经提到，古代的原始人是从赤身裸体走向具有衣服佩饰的文明之路的。但是，如果我们把遮盖身体的任何做法都看作是衣装服饰的先声，那么，就不能忽视原始人在自己身上进行装饰的历史。这里说的装饰，包括对自身外表的美化，如在身上涂抹花纹，将头发做成各种形状，以及对某些身体部位的手术变形等；还包括佩带外来的装饰物，如项链、手镯、腰带等。这些做法的起源，可能比衣服更早。它们应该同样是源于人类的性选择与性羞耻等思想意识。从动物学的研究中，我们知道，很多雄性动物都表现出比雌性更明显的外部特征，例如雄狮的鬃毛、公孔雀的长尾、雄鹿的长角……这些特征大多与动物繁殖中的性选择有关。而原始人类对自身进行装饰，使其彰显突出，可能也是出于类似的心理。这些装饰和衣着相辅相成，共同对人体加以遮掩与美化，从而表现出人类的审美观点，表现出文明的进展。

追溯人类的祖先，往往需要提到著名的周口店北京猿人遗址。这里不仅发现过距今大约70万至20万年的北京猿人头骨等重要遗物，还发现有生活在距今20000年左右的山顶洞人的大量遗迹，是研究远古人类生活的重要遗址。山顶洞人是属于旧石器晚期的原始人部族，由于居住在周口店山顶的一处洞窟而得名。山顶洞的下室是当时人们用于埋葬尸体的地方。在这里出土了完整的人头骨与一些躯干骨。引起人们注意的是，这些遗骨不是随便埋葬的，而是在骨架的周围专门撒有红色的赤

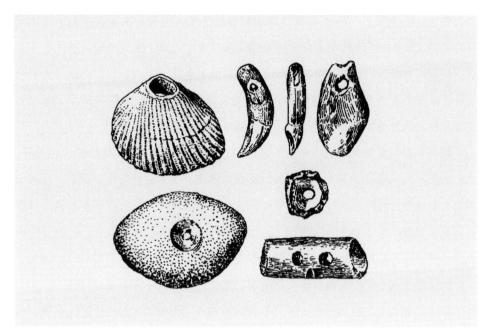

图 14 山顶洞人遗址出土的装饰品

铁矿粉末。有人解释，这是一种用于丧葬的仪式，可能是代表给死者补充血液，求得灵魂永生，从而表明当时的人已经有了宗教思想。如果这种假说可以成立，那么，当时有性意识与审美心理的存在也就很自然了。这里还发现了大量人工制造的装饰品。其中有穿孔的兽牙、石珠、石坠、骨管、海蚶壳、鲩鱼眼上的骨片与刻有沟槽的骨管等（图14）。有些装饰品大概是经过长期佩带，孔眼已经磨光变形了。其中有5件在出土时排列成一个半圆形，可能是一条成串的项链。在这些装饰品中，制作得最精巧的是7粒小石珠。它们的表面染成红色，散布在一个头骨的周围，发掘者推测，可能是当时的头饰。出土物中还有用天然的椭圆形黄绿色小砾石制作的磨孔石坠。纵观旧石器时代的发掘工作，可知这些装饰物上面出现的钻孔、磨制、染色等加工技术在旧石器文化的遗物中是首次出现。它们表现了人类文明一个新的发展阶段。

德国学者利普斯在他的《事物的起源》一书中说："自然界没有哪种东西不曾被用来装饰人体以显示风韵和富有。野猪牙、蝙蝠齿、蛋壳圆片、蛇骨、蜗牛、干果串珠、种子、美洲巨嘴鸟的喙、象牙碎片、龟壳耳饰、铁和金银铸造的环，仅是其中的一些例子。""有些部落，如加利福尼亚东南部的卡米亚人，男子使用某种介类的壳，而只有妇女才能使用蚌蚶磨出的美丽'蓝珠'作为项圈。澳大利亚土著居民有两种特殊的偏爱；澳洲中部之西及南部之东北，使用昆士兰的包贝为装饰品；仅有这个大陆西半部使用珍珠蚌壳作为装饰品。"就通过民族学调查了解到的原始部族习俗反映了远古人类使用装饰品的现象。

这些丰富的装饰品，可以向我们表现出古代人类心目中五彩缤纷的美感世界。它们是原始人注重自身美观，利用天然器物来修饰、美化自身的重要标志，反映出原始人灵魂中已经存在的对美的本能渴求。在这些用今天人们的眼光看上去十分粗糙简陋的装饰品中，我们可以感受到人类精神中固有的对美的呼唤。追求美的历史，也就是人类精神文明的历史，便从这里开始起步。

到了距今六七千年的新石器文化时期，这类装饰品就非常普遍地出现了。它们的形状也更加规范，更加精致，并且分化成各种不同的种类，如：耳饰、项链、戒指、手镯、头饰等。随着手工业技术的发展，用来制作装饰品的材料也越来越丰富。石料、玉、宝石、蚌壳、贝、象牙、骨、藤、硬木等，都成为制作装饰品的好原料。可见人类生产涉及的范围已经越来越广泛了。

在考古发现的古代文物中，反映这些装饰品的例子很多。更有一些文物直接表现出古人佩戴装饰品的情况。例如在陕西省礼泉出土了一些属于仰韶文化的陶人像。他的两只耳朵上都发现了贯通的孔洞，这显然是在模仿当时人们耳朵上有佩戴耳饰用的孔洞。大约相当于商朝时期的四川广汉三星堆遗址中，曾经出土一批精美逼真的青铜人像。根据他们的体貌特征，有人认为它们就是当时蜀人的写照。他们的长耳垂上同样有穿耳饰的孔洞（图15）。在商、周一些大型墓葬中出土的玉器里，可能有些就是用于作耳饰的。中国古代把用玉做的耳饰叫作珥、瑱等。汉代的字书《说文解字》中解释："瑱，以玉充耳者。"就是把玉饰直接塞入耳朵上的洞里。在民族调查中，可以看到这种做法在我国西南一些民族中一直保留下来，给我们留下了直观的认识。像傣族的耳塞就是在耳朵上开一个小洞，塞入一个小竹筒。而独龙族人习惯在耳朵上系大木环或藤环。彝族的做法比较接近现代人。他们是在耳垂上穿洞后，系上一根彩丝线，下拴玉石耳坠。国外一些原始部族，如非洲、大洋洲的土著人，也有在耳上穿洞，塞木棍、藤环等饰物的习惯。

图 15 广汉三星堆遗址出土青铜人像

图 16 辽宁朝阳红山遗址出土的青玉冠饰

在陕西省临潼姜寨新石器文化遗址的一处少女墓葬中，出土了一套美丽的项饰。它由 8721 件有孔的骨珠组成，还包括有石珠、石管、兽牙与蚌壳等。我们可以想象，制作这套项饰该花费了当时人们多么大的精力。在当时，它也一定是非常值得宝贵的财富了。这个少女应该是在部落中受到人们高度钟爱的孩子。可能就是酋长的女儿吧？在山东省的大汶口文化遗址中也发现过大量由穿孔石饰与兽骨、牙饰物组成的项饰。特别是江苏省南京北阴阳营遗址中出土的项链，十分精致，由磨制得极其精细的玉石与玛瑙珠、玛瑙管等组成。色彩鲜艳，造型美观，堪称一件首饰精品。清代编撰的《凤山县志》中曾记录台湾高山族的风俗，称："或串海螺壳、树实，红白相间，长数十围，系于颈或手腕间以为美观。"也从侧面反映了原始部族佩戴项链、手链的习俗。在辽宁省朝阳地区的红山文化遗址中，出土过玉制的冠形器，很可能就是用来装饰头上的发髻的（图 16）。浙江省的良渚文化遗址中发现过多种玉石制作的冠饰，花纹精细怪异。它们大约都是当时上层人士戴的饰物，不仅装饰自身，而且带有一定的标志身份地位意义了。这种冠饰很可能是和羽毛一起组成羽冠，就像北美印第安人戴的羽冠一样，华丽无比。在浙江余杭出土的良渚文化玉器上雕刻有精细的花纹，上面常有一个头戴羽冠的人物头像。那大概就是当时大酋长或巫师的形象了。我们在云南省元江、沧源等地的岩画上，也可以见到头戴羽冠的原始社会人物形象。

　　佩带饰物是一种人体的装饰方法。美化自己的身体也是一种人体装饰方法，而且是原始人类最常使用的装饰方法。其实这种整容美化至今仍然兴盛不衰，有人不惜一掷千金去把自己的面容、体型修整改变。只不过那时的审美观念与当今有所不同而已。原始的美化身体方法有：改变自己的部分形体，刻绘肌肤，造成花纹，以及整理毛发等。我们在世界各地的一些原始部落中可以看到，有人将嘴唇刻成豁口，把耳朵拉长，用多个藤环、银环将脖子束缚成细长形状等。就都是古代延续下来的美化自身的做法。德国学者利普斯的《事物的起源》一书中介绍过："牙齿毁形还不算最奇异之事，许多原始人为虚荣而洞穿鼻梁的习俗，才是名闻遐迩。……最为奇异的方法是在上唇或下唇穿洞，或两唇都穿洞，然后填以木头圆片或象牙圆片，耳垂部也时常这样处理。阿拉斯加的印第安人在下唇中心戴上这样的木片，称为'拉白利特'。西非则是乍得湖地区的习俗。"说明这样的整容修饰方法在世界各地的原始部落中都曾经存在过。

　　在中国的考古发现中，从山东大汶口文化遗址中出土的先民头骨显示出：当时的人经常自己拔去一部分牙齿，为的是使自己的面部轮廓得到改变。在王因遗址中，发掘出一些口腔中遗留有弹丸的先民遗骨，从而发现了人们将弹丸放在下颌内的一侧或两侧，从而改变下颌形状的做法。时至近代，还有一些中国北方地区的居民在婴儿出生后将他们固定在木板上，让他们枕硬枕头，甚至用木板压婴儿的头部，使它变成扁平形。因为这些地区的人认为扁形的头最美。现在在非洲与南美洲的一些原始部落中还能见到类似这样的习俗。

　　在甘肃省的广河，出土了两件属于马家窑文化半山类型的人形雕塑。其中有一件的头顶上还装饰了两条小蛇。在中国古代的著名文献《山海经》中，经常出现有耳系青蛇的神人形象，它应该是反映了古代人们在头上做出蛇形的装饰，与这些文物互为印证。广河的另一件雕塑人物在额头上做出两个圆形的小盘子，显得十分怪异。此外，属于半山时期的另一些人头雕像上还发现有双角形的饰物。以上这些文物，可能都在反映着古代人们改变自己形体肌肤的装饰习惯。

　　对自然生成的头发加以修饰，形成各种不同的发式。发式的产生，是对自己外形装饰的一个进展。古代人类可能运用发式来区分各个部落与氏族。在甘肃省秦安大地湾曾经出土过一件彩陶瓶。瓶子的口部做成一个人头的形式。他的前额与两鬓留有弧线形的齐眉短发，后面的头发则修剪得与耳垂相齐。可能这就是当时生活在渭水上游这一带的男人发式。以后的《后汉书·西羌传》记载东汉时仍在这一带生活的羌人是"被发覆面"，就是将头发披散着，与这些古代的发式一脉相传。南方的原始部族有过将头发盘起来的做法。这就是《汉书·陆贾传》中记载的"椎髻"。名称十分形象，说明头发被盘在头上，形成一个下圆上尖的高髻，像尖锥一样。云南省石寨山出土的古代滇人青铜贮贝器上，有很多人物形象都梳着这种发式，给我们留下了具体的时代影像。从历史记载中得知，古代生活在四川邛都的夷人、贵州的夜郎人、云南的滇人等都曾经采用这样的发式。根据《史记·吴太伯世家》的记载，古代生活在江南的吴越人习惯"断发文身"，就是把头发剪断。这是当时他们与中原民族的主要区别。

文身，则是在身体上刻画花纹。这是原始民族中非常普遍的一种习惯。古代文献中记载，吴越人文身，是为了在水中游泳时吓跑龙蛇等水中的敌害。上面引《华阳国志·南中志》称："臂胫刻之龙文。"也大概是出于同样的目的。实际上文身的原因可能不止于此。它应该兼有实用与美容的多种功能。防止敌害、区别部族、审美作用等可能都是产生文身的原因。有人还认为，文身后使皮肤加厚，可以抵御蚊虫叮咬。从这一点看，文身又具有类似衣物的功能了。我国南方的很多民族，如黎族、景颇族等，都有过文身或黥面的习俗。在非洲、大洋洲、美洲与亚洲的原始部族中，文身也是非常普遍的。德国学者利普斯的《事物的起源》一书中记载："班述人（乌班吉河一个族群）男女在胸部、腹部、背部和双臂皮肤上，刺以布局调和的花纹。潘格威人用煤油把所想要的图案画在皮肤上，用刀子刺后再用烧过的树胶擦伤处，这样全身便布满'可爱的'疤痕。……苏丹喀土穆的土著居民以文身作为部落标志，在婴孩们颊部刺上相同的花纹。"显然，文身的习俗在世界各地都曾经存在过，是人类文明进程中无法忽视的一个文化符号。

我国商、周以来的一些青铜器上，常铸有各种人物形象，或者刻画出以人物活动为主的纹饰。这些形象中，就有一些人的身上还刻有花纹，可能就是在反映文身的习俗。例如北京保利艺术博物馆收藏的一件汉代铜器，器足是一些赤身裸体、只在腰间围了一条兜裆布的武士。但这些武士身上都刻有卷曲的花纹，应该就是当时的文身吧。后世兴起的刺青，不言而喻，自是这种文身习俗的孑遗，只是在五代宋元以来，刺青大多成为流氓混混的标志了。

丝的国度

　　自从人类创造出衣物来包裹自己后，通过不断的探索与发现，寻找与制作出种类繁多的服装原料。从自然界赋予的丝、麻、棉、毛到人类创造的种种化学纤维，琳琅满目，美不胜收。而在这作为服装面料的种种纺织品中，最富有中国色彩，也最为世人所看重的，应该就是中国先民首先发现与利用的蚕丝制品——丝绸。著名考古学家夏鼐先生曾经指出："中国是全世界一个最早饲养家蚕和缫丝制绢的国家。长期以来曾是从事这种手工业的唯一的国家。有人认为丝绸或许是中国对于世界物质文化最大的一项贡献。"几千年来，中华锦绣始终装点着地球上的服装世界，成为其中最耀眼的一抹色彩。这在考古发现中有着大量的实物证明。

　　利用野蚕吐出的丝进行纺织，这是人类利用自然的一项重大成就。丝绸曾经长期是中国特有的纺织原料。有人将全世界主要使用的纺织原料划分为四个地区。南亚地区是使用棉纤维，包括木棉和草棉。在古印度文化的重要遗址——亨朱达罗有过大量古代棉织物的发现。地中海地区是使用亚麻与羊毛。而美洲则是使用棉花与羊毛。只有中国古代的居民注意到蚕丝这种自然现象，并且天才地将它纺织成绢帛，创造了华美灿烂的丝绸制品。

　　中国使用蚕丝，驯养家蚕，至今最少也应该有数千年的历史了。翻阅中国最古老的一部神话传奇——《山海经》，就可以看到，远在2000多年前的战国时期，人们已经把蚕的来源描绘成了美妙的神话，说明了利用蚕丝那悠久的历史。《山海经·海外北经》中记载：在大踵东边一个叫作欧丝之野的地方，生长着三棵高达百丈的巨大桑树。在桑树旁边跪着一个女子，她的嘴里不断地吐出丝来，供给人们使用。也许这就是《绎史》一书中引用《黄帝内经》所记载的古代蚕神形象。《黄帝内经》中说：在远古时期，黄帝战胜蚩尤以后，这位蚕神曾经来向黄帝贡献蚕丝。从而使中国有了蚕丝使用。这些神话，都把养蚕用丝的历史推向了遥远的史前时代。

有关养蚕，中国古代流传着多种美丽的神话传说。自古以来，人们又把蚕称作"马头娘"，的确，从蚕的头部来看，有些地方像马头。根据唐、宋笔记小说的记载，在唐代四川一带的寺庙中，常可以见到一个身披马皮的美貌女子塑像。据说这就是马头娘的形象。在春季养育蚕的时候，常有蚕农来此上香，祈求她保佑蚕茧获得丰收。为什么蚕神竟采用了这样一个女孩子的形象呢？原来她来源于一个古代传说。汉代的神话故事集《搜神记》中，讲述了蚕的由来。传说古代有一个女孩子，由于父亲外出不归，十分想念他。就和家里的马诉说，并且开玩笑说，马如果能把她父亲接回来，就嫁给马做妻子。没想到马当时就挣脱缰绳跑了，一直跑到女孩父亲所在的地方，找到女孩父亲，咬住他的衣服向家拖。女孩父亲十分奇怪，以为是家里出了大事，马上骑马赶回。回家后，女孩述说了这一切。父亲心想，这只不过是孩子闹着玩，并没有当回事。可是，从此只要马见到女孩子，就又吼又闹。女孩子十分害怕，告诉父亲，将马杀死，剥下马皮来晾晒。他们以为事情到此也就完结了。不料，有一天，女孩从马皮的旁边经过，马皮突然飞起来，把女孩卷住，飞向了远方。人们大为惊骇，到处寻找，等在远方找到女孩子时，却发现她已经变成了一条头部像马的虫子，从嘴里不断地吐出丝来，恰似无穷无尽的悔恨，留给了人间。

听完这个凄美的传说，你能不被这个将美好的蚕丝贡献给人类的女孩子所感动吗？她是值得人类肃然起敬的。她实际上就是古代中国历史上千千万万勤劳智慧的劳动妇女的象征。正是由于她们一代又一代持续不断的辛勤劳动与不懈创造，才充分利用了蚕丝的使用价值，产生了一整套加工蚕丝与纺织绢帛的工艺技术，使丝绸的光彩遍布华夏大地。美丽的丝绸也逐渐成为中国古代最主要的服装原料。

根据现有的考古资料推测，中国古代对野蚕的驯养与家化，可能在新石器时代的早期就已经开始了。大约7000年前的浙江省余姚河姆渡文化遗址中曾经出土一个象牙雕刻的小盅，上面刻了四条蚕纹（图17）。比这稍晚一些的江苏省吴江梅埝良渚文化遗址中也发现过一件刻有蚕纹的黑陶器。这些具有蚕纹装饰图样的器物，说明当时的人们已经十分熟悉和喜爱蚕这种动物。他们不仅饲养与利用蚕，而且用它作为纹饰图案，把它神化。蚕对当时人们的重要性由此也就可见一斑了。

1926年，清华大学组织的一个考古队，在山西省夏县西阴村发掘一个史前遗

图 17 浙江余姚河姆渡文化遗址出土的刻有蚕纹的象牙盅

址时，出乎意料地发现了半个古代的蚕茧。考古队长李济说："我们最有趣的发现是一个半割的，像丝一样的茧壳。切割的部分是极其平直的，因而不会是野蚕偶尔吐的。它是经过人工的割裂。我最初发现它的时候，就知道意义重大，就非常注意，但是没找到第二个。"但是，也有一些考古学者持不同态度，他们认为仅此一例，并不能证明这半个茧子是经过驯养的家蚕结成的。尽管如此，这个现存最古老的蚕茧还是为中国古代蚕桑业的发展基础提供了一件难得的物证。

在郑州青台遗址中，考古工作者们发现了一些距今大约5500年的文物。其中有粘在一个头骨上的丝帛残片，同时还发现了10余枚陶纺轮，说明了当时纺织业的状况。就现有的发现来看，这是现在可以见到的最早的丝织品。但是从事物发展的情况来看，它肯定不是中国最早的丝织品。因为丝织品不好保存，所以很多更早的遗址中未能发现丝织品。但也许今后还会发现更早的丝织品，来修改中国发明丝织业的历史。

再往下，在距今大约4700年的浙江吴兴钱山漾下层遗址中，发现了绢片、丝带、丝线等织物。经过浙江丝绸工学院用现代科学技术方法的鉴定，认定这些具有三角形截面的丝全是驯化后的家蚕蚕丝，而且绢片是用经过热水缫丝加工的长丝制成。残存的绢片是一种平纹织物，每平方厘米上有经线、纬线各48根，已经十分细密。丝带宽5毫米，用16根粗细丝线编成。它们表现出在遥远的上古时期，人们的缫丝、合股、纺织技术已经达到了相当的水平，是中国远古时期丝绸生产的真实凭据。《诗经·豳风·七月》一诗中生动地歌唱了当时妇女采桑养蚕的生产活动："女执懿筐，遵彼微行，爰求柔桑。"与之相应，传世的战国时期采桑宴乐青铜壶图案中，就描绘着妇女在桑树间采桑的具体情景。这时的桑蚕纺织业已经成为社会生产的重要组成部分了。也就是因为桑蚕纺织业的迅速发展，使蚕在古人的生活中提

图 18 陕西宝鸡茹家庄西周墓葬中出土的玉蚕

升到近似神圣的位置。人们把玉石装饰品制作成蚕的形状，表现对蚕的尊崇与喜爱。玉蚕这样的出土器物在商周时期的墓葬中曾经多次发现。例如陕西宝鸡茹家庄BRM1号墓中就出土了10件圆雕玉蚕，雕工十分精致，透明光润，形态逼真（图18）。特别是出土时发现它们都位于死者的胸部，应该是原来成串佩戴在墓主胸前的装饰物，或许具有一定的尊崇意义。

从远古时期就开始的丝绸生产以及其他纺织品生产，在几千年前就揭开了中国古代服装生产的序幕。各种多姿多彩的服装由此走上了中国文化的历史舞台。在这个进程中，丝绸绢帛长期占据着不可替代的主要位置。我们的祖国也因此有了"丝的国度"这一彪炳于人类文明史上的名字。

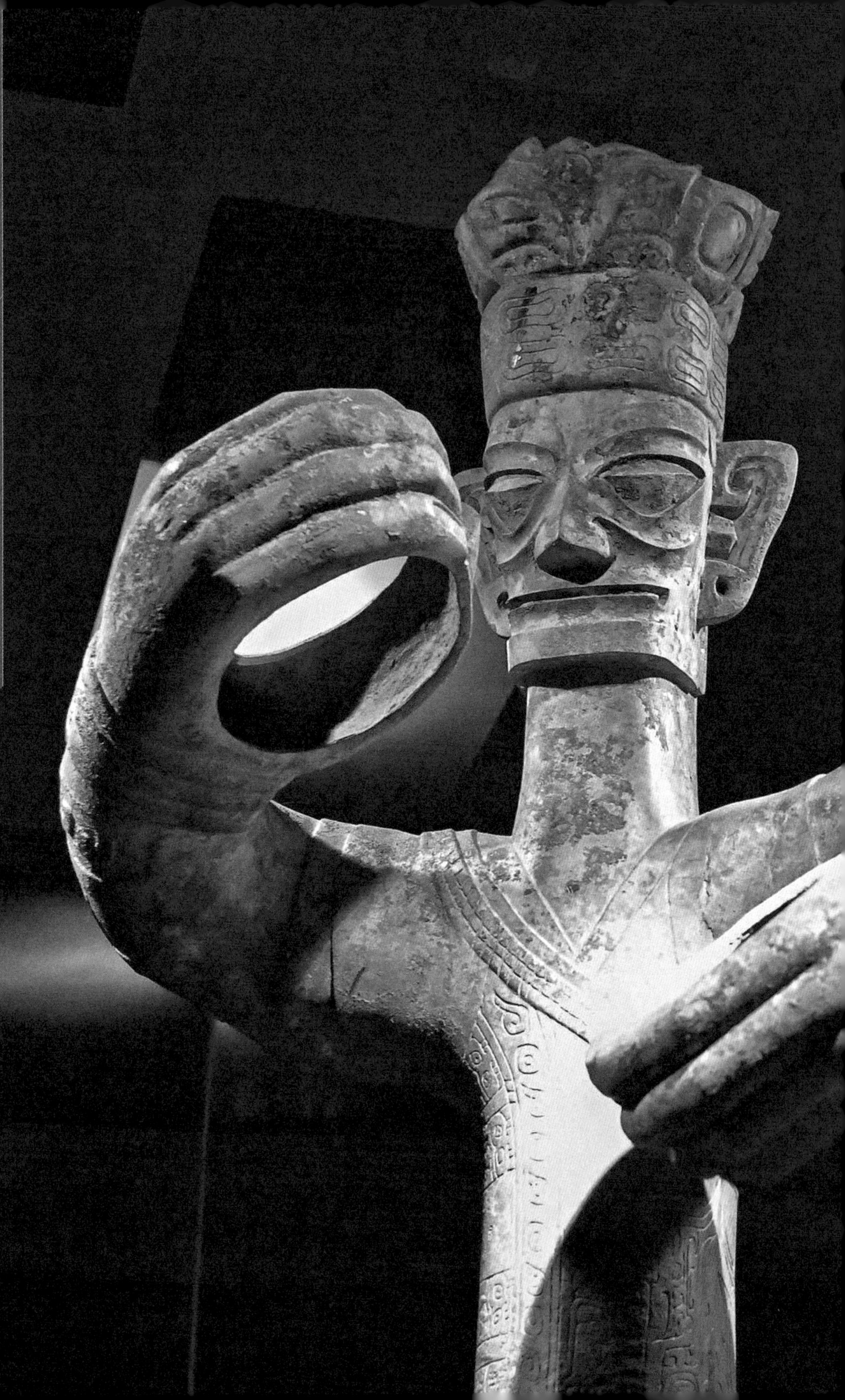

三代衣冠

黼黻商周

中国历史上记载的王朝政治，始于夏代。夏与以后的商、周，史称三代，是中国历史文献有所记载的早期奴隶制国家。这时，在一些强大部族的扩张下，从史前社会星罗棋布的地方方国逐步走向统一的中华大国。中原地区成为中国的核心。但由于史料记载不足，长期以来，人们对于夏商周三代的具体面貌了解得并不十分清晰。直至20世纪初，由于甲骨文的发现，揭示了大量前所未知的商代社会面貌，引起人们对商代历史及殷商都城的探求。中国考古工作者们通过对甲骨出土地点的调查，开始了著名的商代遗址 —— 安阳殷墟的考古发掘，取得了一系列重要的成果，彻底更新了对于商代的认识。对商周时期服饰的认识自然也随之得以大大提升。

在20世纪30年代发掘安阳侯家庄西北岗的一座商代陵墓时，曾经出土一件残缺了一半的白色大理石跪坐人像，显然是当时一件精工制作的工艺品（图19）。特别珍贵的是，从它上面保留的衣纹可以了解到当时人穿着的服装式样。我们看到，这个石人穿了一件窄衣袖、大宽领的短上衣。衣服的下襟大约垂及下腹部。衣襟向

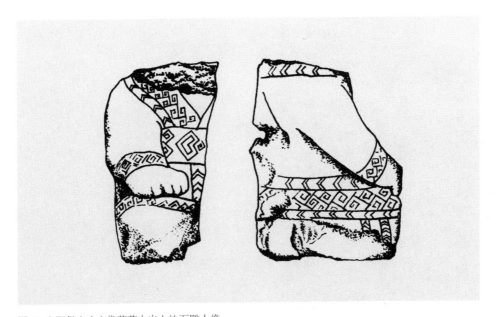

图19 安阳侯家庄商代墓葬中出土的石雕人像

右面交掩。宽宽的领子上装饰了绣花纹饰，腰间束有一条绣花宽腰带。这些绣花中有云雷纹，也有人字形的花纹，显然当时的织花或者刺绣技术已经十分可观。下身好像是一条有多重衣褶的裙子。上面也有人字形的纹饰。脚上穿的是前端上翘的鞋子。在身体的前面，腰带下还残留有一条有人字形花纹的带子。这可能是一块长方形绣花布料的残存部分。它应该是表现古代系在腰间的重要装饰品——"韍鞸"。

韍鞸，就是一条垂在身前的长方形织物，早期还有用毛皮制作韍鞸的。它的系法与所在位置有些像今天我们系

图 20 美国福格艺术博物馆藏西周玉人像

的围裙。究其本源，它可能是由古代人类最早的衣物——会阴带发展而来。所以，韍鞸在中国古代具有十分崇高的地位，作为贵族的身份标志，成为他们礼服的主要成分。将这一套服装与古代文献中的记载互相对照，可以确定它就是一套商代的贵族礼服。这个石人，应该是在表现当时一个盛大典礼中的贵族人物形象。

在美国哈佛大学福格艺术博物馆中，收藏了一件据说出自安阳殷墟的玉人立像。日本学者梅原末治描述说，这件玉人"结发著冠，上衣右衽。头上结发，戴圭形高冠，垂于背后。足履沓鞋，上衣广襟，下衣背有长裾，前面刻出垂饰"。（图20）另外还有一件据说出土于安阳四盘磨的商代晚期白石人像。他两腿前伸，两手向后支撑地面，衣襟敞开，显示古代一种十分不礼貌的坐姿——"箕坐"，摆出一副冷酷的面容。身穿一件没有纽带的对襟长衣，上面刻画了满满的目雷纹，胯下的衣物则刻画着饕餮纹，应该是在表现华贵的绣衣。头顶一个四边直立，没有帽缘的平顶帽。把一个傲慢残忍的贵族形象表现得淋漓尽致。

20世纪70年代，在殷墟又发现了一座重要的商代贵族墓葬——妇好墓，出土了大量珍贵的文物。古有明证，根据甲骨文的记载，妇好是商王武丁的一个后妃，

也是一个手握重兵的大将军，所以她的墓葬中随葬了众多贵重的青铜礼器、兵器与玉器、饰物等。755件玉器中，就包括很多件玉石雕刻的人像。它们向我们提供了更多的商代服装式样。例如有一个跪坐的玉人。他身上穿着绣了云纹与虺蛇纹的长上衣。衣服是对襟、窄袖。下襟可垂到足踝。领口左右交掩。腰间束了一条宽带，下面悬垂着长方形的韍韠。显然这也是一套正式的礼服。有趣的是，在他腰间左侧还插了一件柄部作卷云形的器物，有人认为它可能是武器或仪仗用品。这更表现出这个玉人的尊贵身份（图21）。

不仅身上的服装，更令人惊讶的是这件玉人的发式以及头上的饰物也刻画得精细入微。他梳了一条长长的辫子。辫子的根部在右耳的后侧。辫子从这里向上盘到头顶，又绕到左耳的后侧，再从左耳侧伸向右耳。辫梢与辫根相连接。在头顶的上方，戴有一圈圆箍用以束发。圆箍的前面连接着一个卷筒形的头饰。根据在这个卷筒上面刻出的纹饰可以看出它应该是用丝绸制作的。有学者认为，这就是在《诗经·小雅·頍弁》中写的"有頍者弁"。頍是古代贵族礼服中的一种头饰。这一点从《诗经》的描述中就可以看出来。但是它具体是什么样子，一直没有确切的解释。如果上面这种看法不误，那么我们就能在3000年后重新见到頍弁的样子。

妇好墓中出土的一些人形玉饰则显示出比较简略的衣物。这些小型的玉雕，刻画出正面站立的人形，头顶束有好像是丫髻的发式，身上只用线条表现出可能是穿着紧身的短衣短裤（图22）。这显然是在表现下层侍从的形象。妇好墓中出土的玉人中还有一个雕刻成跪坐女子的形象。她身穿一件圆领长袍，衣袖细窄，与男性所穿的礼服截然不同，应该是已经有了男女服装式样的区别。在袍子上刻出蛇纹与兽面纹，可能是在反映当时面料上的花纹。这件衣服的式样与纹饰都很精致，看来这时就已经很注意服装的美感了。但是她只在头顶梳了一条小辫子，垂到脑后，而且没有穿鞋。有人认为这也是一个女奴的形象（图23）。

20世纪80年代，在四川广汉三星堆遗址中取得了震惊世界的考古发现。这里出土了大批青铜器、玉石器等相当于商代时期的蜀文化遗物。里面的一些大型青铜人像是在中国前所未有的发现，体现出与中原文化明显不同的文化特征。这里有一座青铜立人像，穿着全套庄严的华丽礼服。仅上衣就可分为三层。最里面是一件袖口又细又窄的长袖上衣，外面套有两层短袖上衣。最外面的一件斜领向左交掩，长

图 21 安阳商代妇好墓葬中出土的玉人像

图 23 安阳商代妇好墓葬中出土的玉人像

图 22 安阳商代妇好墓葬中出土的女子像

图 24 广汉三星堆出土的青铜人像

度达到腹部以下。特别罕见的是在外衣的左右两侧各垂下一条刀形的突出衣裾。这些样式与我们在上面看到的中原商族服饰有所不同。在上衣里面束有长及小腿部的裙裳，用以掩盖下体。赤脚。头上戴有圆箍形的冠帽。冠帽上装饰着突起的冠饰。在衣物上面都刻了整齐的云雷纹与直线纹，象征着纺织物的织绣纹样（图 24）。近年来，在三星堆遗址继续开展的发掘工作中，又出土了一些青铜人像，继续充实着商代服装的资料库。例如一件托举礼器的青铜人像，上身外面穿着窄袖的右衽圆襟外衣，下身是多层的紧身长裙，内层最长，外层逐渐收短，各层裙裳上铸造有精美的花纹，下摆缀有下垂的三角形流苏，可能是在表现裙裳上的华丽绣工与各种修饰。

这些宝贵的商代服装写真，向我们展示出当时贵族阶层的衣着服饰是多么考究与精美，充分表现出当时制衣手工业的发达程度。结合古代文献中有关商周贵族服装，特别是贵族礼服的记载，我们可以具体分析一下当时的礼服组成情况。

商周时期的贵族礼服，应该代表了当时最高级的服饰，表现出上层社会对于衣物舒适、保暖、尊贵、华丽等各方面的要求。他们基本的衣服成分包括丝绸或麻布缝制的衣裳与长袍。衣裳是古人对上衣与下衣的统称。具体细分，则上身穿衣，下身着裳。衣，一般是窄袖，紧袖口，衣身宽松，有宽边的领子，对襟。也有一些偏衽的式样，就是近代人们所说的大襟衣服，一边的衣襟较宽，可以掩盖住另一边较窄的衣襟，从而把胸部完全遮挡住。在领口、袖口等处还往往装饰上刺绣花纹或缀上另一种颜色的边缘。裳是长度与小腿平齐的裙子，也就是用一块布帛沿身体缠绕一周或几周。腰间束带固定。而在礼服中最重要的是要在腹部的前面悬挂长方形或斧头形的韍黻。当时人们不穿裤子，只是在小腿上缠绕布条的裹腿，古人称之为"行滕"或者"斜幅"。脚上穿着由各种材料制作的鞋子。例如用葛条编织的葛屦。可能它的保暖性能比较好，所以《诗经·魏风·葛屦》中赞美它："纠纠葛屦，可以履霜。"还有用丝绵制作的鞋子，如《诗经·大雅·韩奕》中提到的"赤舄"，《诗经·小雅·车攻》中提到的"金舄"等。"赤舄"应该就是一种专门为诸侯制作的红色厚底鞋。而"金舄"则可能是在鞋子上装有金色的包头，使之更加华贵。贵族以及其他男子的头上还要戴各种"头衣"，有冠、冕、弁、帻等。它们也是用丝绸与毛皮等制作的，有的束在头上，有的缠在头上。

上面提到在安阳侯家庄西北岗商代陵墓出土的一件白色大理石跪坐人像，从它上面保留的衣纹来看，应该是在宽宽的领子上装饰了绣花纹饰，腰间束有一条绣花宽腰带。这些绣花中有云雷纹，也有人字形的花纹，显然当时的织花或者刺绣技术已经十分可观。但是这还是从石雕上推测的结果。而在陕西宝鸡茹家庄发掘的西周墓葬中，发现了目前为止最早的刺绣痕迹。它是保留在墓中淤泥与相应器物上的纺织物印痕，可以看出它像编织的发辫一样，是丝线绣成的辫子股锁绣纹。证实了当时刺绣技术的存在。《太平御览》引用《太公六韬》的记载说："夏桀、殷纣之时，妇人锦绣文绮之。"看来也不是虚妄的杜撰。那么就可以推测，在4000多年前，我们的先民就拥有了成熟的纺织、织花、刺绣等制作服装原料的技术，制作出各种各样华美的纺织品，商周时期贵族礼服的完整丰富就是在这样充裕的物质基础上形成的。

冬天来临，为了保暖，贵族们要在上述的这些礼服外面再加穿各种兽皮制成的毛裘。从文献中描写的各种毛裘出现的次数来看，贵族所穿的大多是狐狸皮裘。尤其是白色的狐裘，更是珍贵无比。《史记·孟尝君列传》中记载：战国著名的四公子之一——孟尝君到秦国访问时，送给秦昭王一件白狐裘。它的价格极为昂贵，举世无双。以后，秦昭王听了谋士的建议，想把孟尝君扣留下来。孟尝君无奈，只好去向秦王的宠妃求助。宠妃提出，要孟尝君也送她一件白狐裘。但是这种白狐裘只有一件。情急之下，孟尝君的门客便学着狗叫骗过卫兵，从秦王的仓库中把白狐裘偷出来，送给秦王的宠妃，换得了他们的通行命令，逃出秦国。从此，白狐裘在衣服中的声价更是无可比拟了。而普通人所穿的皮裘，则可能以羊皮为主了。说起羊皮的价格，有一个历史故事可以用来比较一下。春秋时期的贤人百里奚，曾沦为奴隶牧牛。秦穆公听说他贤良有治才，用五张公羊皮把他赎买回来，请他主持国政。人称"五羖大夫"。从这个历史传说来看，或者是羊皮并不便宜，或者是一个奴隶的身价十分低贱。联想到周代青铜器曶鼎铭文中用匹马束丝交换五名奴隶的记载，奴隶的身价应该不高，可以想见当时奴隶生活的悲惨了。直至后世，羊皮的地位仍不是很高，《后汉书·马援传》中记载，马援宽厚待人，将家产都分配给宗亲故人，自己生活简朴，"身衣羊裘皮"。可见羊皮裘衣应该是一般平民和下层社会穿着的衣物，不为官僚贵族采用。

古代人穿皮衣，是和动物一样将毛露在外面的。中国古文字中的"裘"写作"𧚗"，"表"写作"𧘝"，都是象形字，在表现皮毛露在外面。战国时的魏文侯一次到郊外游玩，见到一个背柴的人，他穿的皮衣是反着的，将毛穿在里面。魏文侯很奇怪，问他："你怎么把皮毛穿在里面呢？"背柴的人说："我是为了爱护皮衣上的毛，不让它磨坏了。"魏文侯不禁感叹道："皮之不存，毛将焉附？"这便成了千载流传的一个成语。可见当时如果把皮衣的毛反穿在里面，还是一件惊人之举呢！

皮毛露在外面，可能不够整齐。贵族们为了表现礼仪制度的严肃，就在毛裘的外面再套上一件丝织的锦衣。古人叫它"裼"。有时在裼衣的外面还要加上一件外衣，叫作正衣。那是只有在重大礼仪活动中才穿的礼服外衣。

由此我们可以看到，在商周时期，已经形成了一套完整的四季衣服，有衣、裳、鞋、帽以及各种饰物，进一步可以包括发式与化妆等。但这也就是上层社会人物可以享用的文明成果。而广大贫民与奴隶终日劳作，受人奴役，则不可能得到如此丰富的衣着。简陋的服装，甚至赤身裸体、衣不蔽体等情况，应该是他们的真实写照。礼服之类应该是与他们毫无关系的。这一点，我们也可以从出土文物中看到实际的证据。

20世纪30年代，河南省安阳殷墟的考古发掘中出土了一批殷商时代的陶俑。这些陶俑大致可以分成两种类型：一类头顶光秃，手臂缚在后面；一类头顶上有盘起来的发髻，臂向前缚。它们可能是在表现男女两种奴隶的形象（图25）。这些陶俑的身上只穿了一种圆领的连衫裙，腰间系着带子。衣着显得十分简陋。

图 25 殷墟出土商代奴隶陶像

20世纪50年代，在河南省洛阳东郊的一座西周早期墓中也发现了一件当时的玉人像。它两手戴着木枷，应该也是一个奴隶的形象。他的身上穿着一件短衣，下摆仅到腰部，衣领很宽，胸前有直襟，腰间系着带子，同样显得简劣粗糙。大概原来这种人的衣物质料就是十分粗劣，并无装饰的。

上面所说的殷墟妇好墓出土器物中，还有一件石人也被学者们认作是奴隶形象。他的身上没有表现衣物的刻纹，更没有绣花一类的纹样，可能原来是表现裸体的，只是在腹部悬挂了一条长的蔽膝，头上戴了一顶圆形的发箍。特别是他的嘴唇宽厚，表情谦卑，与表现贵族的玉人对比十分强烈，也可以说明他的低贱身份。

值得注意的是，即使在这样粗劣简单的衣物中，我们也可以看出商周时期男女的衣着已经有了根本性的区别。男子的服装一般分为上下两截，就是上身的"衣"和下身的"裳"。而女子的服装恰恰相反，只是一件完整的长袍。这可能也是出于女子要严密掩盖身体的限制。表现出中国古代的礼仪观念起源是如此之早。它与以后的男女服装形式形成了一个相反的对照，这种反转正是中国古代服装发展中的一个有趣现象。

冠冕堂皇

限于条件，现在可以看到的商周时期着装人物形象不是很多。由于织物一般不易保存，那时的服装实物更无从发现，所以我们对商周时期的服装还很难进一步细致描述。可是在考古发掘中，商周时期的各种饰物却多次大量出土，使我们了解到丰富多彩的商周人体装饰艺术水平。其中头饰、佩饰等都是可以经常见到的重要饰物和精致的手工艺术品。

头衣，是古代人们对头上衣饰的统称。它在古代人们的心目中具有很重要的礼仪意义。孔子的弟子子路，是非常重视礼仪的人，他在与敌人激战时，冠缨被砍断。为了不让发冠掉落，他慷慨宣言："君子死，冠不免。"停下手来先系冠缨。结果被不那么君子的敌人砍成了肉酱。为了维护君子的礼仪风度，子路宁死不免冠，可见冠在当时的尊崇地位。我们就先看一看先秦时期人们的冠和其他有关的头衣吧。

冠，是一般贵族与平民日常在头上戴的头衣。它与现代人所戴的帽子可完全不同。由于中国古代注重保全头发，所谓"身体发肤，受之父母"，是一点也不敢损伤的，于是对于头发采取梳理成发髻的方法。头顶上有了发髻，头衣也要照顾到它。冠便是照顾到固定发髻的专门需要而产生的，这在上面提到过。辽宁省朝阳的红山文化遗址中发现过冠形的玉饰，这件珍贵的文物表明，可能在那时人们就使用冠束发了。商周及后来的冠一般只有一个冠圈，在冠圈上面装有一条不太宽的冠梁。戴上冠以后，冠圈与冠梁将头发束住。为了防止冠从头上掉落下来，在冠圈两边连接有丝绳做的冠缨，用冠缨在下巴下面打一个结系紧，从而固定冠。缨打结以后的剩余部分垂在额下，称作缕。贵族们往往在缕上缀有宝石，彰显其华贵的身份。此外，还有一种系冠的方法是将丝绳的两头系在冠圈上，兜住下巴。这样的丝绳叫作纮。它们都是冠的必要组成部分。

通过"冠"这种特殊的头衣，还可以表现出等级的差别与民族的特色。比如是否着冠，就曾经被认为是华夏民族与四方蛮夷的一个重要区别。所以冠礼被放在中原礼仪制度中极其重要的位置。恰如《礼记·冠义》所言："凡人之所以为人者，礼义也。礼义之始在于正容体，齐颜色，顺辞令。……冠而后服备，服备而后容体正，颜色齐，辞令顺。故曰：冠者礼之始也。"这里明确认为冠礼是一切礼仪的滥觞，冠与处理头发的方式在中原华夏民族心目中的重要性就不言而喻了。

中国历来讲究"身体发肤，受之父母，不敢毁伤"。这可能是一个非常古老的传统。也就是说，华夏族人从生下来开始，就没有剪过头发（受了刑罚的除外），让它一直长着。那么，如何处理这些头发，就成了一个包含着重大文化因素，代表着不同古代文明的问题。从古代文献记载与文物图像上，我们可以看到，古代各民族在处理头发的方式上往往都有着明显的民族特色。造成这些不同特色的原因中，有地理条件的影响，有人种体质的差异，更有不同思想意识的限制。因此，头发的式样也就成了区分各民族的一种突出特征。古代华夏民族生存的区域周围，还居住着许多不同的民族。我们的祖先在描述与其他民族的区别时，首先注意的就是如何处理头发。如《论语》中记载孔子的感叹："微管仲，吾其被发左衽矣。"是说没有管仲，华夏民族就会被披散头发、不加梳理的异族征服。《史记·越王勾践世家》记载越国祖先："封于会稽，以奉守禹之祀。文身断发，披草莱而邑焉。"是指南方的古越民族采取剪断的短发发式。《汉书·西南夷两粤朝鲜传》中记载："西南夷君长以十数，夜郎最大。其西，靡莫之属以十数，滇最大。自滇以北，君长以十数，邛都最大。此皆椎结。……其外，西自桐师以东，北至叶榆，名为嶲、昆明，编发。""朝鲜王满，……满亡命，聚党千余人，椎结蛮夷服而东走出塞。"说明西南诸多民族将头发梳理成尖锥形的发髻或者梳辫子。《三国志·魏书·乌丸鲜卑东夷传》注引《魏书》描述汉魏时期对乌丸、鲜卑等东胡民族，是"父子男女，相对蹲踞，悉髡头以为轻便"。则是将头发剃光。这些四方蛮夷对头发的不同处理方式，成了当时区分各民族文化的最佳根据。与之相对应的，就是中原汉族的"束发"。冠，应该就是与束发相配合的特色头衣了。

这里，我们注意到汉代对昆明国的描述，即"编发"。编发应该就是将头发梳成辫子。而后北方的一些民族，如女真，就一直以"编发"为特征，但是他们的编发，应该是吸收了乌丸、契丹等民族髡首的部分习俗，将头前部剃光，与原来昆明等地的"编发"有所不同了。

由此看来，古代中原华夏民族，或者说从汉代形成的汉族，成年男子应该是不"编发"的了。所以才有后来对鲜卑人的"索虏"之称。才有清代初年被迫梳辫子时的强烈反抗。因为汉代以来的汉族人普遍是"束发"，即在头上梳成一个发髻的。今天的人们往往会自然地认为，汉代以前想必也是如此吧。

但是从出土的秦代以前文物来看，我们却可以得出另一种结论：在汉代以前，华夏民族曾经也有过编发的历史。所谓"束发"也是在编发的基础上再进一步将发辫盘成发髻。想想这也很自然，一个成年人的头发，如果一直不削剪，一般应在三尺以上，乃至四五尺长。古文献中记载的美女长发甚至可以"委地"，长度高出自己的身长。要将这样多的头发束到头顶上，而且保持一定的形状，不会松散开来，不是一件很容易的事。如果直接拢起来用头绳束紧它，在日常劳作中恐怕是很难保持住的，除了使用大量的簪、笄插上去加以固定外，只有先编成辫子后盘起才比较稳妥。但簪、笄等装饰品恐怕多是贵族老爷的专利。例如殷墟的妇好墓中出土了上百件各式簪、笄，应该是当时供妇好一人使用的。而同时期的平民墓葬中往往只有一两支簪、笄。限于条件，劳动阶层大概不会大量使用簪、笄，那么就只有编辫子比较便利了。鲁迅先生的《阿Q正传》里描述阿Q在辛亥革命后把辫子盘在头上，用一根筷子别住。可见无论古今，心同此理。人类编辫子的历史应该很早，人们在发明编绳索的前后，可能就会编辫子了。现在能够看到的最早的中国古代人编发形象，应该是在青海大通上孙家寨出土的属于马家窑文化的彩陶盆上。这些盆沿上描绘的舞人头上，都垂有编成的发辫。而在河南安阳殷墟妇好墓中出土的玉石人雕上，则可以看到更清晰的编发式样。如有一件玉人头上梳了一条长长的辫子，又把它盘到头顶，从头顶绕到左耳后侧，再缠到右耳后侧去。同墓出土的另一件玉人则将头发向上汇总，在头顶中心束住，梳了一条垂至后颈的短辫。说明当时编发的做法是很常见的。

降至战国，表现编发的文物更多，如河北平山中山国王墓中出土的银铜人灯、易县燕下都遗址出土的铜人、故宫博物院所藏战国白玉人像等，特别是秦始皇兵马俑陪葬坑中出土的大量陶俑，给我们留下了栩栩如生的各种编发式样。秦始皇兵马俑在艺术上的高度写实性已经被大家所公认。它应该如实地反映了当时的士兵形象。发式也是如此。关于秦俑的发式，有过不少介绍与研究文章，如刘林《秦俑的发式与头饰》、林剑鸣《秦俑发式和阴阳五行》、王玉清《秦俑的发髻》等。对秦俑的发式进行了详细的分类，并探讨了秦俑发式的内在含义。如王玉清《秦俑的发髻》中将秦俑的发式分为辫状扁髻与圆椎髻两大类，扁髻类又分为2种5式，圆椎髻则从开始曲环的方向划分为6种18式。真是如沈从文先生所言："繁琐到无从设想。"但是细观秦俑头上的发髻，基本上都是先编成发辫后再盘成髻的。

因此就要谈到梳理头发时使用的一些饰物，这也是古代墓葬中经常出土的重要文物。把一直留起的长发梳成辫子与发髻，需要有些物品将头发缩住，不让它散开。同时也需要有些物品将冠与头发别在一起协助固定。这些物品就是古人长期使用的笄、簪等。

笄、簪实际上是同一类物品，是一根一头粗钝、一头尖细的长钎子，一般用陶、竹子、骨头、金属以及玉石制作。大致在先秦时期叫作笄，而从汉代起叫作簪。平民多使用竹木制品，而贵族们的笄、簪都是用象牙、玉石等贵重材料制作的，并且在钝的一端刻出很多精细美丽的花纹，使之成为宝贵的古代工艺品。笄、簪主要有两个作用，一是将它贯穿在发髻中，使发髻不至于散开；二是将冠与发髻固定到一起。至于贵重材料制成的笄、簪上雕饰花纹所起到的美化作用，就是使用它们的贵族老爷专利了。现在我们从属于新石器时代的仰韶文化遗址、龙山文化遗址中已经发现了用陶土烧制的笄与用骨头磨成的笄。大概在这时，中原地区的居民已经将头发盘在头上了，甚至有可能使用冠一类的头衣、发饰了。此外，在河南省偃师二里头等夏、商、周代文化遗址中也发现过大量的笄。

由于笄、簪是最常用的饰物，很多贵族都把它放在墓葬中陪葬，当然在死者头上也必然有所插戴。所以在商周时期的墓葬中可以发现大量的各种式样的发笄。河南省安阳殷墟的商代妇好墓中出土了一件木盒。里面装有400多件刻饰精美的骨笄（图26）。这些笄、簪的钝端（一般称作笄帽）被制作成夔龙形、鸟形、圆盖形、方牌形、屋顶形等7种大类型。各类都具有精细的花纹，有些还在纹饰中镶嵌了绿松石，显得十分珍贵。可见在贵族中，发笄已经成为一种重要的装饰品了。

古人对于男女成年的时刻十分看重，成丁礼可能是人类最早产生的礼仪活动。

图 26 安阳商代妇好墓葬中出土的骨笄

而冠在中国古代礼仪中恰恰是男子成年的标志。《礼记·曲礼上》中记载："男子二十冠而字。"即古代男子在二十岁时举行冠礼而且被用字来称呼。可见冠礼的作用就像原始部落中为成年男子举行的成丁礼一样，应该是成丁礼的沿袭。在原始部落的成丁礼中，少年们被集中到一起学习各种生产技术和性知识，还要进行艰苦的考验。有些部落还要给成丁者割包皮，文身。最后要进行庄严的宗教仪式，宣布这些少年已经成人，他们可以成婚拥有自己的家庭了。中国古代举行冠礼时，没有这些内容，可能是这时已经从原始社会进化到阶级社会中了，那些原始的生存本能让位于礼仪文明。但是中国古代的冠礼也要进行一些庄重繁缛的仪式，通过这些礼仪表明少年成为成人，应对家庭、宗族与社会负起责任了。同时，社会和家庭也要按照成人的标准来要求他们，使他们的言谈举止符合礼仪的规定。所以，在当时中原人们的心目中，冠不仅是一件头上的衣物，而是"礼"与"非礼"的界限，是华夏诸氏族与蛮夷狄羌各族的区别。

由于华夏民族只有在犯罪受刑时或者沦为奴隶时才不戴冠，所以在古代免冠谢罪便成为一种极诚恳的道歉方式。战国时期，赵国公子平原君曾得罪了来访的魏国公子信陵君。信陵君一怒之下立即要离开赵国。平原君听说后，赶快摘掉自己的冠，跑去向信陵君道歉，请他留下。这里就是用免冠来表示自己有过错，自贬身份。而平时如果无故不戴冠，又会被人认为是非常无礼的表现。《晏子春秋》中记载过这样一个故事：有一次齐景公喝酒喝得烂醉，就披散着头发，扔掉冠帽，搂着女人，乘坐六匹马拉的车要奔出宫门。但守门人却不买账，不但把马车拦了回去，还大骂齐景公说："这样的人不是我们的国君。"齐景公因此羞愧万分，都不敢上朝议事了。这个守门人的忠勇与见识实在值得钦佩，几千年的历史记载中仅此一见。这也可能表明当时君主的专制还没有后来那么厉害。最重要的是它表明了当时冠的重要地位。演化到今天，戴着帽子在屋里见客还被看作是不礼貌的做法。

腰带虽然不大，却是上古华夏人民衣着中必不可少的一个组成部分。男子用腰带来系紧下裳与蔽膝，女子用腰带来束紧衣衫。西北农村中至今还有一句

图 27　河南洛阳金村出土的战国带钩

谚语，叫作"一根带，顶三件"，是说束带的保暖作用。大约最早的腰带就是动物的筋络与藤萝等植物条蔓，随手可得。到了商周时期，人们使用的腰带已经有用丝编织的和用皮革制作的等多种式样了。最初，人们用打结的方法来束腰带。后来随着手工业的发展，一种叫作带钩的物品产生了。它很快就发展成一种广泛使用的精美工艺品。在古代遗址与墓葬的发掘中，出土了大量带钩。使我们看到它的种种样式（图 27）。

带钩的形状并不复杂。大多数带钩都有些像一支勺子，或者是像一支细长的琵琶。它的一端是一段扁平的钩体，上面有一个钩纽。另一端是一段又细又弯曲的钩颈。钩颈的顶端是一个弯过去的钩首。使用带钩大致有三种方法。比较普遍的是将钩纽嵌入皮革制的腰带一端，让钩体正面向外，钩首钩挂在腰带的另一端穿孔中。我们从河南省三门峡上村岭战国墓中出土的举灯铜人像、河北省易县燕下都遗址发现的战国铜人像以及陕西省临潼秦始皇陵出土武士俑等人物形象上都可以见到这种使用方法的表现。有些人将两个或者更多的同样大小的带钩并排使用，它适用于宽的皮带上。这种做法可能是为了束得更加牢固，特别是武士们要在腰带上悬挂沉重的武器时，多一个带钩就多一层保护。在山西省长治分水岭的战国墓葬中曾经发现了四枚同样大小的带钩并排放置在一起，显然它们当初是安放在同一条腰带上的。腰带腐蚀后，留下了放在原地的带钩。

　　有些贵族使用腰带时，为了显示自己的高贵，不在腰带上穿孔，而是将皮革腰带的一段装置上一个玉环或者是铜环，然后将带钩的钩首挂在环上。这种用法显得美观而且华贵，还可以保护腰带，也是经常使用的方法。在河南省汲县山彪镇等地的战国墓中便发现了铜带钩与玉环同出的情况。湖北省江陵望山楚墓中发现过一份记录墓主陪葬器物的文书 ——"遣册"。上面把革带与玉钩、玉环记录在一起，也说明它们当时是一同使用的。看来，当时在中原各国都流行着这种使用方法。

　　带钩的装饰可以充分表现工匠们的精湛技艺。春秋战国时期，手工业迅速发展，能工巧匠们曾经制作出大量花纹精美、造型奇特的带钩。如水禽形、琵琶形、长牌形、兽面形、匙勺形等等。很多带钩做成狐狸、虎、鹿、龙、鱼等动物形状，十分生动逼真。例如山东省曲阜鲁城曾经出土一件银质的猿猴形状带钩，钩体是猴子的身体，钩颈和钩首是一只伸出的手臂。这是一件具有极高文物价值的艺术珍品。1951年在河南省辉县固围村5号战国墓中出土的包金嵌琉璃银带钩，呈琵琶形，上面有浮雕的兽首，两侧缠绕着两条龙，到了钩的顶端处，两条龙合为一个龙头，口衔白玉带钩首，两侧还有两只鹦鹉。钩背上嵌着白玉玦与琉璃珠，整个带钩包金嵌玉，玲珑剔透，雍容华贵，堪称国宝级的文物。另外，1965年在江苏省涟水三里墩战国墓中出土的交龙金带钩，1978年在湖北省随县曾侯乙墓中出土的4枚金带钩，四川省昭化出土的金银错犀牛带钩等，也都是非常珍贵的古代文物。

　　《春秋左氏传》中记载：公元前7世纪，齐国曾经有过一位著名的国君 ——齐桓公。他任用贤人管仲做相国，使齐国国力迅速增强，成为诸侯中的霸主。但是在齐桓公即位前，管仲曾经是齐桓公的敌人，他奉当时国君的命令去追杀齐桓公，向齐桓公射箭。只是由于管仲射出的箭恰巧射在齐桓公的带钩上，才没有把齐桓公射死。而齐桓公不计旧嫌，仍在即位后重用管仲。这个著名的历史故事不仅说明了齐桓公的政治胸怀，也反映出当时的人们已经广泛地使用带钩，且带钩的质量绝对上乘，可以挡住锋利的箭镞。这对带钩在中国产生的年代是一个有力的旁证。近代的大量考古发现表明，在春秋中、晚期的齐国、楚国、燕国、秦国等地都已经有了制作精美的实用带钩。在山东省临淄郎家庄的一处春秋齐国墓葬中一次就出土了2枚金带钩、64枚铜带钩。在河南省淅川下寺楚墓中发现过铜带钩，河南省固始曾经

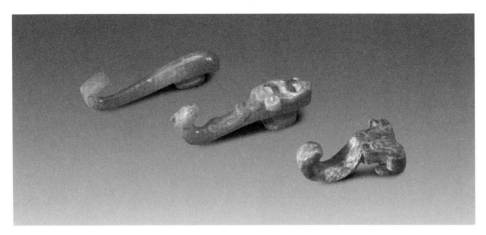

图 28 汉代的玉带钩

发现春秋时期宋景公的妹妹勾敫夫人之墓。墓中出土玉带钩1枚。在陕西省宝鸡茹家庄、凤翔高家庄等地的秦墓中也发现过金、玉、铜质的各式带钩。它们说明了在春秋中期，中原大地上的各个诸侯国中已经普遍使用带钩了。这样，前人认为带钩是北方游牧民族的创造，是在战国时赵武灵王实行"胡服骑射"以后才传入中原的看法，就很值得怀疑了。

近来，有学者认为：中国的带钩与北方游牧民族的带钩不是属于同一个系统。中国的带钩是在中原大地上自己创造出来的。越来越多的考古发现正在不断证实这种观点。精巧的带钩也必将作为中国独特的古代服饰发明之一而永垂青史。

古人使用带钩，不仅用它来固定腰带，还可以用来佩挂各种饰物与武器等。用于佩挂的带钩比束带用的带钩要小一些，固定在腰带中，钩颈下垂，平时在上面佩挂的物品有玉饰、印玺、铜镜、刀剑、弓箭等（图 28）。尤其是妇女使用的带钩，多只用于佩带饰物，更为精细美观。

古代人们非常看重身上的佩饰。不仅用它来美化外表，还用以体现个人的身份、等级与文化修养。最重要的佩饰是各种玉制作的成套饰物。《礼记·玉藻》中记载"古之君子必佩玉"，又说"君子无故玉不去身"。这不仅是由于玉光润美丽，珍贵无比，而且是出于道德修养上的附会。孔子曾经对他的弟子子贡说："君子看重玉石，是由于它像君子的道德品质。玉石温润而有光泽，是仁；紧密坚实，是智；不会刺伤人，是义；悬挂在身上，是礼；敲击它时声音清脆悠远，是乐；本

图 29　商代玉饰

质美好又不掩饰疵点，是忠；光彩四溢，是信；……"儒家礼教思想中将玉石如此人格化，使它俨然成了封建伦理道德的代表。掌握话语权与占有玉器的上层社会如此推崇玉石，难怪它会在中国古代人的心目中享有如此崇高的地位了。

上古人们制作玉饰的工艺水平很高。由于王公贵族们大都拥有专门的玉工来制作玉饰，出土的古代玉饰数量惊人（图 29）。各种玉饰的形状与用途各有不同。人们在佩带时把各种形状不一的组合起来，形成一串美丽的佩饰。由这些不同形状的玉饰组成的一组饰物叫作杂佩。《诗经·郑风·女曰鸡鸣》一诗中写道："知子之来之，杂佩以赠之。"汉代的学者在解释"杂佩"一词时说："珩、璜、琚、瑀、冲牙之类。"珩，是穿在一串玉饰中最上面的一条横玉，它下面拴上三条丝绦。中间一条丝绦的半腰间悬挂一条玉石，即"瑀"。最下面系一条两端尖尖的玉条，叫作"冲牙"。旁边的两条丝绦在半腰各悬挂一件长方形的玉片，叫作"琚"。末端各挂一件半圆弧形的玉片，叫作"璜"（图 30）。这就是一条"杂佩"。此外，可能还有用玉片与动物玉饰组成的"佩"。在河南省安阳殷墟的商代妇好墓中出土了大量的玉饰物，有虎、猴、象、牛、鹰、蝉等小动物形象，也有龙、凤、怪兽等神话动物形象。它们的上面都钻了小孔，推测当时可能是用来拴绳悬挂的，可能会用来组成佩饰。

除此之外，最为常见的玉饰是圆形的璧、环、玦等。它们都是一块圆形的玉石，中央开孔。古人将这个孔叫作"好"，孔四周的玉叫作"肉"。"肉"的宽度大于"好"，叫作"璧"；"肉"的宽度与"好"相等，叫作"环"。玦与环一样，只是在它的上面开有一个缺口而已。这些玉饰的上面都雕刻了精美的花纹，有云纹、弧线、谷粒等。大量的玉饰组成"佩"。有的挂在胸前，有的挂在腰两侧。在河南三门峡虢国墓地与山西曲沃晋国墓地等处，都出土过成串的精美佩饰。有的由大批璧、环、珩、琚等与各种小玉件组成，复杂而华美。广州西汉初年的南越王墓中，在墓主的尸骨上摆放着成串的大玉石璧，也应该是组成佩饰的。

1958年，河南省信阳长台关2号战国墓中，出土了10件彩绘木俑（图31）。在它们的身上，画出了当时人佩挂玉饰的模样。其中有一件俑身穿交领右衽的直裾袍服。衣袖宽宽的，袖口作垂胡状。腰间悬挂由穿珠、玉璜、玉璧、彩结与彩环组成的佩饰。湖北省江陵的纪南城武昌义地6号楚墓出土的彩绘木俑，是在胸部以下左右各佩带一组玉佩，有玉璜、玉环、玉版等。可见在身上悬挂玉佩是上层社会司空见惯的衣着习俗。

春秋战国时期，人们可以制作出精美绝伦的玉佩饰，例如1978年在湖北省随县曾侯乙墓中出土的青玉四节佩，是由3个透空的活环套扣连成的，可以开合。3个活环上雕饰有首尾相连的蛇纹，佩上刻有多种龙纹与蛇纹。同墓中出土的玉多节佩，全长达48.5厘米，可以分解成5组，精巧无比。河北省平山县中山王陪葬墓中出土的三龙环形玉佩，透雕的三条龙纹相互回顾，工艺水平极高。这时制作的大型佩璧，装饰华丽，上面常有飞凤纹饰，在河南省洛阳

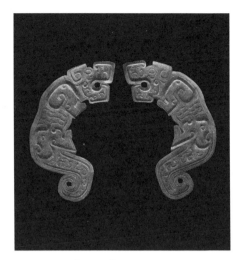

图30 春秋时期的玉璜

图31 河南信阳长台关楚墓出土的彩绘木俑

中州路的春秋墓葬与洛阳山彪镇、琉璃阁等地的战国墓中均有出土发现。这些玉饰在当时应该都是价值不菲的贵族奢侈品，今天更是国宝级的珍贵文物。

古人的佩饰悬挂起来后，与彩色衣裳相对映，华光四溢，具有极富效果的美化作用。更是显示贵族高贵身份、威赫下人的重要工具。特别有趣的是它们在穿戴者走动起来时会轻轻撞击作响，所谓"环佩丁冬"，玉石的响声清脆悦耳，富于音乐美感。从而会产生一种集耳目之娱于一体的立体空间效果，给人以美的享受。现代服装设计中也有一种做法，是在衣服上缀加响片、金属饰物等可以发声的饰物，产生新奇的观赏效果。而我们的祖先在几千年前就创造出了这种服饰效果。确实应该被看作是中国古代文明中对服装美学的一个重大贡献。

宗法礼仪

周武王牧野一战，殷纣王兵败自焚。西周取代了商朝，统一中原后，为了巩固统治，出现了著名的"周公制礼"，即武王的弟弟周公旦掌管朝政，制定礼仪，建立了一套完整的以血缘家族观念为基础的宗法等级制度。它也系统地完善了与贵族等级制度相匹配的服饰制度。从此，中国的服装就被纳入阶级社会中统治者维护社会制度的礼法规则中，受到政治意识的严格管控，成为标志上下尊卑的等级制度的工具，而不仅仅是人们护身保暖的工具了。当然，由于平民百姓与华贵的礼服无关，对服装的管制大多实施在贵族官僚阶层。而出于礼制要求，则造成了服装式样与色彩的单调和程式化。正如有的服饰研究者所说，专制制度下的服装总是显得呆板与色彩单调，这在世界上似乎是一个通例。而中国古代的官方服装，在这一点上表现得更突出，这反映出中国传统文化中宗法等级制度的浓重特色。从《周礼》以下，历代正史大多都有《舆服志》的内容，对于各级官员及其家属的服装作了严密的规定。这在世界上也是绝无仅有的。

《周礼·春官》中规定："司服掌王之吉凶衣服，辨其名物，与其用事。"意思是说：司服这个官员负责管理帝王用于吉凶礼仪的各种衣服，要分辨清楚各种衣服的名称以及它们各自应用于什么场合。它告诉我们，随着西周宗法礼仪制度的形成，官方不仅规定了尊卑上下各个等级的不同礼服样式，而且还要求随着各种不同的礼仪活动改换各种不同的服饰。例如国王在祭祀先王时要穿整套的绣花礼服，戴上缀有玉旒的冕；在出征时要穿皮制的服装，戴红色的皮弁；日常上朝时，就穿白布的衣裳，戴用白鹿皮制作的弁帽等。同样，各级王公贵族与他们的妻妾也有与他们地位相适应的规定的礼服。等级明显，不得随意改换。这样就形成了一个完整的官员制服系统。由此，确立了古代社会一些根本的服装式样，相传长久。帝王冕服可以说是制服的代表。我们就先来分析一下它的组成部分。

图 32 西周青铜器师兑鼎上记录赏赐礼服的铭文

我国的各大博物馆中都收藏有精美的西周青铜器。它是西周文化的宝贵见证。在一些重要的青铜器上，往往刻写有关于铸造这件青铜器的记录铭文（图 32）。铭文中，有时记载有关的奖赏情况。我们在这些记录中，可以看到周王有时将自己的一些礼服奖赏给立下大功的大臣。例如在陕西省岐山出土的一件此鼎上记载：此这个大臣被周王赐予"玄衣、黹屯、赤芾、朱黄、銮旗"，就是黑色的上衣、刺绣上花边的红色黼黻，红带子，以及车上用的銮铃、旗子等。另一件师虎簋上写道：赏给师虎"赤舄"，即红色的厚底鞋。这些都是只有国王才能使用的礼服用品。赏给大臣，那就是表示给予他们一种特殊的地位，表彰其功勋。这种统治手段，与清朝流行的赏黄马褂似乎同出一辙。

《春秋左氏传·桓公二年》记录宋国大夫臧哀伯说："衮、冕、黻、珽、带、裳、幅、舄、衡、紞、紘、綖，昭其度也。"他在这里列举的各种服饰，是春秋时期王公们正式的礼服内容，都是在周代定型的帝王礼服中必需的装饰成分。下面具体介绍一下这些服饰。

图 33 《历代帝王图》上描绘的冕服

袞，是绘制和刺绣上各种图案的彩色上衣。冕，是帝王戴的顶上有平版的冠帽。韨，就是黼黻，又叫作蔽膝，是在腹部前悬垂的长方形绣花织物。上引臧哀伯的话中还有"火、龙、黼、黻，昭其文也"。应该就是在说黼黻上的花纹。珽，是手执的玉版。带，指用皮革制作或用丝线编织的腰带。裳，是下身穿的长裙。幅，又叫作斜幅或行滕，是缠在腿上的宽布带。舄，是用金色或红色丝线编织的厚底鞋子。衡，是用来固定冠冕的头饰。纮，是从冕版上垂下来的彩色丝带，下端悬挂着玉石的饰物——瑱。纮，是用于系冠的丝绳。

綖，是在冠顶上平覆着的长方形版，宽八寸，长十六寸。这样一套礼服制度在中国古代延续了数千年之久。后人画的《历代帝王图》中，历代皇帝们大多穿着这样一套庄严的礼服（图 33）。我们可以从上面清晰地了解到它的全部组成。这样一套繁缛礼服的作用是什么呢？上引臧哀伯的话也说得很明确："以临照百官，百官于是乎戒惧而不敢易纪律。"就是要用这样华贵威严的服装来震慑百官群臣，使之不敢乱说乱动。

帝王礼服上的装饰品和专用花纹，大约也是从周朝开始逐渐确定下来的。《礼记·玉藻》中记载："天子玉藻十有二旒，前后邃延，龙卷以祭。"龙卷是绣有龙纹的袞服。玉藻是将玉珠穿在五色丝线上做成的垂饰，也叫垂旒。天子在其所戴的冕版上前后各悬挂 12 串玉旒。每串玉旒上穿有 12 颗玉石，共长十二寸。周代的玉旒是用红、白、苍（深蓝色）、黄、黑这五种颜色的玉石互相间隔穿成的。汉代以后的玉旒就全部使用白色的珍珠来穿了。按照儒家的解释，冕版要前俯后仰，表示君主有谦恭的美德。12 串玉旒是极数，表示君主的地位最高，玉旒则是遮蔽脸面，提醒君主要学会睁一只眼、闭一只眼的涵养，以免政治流于严酷。耳边的垂饰是在提醒君主不可听信谗言，要"充耳不闻"。总之是要以冕的这些部件来表现古代国君"明有所不见，聪有所不闻，举大德而赦小过，无求备于一人"的政治哲学，达到儒家理想的国君治国要求。

帝王的服装花纹一共有12种。根据《尚书·益稷》中的记载，这12种花纹在夏代就确定了。当然实际上没有那么早。在周代，将这12种花纹中的日、月、星3种改用到天子出行时打的旌旗上。在服装上只留下9种花纹，叫作九章。它们各自都具有深厚的象征意义。汉儒认为每种图案的内容与含义是：

龙纹，用盘曲的龙形表示国君具有变幻莫测的神灵威力。

山纹，表示帝王像山岳一样稳重地镇守四方。

华虫纹，是山雉一类的禽鸟纹样，以象征国君富有文章与才华。

宗彝纹，是宗庙中祭祀器物——鼎彝的形象，表示威猛、智慧与孝顺的德行。

藻纹，是有花纹的水草，表示清洁与纯净。

火纹，表示四方的百姓向帝王来归顺靠拢。

粉米纹，像一些聚集在一起的米粒，象征着帝王具有养育人民的任务。

黼纹，是一只金斧，表示帝王具有的决断权力。

黻纹，是一种亚字形的花纹，它可能是由商周时期青铜器上常可以见到的蟠螭纹演变而来。对它的含义历来说法不一，可能是在象征君臣互济，背恶向善。

这九章花纹，只有在天子的服装上才可以全部使用。根据古代文献记载，礼制规定，诸侯一级的服装上只能使用龙以下的八种纹样，大夫一级的服装上仅可以使用粉米纹、藻纹与火纹，而士一级的服装只使用藻纹与火纹。上下有别，从而体现了古代社会中严格的身份等级制度。以这种等级的区分与标志达到维护专制社会秩序的目的，才是设计出这种礼服制度的最终意义。

贵族男性的礼服等级分明。同样，妇女的服装也有礼仪规定。根据记载，商周时期的王后具有六种礼仪规定的礼服，它们是："袆衣，揄狄，阙狄，鞠衣，展衣，褖衣。"推测它们应该是式样大体相同的长袍形状的礼服。各种之间通过不同的颜色与花纹来区分开。例如袆衣是用黑色的丝帛制成，上面缝缀上用厚绢刻成的五彩翚鸟形状的花纹。揄狄是用青色丝帛制作的，上面同样装饰了五彩翚纹。阙狄是红色的，加饰白色的翚鸟纹。以上三种服装是在盛大的祭祀活动中穿用的，随着祭祀对象的不同而选用这三种服装中不同色彩的礼服。鞠衣的颜色和初生的桑叶相似，因为它是专门用于在每年一度的亲蚕大礼，即祭祀蚕神时使用的。展衣是白色的长衣，应该比较舒展、随意一些，供王后日常会见宾客与朝见国王时穿用。褖衣是黑色的，作为夜晚王后的正式着装，用今天的话来称呼它，应该叫夜礼服吧。在礼服的长外衣里面，还有多层衬衣，古人叫作素纱。它们大多采用轻薄柔软的罗纱制作而成。

从有限的商周玉雕与文献记载来看，商周时期的妇女一般不戴冠帽，但是使用很多头上的饰物。礼仪制度规定"十五而笄"，就是说女子到了十五岁以后，要把头发盘到头顶上，再用一块黑色的巾帛包裹住头发，在上面插上笄、簪等头饰，进行固定。这类似男子的成丁礼，表示女子从此长大成人，可以出嫁成家了。直至近代，中国一些地方还保留着女子在出嫁时要将头发改梳成盘髻的风俗，叫作"上头"，就是这种古代礼仪的遗绪。

商周时期，贵族已婚女子的头饰比较多，除去各式各样的笄、簪以外，还有一些颇具特色的发型用品，如用假发制作的"副""编""次"等。

"副"是整件的假发。制作它时，用丝线、铁丝等将假发一缕缕地系起来，形成一个半圆形的发套。可以将它衬在女人的头发中，制成各种发型，也可以将它接续在头发的外面，盘成高高的发髻。以往我们只能从文献记载中知道"副"这一类假发的存在。而现在已经发现过汉代的实物"副"。例如湖南省长沙马王堆汉墓中就曾经出土一件保存完好的"副"（图34），由此推测，商周时期的"副"也应该与此相差不大。

"编"是用假发盘结成的发髻，也可以附加在妇女的头上，形成多种发型。假发与真发之间一般用多支笄插入进行固定。"副"与"编"对假发的要求比较高，需要使用长而整齐的假发。而短的假发就只能用来编成小绺的"次"。次用来贴在头的侧面，作为装饰。

古代人对于美发的重视令人惊讶，当时人们看重女子长发的程度绝不亚于今人。贵族们更是为此不择手段。《春秋左氏传》中曾记录了一个荒淫无道的国王——卫庄公。有一次，他见到一个大臣的妻子头发长得十分好看，就命令手下将这个女子的头发剃光，用来制作自己妻子的假发。看来使用假发的习惯在当时社

图 34 长沙马王堆汉墓中出土的假发

会上层是十分普遍的。有趣的是，这种使用假发的现象不仅限于中国，其他古代文明，如古埃及、古巴比伦等地，也都存在着使用假发装饰贵族的情况。在埃及发现的大量壁画、纸草书文献中对此都有所反映。中国古代的文献记载与出土文物，也向我们揭示了当时社会上大量使用假发的习俗。而这些假发的原料来自下层社会的妇女，应该是不会有什么疑问的。中国古代历来看重头发，所谓"身体发肤，受之父母，不敢毁伤"。被迫剪下头发的妇女，应该是十分痛苦的。此外，中国古代一直有剪去头发的刑法，叫作"髡"。这些刑徒被剪去的头发，是不是也用来做了假发呢？王公贵族们冠冕堂皇的仪容后面，正是下层民众的无尽苦痛与血泪。

必须看到，即使在小小的女子头饰上，也显出了当时严格的宗法等级礼仪制度的束缚。《诗经·鄘风·君子偕老》一篇中有"副笄六珈"的说法。是说当时的公侯夫人们在戴上假发以后，还要插上顶端嵌饰珠玉的发笄，她们的发笄上可以缀有六件玉饰。士大夫们的妻子只能使用有一两件玉饰的笄，而平民百姓仅能使用毫无装饰的素笄了。可以想见，在妇女的服装色彩、式样与饰物等方面，都存在着明显的等级差别。尊卑有别、上下分明的社会等级制度在中国历史上始终存在，是奴隶社会与封建社会统治的重要政治支柱。服装就是它最为显著的社会标志。

虽然在古代文献记载中把中国古代帝王与官吏礼服制度的产生提到很早的历史时期，但是我们还没有什么确实的证据来证明它在先秦就已经定型。即使在西周时期有了一些对于帝王服装的礼仪规定，但到了政治动荡的春秋战国时期，诸侯纷纷争取霸权，力图在政治中占有高于他人的地位，威慑天下。恐怕不会有什么人去严格地执行这种等级规定。从现在发掘的春秋战国贵族墓中就可以看出，当时僭越礼制的现象是很普遍的，例如应该使用五鼎陪葬的使用了七鼎，应该使用七鼎陪葬的使用了九鼎等。那么当时诸侯在衣着上使用类似天子等级的服装，可能也是有的。

在秦始皇统一六国以后，更是全部改革，将以往有过的六种冕服全部废除，仅留下了一种黑色的玄冕供在祭祀时穿用。这是因为秦人接受了当时流行的五行学说，认为秦符合水德，才接替周执掌天下，古人认为水的颜色与黑色配合。所以秦代把黑色作为地位最高的颜色，从帝王到平民都习惯穿黑色的服装。而且由于中国古代在儒家思想的影响下，看重正色，即红、黄、青、白、黑五色。其他中间色被看作杂色，不宜用作礼仪服装。那么，与水德配合的秦代里，也就只能用黑色做礼服颜色了。秦汉时期，可能没有沿袭两周的礼服制度与服装样式。以后的各种服式以及礼服制度或者大多是汉儒们在先秦典籍基础上的创造与发挥了。

除去在帝王官员礼服上表现出强烈的宗法礼仪思想外，我们还应该看到古代宗法礼仪和与之相适应的伦理道德思想对于人体与服装关系的严格限制。华夏文明过于早熟。按照传统"周公制礼"的说法，在西周时期，宗法礼仪与适应于宗法礼仪思想的伦理道德观念就已经十分完善了，并且从法律与礼制两方面被国家运用来管理民众。这使得中国人自从上古时期起就处在一种严密的思想束缚之中。与世界上其他重要的古代文明，如古埃及、古希腊、古印度等文明不同，中国古代的礼教十分注重男女之别，非常畏惧裸体，认为裸体放荡是一种极度失礼的莫大羞耻。虽然民间习俗并不如此，但上层社会，特别是儒家子弟，却对裸体讳莫如深。传说在商代的末年，国王纣荒淫无度，建造酒池肉林，让妇女裸体在里面奔跑追逐，以此作乐。这曾经是历代文人抨击纣王与类似的荒淫君主的主要罪状。更可能是西周为了标榜自己灭商的正义性而作的舆论宣传。那么自然西周制礼就要针对商纣王的荒淫强调"非礼勿动"，把裸体看作礼与非礼的区别。甚至以为裸体有着邪恶的魔力。《史记·夏本纪》中记载：夏代发生过一件大的怪异之事。有两条龙进入宫中，在殿堂内流下了精液，无法清除。夏王只好命令宫女们裸体去驱除它，企图以此来辟除妖邪。这些故事，应该表现出古代人厌恶裸体的心理，这也是古代统治者提倡下礼教思想广为流行的结果。

出于这种特殊的心理控制，中国古代始终就缺乏对于人体美的正确认识与欣赏，缺乏具体写实的造型艺术眼光。这不能不说是古代中国审美意识与艺术创作中的一大遗憾。我们可以看到，在古埃及、古希腊罗马、古印度等重要古代文明中都遗留下了大量极其出色的人体造型艺术品，而在中国古代却很少有类似的艺术品。现在可以见到的古代人物造型，尤其是魏晋以前的人物造型，也都不是十分写实的作品，除头部以外，对身体各部分的描绘都不是十分准确写实的。反映出中国古代工匠对于人体缺乏细致的观察。这是具体社会环境与思想观念所造成的。

因此，中国古代的服装，尤其是礼仪服装，一直是在如何严密地遮掩身体上面做文章，而不是去研究如何突出人体的曲线美和健康美。在服装式样的选择上，道德标准时时压倒审美标准，礼仪要求常常克制着实用的目的。从商周时期开始，宽松长大的服装式样就形成了一种居于服装式样首位的固定程式。华夏服装，特别是女装，走上了一条往往忽视服装式样和体形剪裁，而侧重于衣料的质地、色彩、纹饰以及种种复杂的装饰物的发展道路。

图 35 战国宴乐射猎采桑纹铜壶上的采桑图

在故宫博物院收藏的一件战国青铜器宴乐狩猎采桑纹铜壶上，刻画了一批当时的劳动妇女（图 35）。即使在繁重的劳动中，她们穿的仍然是紧密包掩身体的长衣，裙裾直拖到地，袖口掩盖住双手。可见当时礼教的影响之大，束缚之深。这并不仅仅表现在男性官员贵族的礼仪服装上。所以，在了解古代女装的变化时，也千万不要忽视在深层意识中影响着它的宗法礼仪思想。

变幻春秋

胡服变法

经过一统天下的西周王朝后，历史发展到了距今2700多年的春秋时期。那时，随着农业生产的发展，中原大地上已经基本形成了村社聚居，以农业经济为主的社会形态。在以农业生产为主的社会中，农民占了社会人口的绝大部分，因此，人们的居住比较固定，较少迁徙，不像牧民商贩那样需要长途驰骋或到处奔走。农业生产者平日的劳动量较大，但收获较稳定，生活相对来说也比较安定，特别是社会上层的贵族士人，占有不劳而获的生活资料，有条件去追求服装的舒适。在这样一种生活基础上，形成了中原各诸侯国大致相同的服装式样，即宽松舒适的袍服与裙裳。当时，中原人们已经可以建筑比较严密、宽敞的房屋，兴建了有一定规模的城市与交通道路。日常居室中，人们在地上铺设了席子与茵褥，踞跪而坐。出行时或者乘车、船，或者步行。这些生活习惯与他们穿的袍服、裙裳十分协调。对当时具有相当数量的贵族士人来说，这种高冠大袖、飘逸潇洒的服装正有助于培养稳重端庄的谦谦君子之风，是推行礼教思想的得力工具。我们上面谈到的古人对冠、饰物、衣裳等的看法就体现了这一点。可以说，当时人的心目中，这种服装成了中原华夏高度发达的文明代表，似乎会被君子之国永远沿用下去。

如果没有当时诸侯之间接连不断的征伐交战，这种状况可能不会有很快的改变。但是，战争这个人类社会的怪胎却总是在用它的需要去随意改变人们的生活轨道。"胡服骑射"这个有名的古代故事就是这样的事例。

中国古代的战争有时是很有意思的。《春秋左氏传》中记录的大量战争实例告诉我们，当时中原各国交战时，为了遵守礼仪，通常是先把兵车阵势摆好，再由双方将领对话，用彬彬有礼的外交辞令应酬一番，最后再放马过来。经常是由兵车冲击几次便决定了整个战役的胜负。对失败的敌人也往往穷寇勿追，网开一面。这大概还保留着原始社会的遗风。据说，在大洋洲有些今天还存在的原始部落之间，解决冲突的方法就是双方面对面站好，互相投掷石头，打不过的一方便认输投降。不像以后的战争有那么多的欺诈与周旋。所以，死守礼仪的宋襄公才会以君子自居，不向未排好阵势的敌人进攻。这种情况下，以战车为主的作战方式对军人衣服的要求不太严格，袍服裙裳还可以应付当时的战场。

然而，当历史进入春秋战国之交的时候，诸侯之间的兼并战争日益激烈。攻城略地、获取霸权成了诸侯国的头等大事。而且当时生产力有了明显的发展，手工业生产技术大大提高。铁的普遍使用，兵器技术的进化，都极大地加剧了战争的激烈程度。特别是远射程强弩的产生，铁、铜等护具的使用与兵法的形成等军事新要素改变了战争的方式。从而使古代贵族军队使用整齐的兵车冲击那样的作战方式很难取胜，逐渐地，大规模的步、骑兵作战取代了车战。这样一来，原先的衣着便越来越显得碍手碍脚，既不便于奔跑、骑马驰骋，又不便于近身格斗。新的战争不可避免地要求改革衣着，成了起决定作用的服装设计师。

一个原本不善于骑马的民族被迫骑上了马背，不适宜骑马的裙裳自然必须随之加以改革。历来不知裤子为何物的炎黄子孙，在战争的压力下，也从北方游牧民族那里引入了裤子的制作与穿着方法。尤其是与游牧民族接邻的一些北方诸侯国。他们注意到北方游牧民族的娴熟马技在战争中的优势，也注意到北方游牧民族的特色服装，即所谓"胡服"。胡服与中原服装相比起来，衣袖窄而细，袍衫紧身，有裤子与皮靴等利于骑马的服装成分，在作战时轻捷方便，自然会胜过中原华夏民族传统的袍服。因此，地处北方的赵国为了强兵，把车战改为轻骑兵作战，就在中原七国中首先开始了服装改革。由赵武灵王兴起的这场改革并不仅是对当时华夏传统服装的冲击，而是一场涉及政治、思想与社会习俗的尖锐斗争，其尖锐程度令今人难以理解。从这里，我们可以看到一个在中国社会中很早就显露出来的特点，即服饰与政治、思想的联系过于紧密。任何一点服饰的大改动，都可能引起思想意识的冲突，造成社会的剧烈反应。这种特点在几千年的服饰历史中，不断地有所表现。鲁迅先生曾经说过：中国人吃头发的亏实在太多了。而从历史上看，中国人吃衣服的亏要更多，更早，为它引起的思想争斗也更激烈。

具体说到赵武灵王兴起的这场"胡服骑射"改革。当时，赵国位于今天的山西、河北二省的中部地区，与北方的楼烦、东胡等游牧部族接壤。这些游牧民族以放牧与射猎为生，在干旱缺草与雪灾等牧业受灾的时候就四处抢掠。赵国经常受到他们的袭击。此外，赵国还时时受到周围强大的齐国、秦国、魏国等国家的进犯，多次遭到失败，割让土地。因此，赵武灵王不得不苦苦设法富国强兵。他认识到只有改革服装，改革固有的生活习惯，使百姓练习骑马射箭，以好武为

荣，才能组成强大的军队，战胜周围的敌人，而且可以向北方的胡人疆域去开拓
国土。

赵武灵王兴起这场改革，推行胡服骑射，是有很大的思想顾虑的，起先他很怕
因此被中原各国耻笑。事实上赵国的贵族与中原人士们对于赵武灵王危及中原礼仪
文化的这一行动也极力反对过，给予了猛烈的抵制。赵武灵王的亲叔叔公子成当时
就出面指责赵武灵王。他说："我听说中原是聪明智慧所集中的地方。各地的财物
都汇集到这里。人们受圣贤的教育，施行仁义道德，推行礼乐诗书等高尚的文化。
各种奇妙精巧的技艺都在这里试验出来。远方的人们来这里观摩学习。中原的文化
受到四方蛮夷的仰慕。而您却要抛弃这一切去效仿远方异族的衣着。这不但会改变
了古人的礼制与规定，背离了人心，也会惹恼了学者与中原各国。您还是好好想一
想吧。"公子成的话，实际上反映了社会上普遍存在的反对情绪，代表着一大批贵
族的心理。赵武灵王这场改革的艰难可想而知。

但是，不管阻力有多大，赵武灵王仍然坚定地进行着服装与习俗的变革。他多
次动员，并且亲自改换服装，走马射猎，终于争取到公子成与大臣肥义等一批重要
官员转而支持自己，加上民间已经有了服装变革的趋向，最后使中国历史上第一次
服装大变革取得了成功。赵国由此走上了富国强兵的道路。

这次改革以后的赵国服装，也就是当时所称的"胡服"，是什么样式的呢？它
主要的变化是废除下裳，即将长裙改为有裆的长裤，不穿履屦，而改穿长筒皮靴，
上衣也相应地改变为紧身的短袍。在据说是河南省洛阳金村出土的一件战国错金银
狩猎镜上，有一个骑马武士的形象，他头戴武冠，身穿紧身短袍与长裤（图 36 ）。
在山西省长治分水岭出土的战国青铜武士像上，也可以见到类似的衣着。这些应该
就是当时胡服的写真了。

洛阳金村战国大墓在新中国成立前被盗掘，出土文物有些流散到海外。其中有一
件青铜人像制作得十分生动逼真。这是一个双手持棒驯鸟的人物，上身穿一套窄袖短
袍，下身穿长裤与靴子。头发梳理成两条短辫（图 37 ）。应该也是胡服的穿着打扮。

这些服装改革主要是比较适应骑马的需要。我们知道，传统的中原服装中，外
面的衣、裳又宽又长，可以遮盖全身，而且没有裤子，特别是没有连裆的裤子。
即使采用保护腿的衣着，也只是一种没有裆，只有裤腿的套裤。古人叫它作"胫

图 36 洛阳金村出土战国错金银狩猎镜上刻绘的骑士

图 37 洛阳金村出土的战国青铜人像

衣"。从这个名字，就可以知道它是用于保护双腿的。一件"胫衣"包括两条裤腿，所以古人计算它时，都是以一两（即一双）作为单位的。在河南省信阳长台关楚墓与湖北省江陵西汉墓等处，都曾经发掘出当时记录随葬品的清册——"遣册"。上面记录随葬的衣物，就有"袴一两"的字样。这种服装日常行走时穿着很舒适，然而，要跨上马背时，没有裤裆，磨着大腿就很不舒服了。特别是在上古时期人类还没有发明马镫。骑马时必须用双腿夹紧马身来维持平衡。这样没有裤裆的裤子不但穿着不方便，连浅口的履、屦都很容易脱落。而改用裤子与长筒靴就便利多了。衣服式样的改变也要求制作服装的质料随之改变。以往中原传统服装使用的丝绸、葛布、麻布等面料也由毛毡制品、皮革等逐渐代替。这些胡服的特点，成为中原服装中的新成分。这样，不但赵国的服装与社会习俗被彻底改变，而且影响到中原的其他国家，连秦、汉时期的服装中都可以看到这种改革的流风余韵。而胡服所代表的骑马民族衣着及生活方式，长期与宽松的汉族传统服装并存，成为中国古代服装中互相影响又互相排斥的两种主要流派。

多彩深衣

在商周时期，贵族们的服装主要是分成上、下两截的衣、裳。这是当时男子常穿的服装，而女子穿的大多是上下一体的袍服。大约进入春秋战国时期后，一种新的服装式样由南向北流行开来。在它的影响下，男子也开始改穿上下一体的袍服。女子反而穿着分为两截的裙衫。所以明代的小说《西游记》中记述唐僧一行到了女儿国时，说那里都是"三绺梳头，两截穿衣"。而这种新衣裳式样的产生，造成了中国服装史上的一个重大变化，也是形成具有中国特色的"汉服"的前身。

这种新的服装式样，古人叫作"深衣"。在古代文献中早有记载。根据有关记载与现代考古发现的实物来看，深衣在当时的服装中确实是一种比较突出的式样，相比之下具有不少优点。首先是它缝制容易，还可以在剪裁中充分地利用布料，可繁可简，是一种极好的基础平台，自下层平民至上层贵族均可采用。其次是它穿着方便，既利于活动，又能严密地包裹住身体，符合社会的礼仪标准。所以深衣这种式样很快就广泛地流行开来。无论是文人、武士，还是官吏、农夫，全都把它作为日常的服装，甚至还把它作为礼服。后来，儒家学者鉴于深衣的礼仪作用，把它纳入封建礼仪制度中，认为它是礼服的标准式样。《礼记·深衣》中讲："古者深衣，盖有制度，以应规矩，绳权衡，短毋见肤，长毋被土。"即深衣要有制度，各个部位的裁剪都有一定的尺寸，短的地方不能露出皮肤，长的下摆不能触到土地。这就明确地指出了礼仪思想对服装的限制和深衣的礼服作用。由于汉代以后，服装式样大有变化，深衣的式样不复存在，所以后世的学者们只能根据《礼记》等礼书的有关规定反复猜测深衣的式样，撰写了多种著作来说明它，甚至画出复原图。像清代江永的《深衣考误》、任大椿的《深衣释例》等。但由于缺乏实物的佐证，这些复原与古代实际的式样之间相差甚远。

有趣的是，数百年后的今天，由于各种出土文物上不断发现有关深衣的图像，更为难得的是近年来在多处古墓葬中出土了保存完好的丝绸服装，像湖北省江陵马山楚墓、湖南省长沙马王堆汉墓等重大考古发现中，获得了多件完整的深衣和其他服装。这反而使得今天的学者能够超越前人，非常准确地描述深衣的式样了。这完全得益于近代考古学的成就。通过出土古代服装实物的宝贵发现，可以帮助我们清

图 38 河北战国中山王墓出土的人形铜灯

楚地看到深衣是怎么裁剪和穿着的，解决了前儒苦思不得确解的历史疑案。

我们下面列举一些有关的考古文物。战国时期的中山国遗址。位于河北平山，这里曾经出土了一件人形铜灯，上面精细地描绘了他所穿的衣着（图 38）。这个人穿的深衣是一件宽袖的交领长袍，右面的衣襟压在左衣襟的下面。左衣襟的下部横向接出一条三角形的曲裾。这个曲裾是深衣特有的式样，它是一条长长的三角形布，向右缠绕在人的身体上，尖端掩到背后或者披入腰带以下，这样就把衣襟严密地包裹在了人体上面。其他像湖南省长沙楚墓出土的一些彩绘木俑身上的服装、湖北省马山楚墓中出土的着衣女俑、云梦大坟头西汉墓中出土的男女木俑衣着等实物形象中，都可以看到与此大体相同的深衣式样。从这些木俑的身上，我们还可以进一步看到男女所穿深衣的不同之处。男人穿的深衣曲裾比较短，只能向身后斜掩一层。而在湖南省长沙仰天湖楚墓中出土的女俑，所穿深衣的曲裾很长，绕着身体缠了好几圈，在前襟下面还垂下了一枚三角形的衣物，可能是右侧衣襟的斜衽。由此可见，在深衣这种服装式样中最具特色的应该就是这条长长的曲裾。

如果我们深入探讨一下，这种采用曲裾来缠绕的方式，为什么要有男女不同的区别呢？它应该主要是为了保证下体不外露。这可能就是中原礼仪思想对外露人体的严格限制所决定的。当时中原各国的日常服装中，最缺少的就是裤子。一般男子是在腰股之间单缠绕一块布，叫作裈。女子大概连这块布也没有，往往一件深衣就是全部衣着。而当时所说的裤子，只不过是两条套在腿上的裤筒而已，穿着时还要用带子把裤筒系在腿上。如果要使这样不成样子的裤、裈不露出来，外衣的下襟就不能在前面开衣衩。要想不开衣衩，又能很方便地弯腰与抬腿，下摆小了是不行的。而这种曲裾交掩的服装式样就可以满足以上种种要求，又比较节约布料，它的流行也是很自然的了。

在战国时期有关衣服的文物上，我们可以看到当时南北各国的服装以及其文化意识有着明显的不同。特别是在衣服上面，南北气候的影响会具体体现出来。深衣的具体式样也是这样。北方的衣着显得衣袖窄长，上衣紧贴身体，下面的衣裾宽大曳地。在山西省侯马出土的战国陶器残片与山东省临淄出土的齐国漆盘等大量器物上都可以见到身穿深衣的人物形象。它们的细窄腰身、衣袖与宽大下裾充分显示出北方深衣的特色。这可能是表现出"胡服骑射"的影响，在衣服的上半部吸收了胡人衣服的特点，同时贴身的剪裁也出于保暖的需要。

而在楚墓出土的木俑彩绘、帛画与具体衣服中间，我们可以找到起码3种以上的深衣不同式样。1946年在湖南省长沙陈家大山的一座楚墓中，曾经发现了一幅十分珍贵的战国时期帛画，上面画了一条龙与一只凤在争斗，有一个身穿深衣的女子在下面举手祝祷（图39）。这件深衣的式样有些特别，它的衣袖肥大而且下垂，在衣袖口处突然收紧。衣裾的下部宽大而且拖长，显得华丽富贵。有人根据这种衣袖的外形像牛脖子下面下垂的皮肉（古人叫作"垂胡"），把它叫作"垂胡形衣袖"。在河南省信阳长台关楚墓出土的木俑身上也刻有这种衣袖。这种衣袖可以兼作口袋使用。日常使用的香袋、手巾、零钱等都可以放在里面。最为可贵的是在湖北省江陵马山楚墓中出土了有这种垂胡形衣袖的锦袍实物，给我们以这种服装完整全面的了解（图40）。这座楚墓属于中型墓，是当时中、下等贵族的墓葬。从而说明这种深衣式样是当时贵族妇女所享用的日常服装式样。我们今天在戏曲舞台上见到的戏装，宽袍大袖，就是沿袭这种衣袖而来。

另一种服式的肩部与腋下比较宽松。它的袖子从肩部向下开始逐渐变窄，形成一种细长窄小的袖口。其衣裾拂及地面，可以使足部不外露。看来当时对于下体的遮掩是比较看重的。在湖北省江陵的马山楚墓中也出土了一件这样的素纱深衣，留下了2000多年前的重要实物证据（图41）。上面已经提及，现在故宫博物院中还保存有一件精美的战国时期刻画铜壶 ——宴乐狩猎采桑纹铜壶。铜壶身上有表现宴乐、采桑与射猎的丰富花纹。这些纹饰中刻画的一些妇女形象，如提篮采桑与操厨送酒的妇女，就都穿着和我们在这里介绍的这种服式相似的长衣。这种式样的衣

图 39　湖南长沙陈家大山楚墓中
　　　　出土的帛画

图 40　湖北江陵马山 1 号楚墓出土的
　　　　着衣女木俑

图 41　湖北江陵马山 1 号楚墓出土的禅衣

装，使穿着的人，尤其是女子，显得身形轻便俏丽，也适于作为内衣穿用。

　　与以上文物反映的服装式样比起来，当时还有一种深衣的式样显得很简陋。它的衣袖宽松，像一只圆筒，衣服的上下宽窄相近，衣裾比较短，可以露出双脚。衣服的前襟下面还露出了下垂的右内襟。它的制作显得粗糙，式样平板，缺乏变化与美感。但是比起前几种式样来，既节约布料又制作简单。这种式样在汉代普遍出现，在我们现在从出土文物中看到的汉代人物形象中，最常见的就是这种衣着。无论是陕西、湖北、河南等地汉墓中出土的陶俑、木俑，还是河南、山东、江苏等地东汉墓室中的画像石画像，乃至出土的汉代帛画与铜器花纹，上面的大部分人物形象所穿的都是这种衣服。陶俑、木俑大多是作为奴仆的替身殉葬，画像石上的人物中也有很多是下层劳动者与奴仆的身份，由此看来，可能这种形式简单、裁剪方便、适宜劳作的服装就是汉代社会中下层劳动人民的日常衣着吧。

　　闻名世界的湖南省长沙马王堆一号汉墓，是西汉初年长沙地区的最高统治者轪侯夫人的陵墓。在她棺木上面覆盖了一幅帛画，描绘了她死后升天的景象。画面中央一位被侍女服侍着的老太太，身穿一件宽松肥大的深衣，上面绣满了美丽的花纹，衣袖肥大，坠到地面，缠绕在身上的曲裾也明显可见。这可能就是轪侯夫人的写真，也是贵族深衣式样的珍贵写真。这座墓中还保存了大量完好的汉代丝织衣物，给我们展示了丰富多彩的汉代服装式样。我们以其中的一件"信期绣"菱纹罗绮面、素绢里的深衣为例，看一下它的裁剪方法吧。

这一件深衣可以分为上衣与下裳两个部分，最后缝在一起，形成一件深衣（图42）。它的上衣采取正裁，分为6片。身部为两片，各宽一幅；袖子各为两片，一片宽一幅，另一片宽半幅。将这6片布料横向缝合以后，再将它对折，腋下缝合成上身与袖子，挖出领口。下裳要斜裁，一共用4片布料，每片一幅宽。这样缝合起来后就形成一个向左侧倾斜的衣片。它的左侧是三角形的曲裾。在这个衣片的左侧与下缘，还要缀上半幅宽的织锦缘边。穿衣的时候要把左侧的曲裾向右面绕到身后，用腰带束住。这样就可以严密地将身体包裹起来了。

贵族穿着的深衣领口、袖口、衣襟等处，都会缝缀上各色织物的缘边，衣料上也有绣花、染色等装饰，以显示衣装的华贵威严。扬之水在她《领边秀》一文中曾经指出："领缘自古便是装饰的重点，最初自然是出于实用。这本来是衣服最为显露的部分，最容易磨损，衣领的设计因此是功能与艺术的合一。""而锦作领缘提起精神。领缘因此用了当时最为讲究的装饰，或刺绣，或织锦。湖北江陵1号楚墓中出土的锦，绝大多数是用来镶嵌衣之领缘与袖缘，可以认为仍是从商周制度而来。锦作条纹、菱纹、十字菱纹、凤鸟菱纹，锦领的边上，有的还嵌了纬线起花的丝织窄带。"

从现有的考古资料来看，深衣在战国至西汉时期是十分盛行的。但也不是只有它一种式样存在，同时还有很多种其他式样的服装，也可以从考古发掘中见到实物。例如在湖北省江陵的马山楚墓中曾经出土一种直裾的袍服。它最突出的特点就是没有另外接上曲裾。左、右两片前襟的大小相近，都是从胸腋部位起直线向下。两片前襟在身前交相掩盖。腰间用带子束住。我们看一看其中一件小菱纹锦袍的式样。它是把袍子的上衣部分分成8片正裁。衣身2片，衣袖各3片。制作时，同样是缝合以后再对折成衣，挖出领口。下裳部分分为5片正裁，这5片经缝合以后成

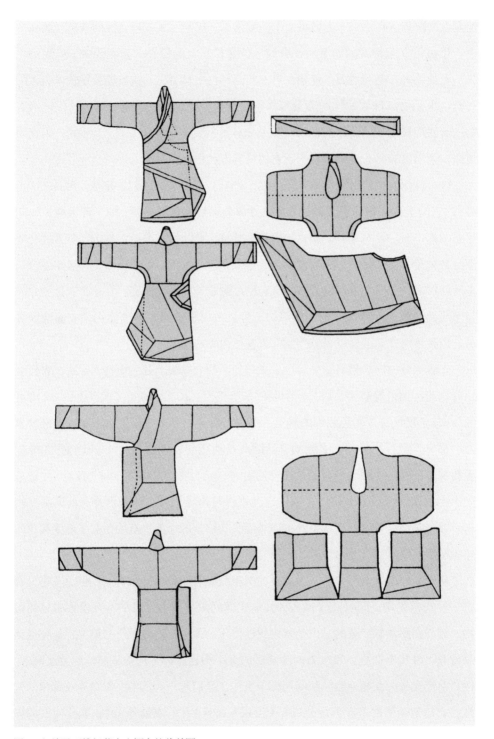

图 42 长沙马王堆汉墓出土深衣的裁剪图

图 43 湖北马山楚墓出土的绲衣

为裳片，缝到上衣上。为了衣袖活动起来方便一些，在袖子与正身连接的腋下加拼了一块长方形面料。衣领与衣裾另外用丝带缘边。这种裁剪方法比较省工省料，还可以保存面料上的花纹完整统一。穿起来后的效果也很不错。仅在上述的马山楚墓中就出土了类似的交领直裾式样服装12件。其中有夹衣、单衣，还有锦袍。可见这种式样也是很受当时楚国人士欢迎的。

　　在马山楚墓中还出土了一件对襟单衣。它放在一个竹笥中，上面系了一个竹签，写明它叫作"绲衣"（图43）。这件衣服式样十分简单，是用一整块面料对折缝成，下面再接上两个衣襟。两个衣襟互不交掩，只是在身体中央相对接。另外在上面缘上一个大菱纹锦做的领口。看起来和今天的长睡衣十分相像，可能在当时也是作为贴身的睡衣使用。《仪礼》一书中记载：古代在丧礼中放置陪葬的衣物时，要将浴衣放入竹笥中。这恰巧与在马山楚墓中所看到的出土现象相符合。由此看来，这件衣服就是现代人们使用的睡衣（浴衣）的老祖宗了。这种衣服的式样竟历经

2000多年仍然没有多大改变，确实令人惊叹。大概是由于它本来就已经十分简单，而且舒适随便，适宜家居场合穿用的缘故吧。

上面介绍的这些长长的深衣与袍服，是战国秦汉时期人们衣着的主要部分。它充分发挥了遮盖身体的作用，从而在很大程度上使裤子的作用不那么重要了。在发现过古代随葬衣物的这一时期墓葬中，裤子在出土衣物中占比很低。例如长沙马王堆3号汉墓中出土的遣策上记载了"帛禅衣、绪禅衣、绀绪禅衣、青绮单合袷衣、绮複带襦、素裳"等数十种深衣，但仅记有"素绔二、绪绔一"。可见日常使用裤子的几率不大，因此也使古代裤子的发展受到了长期的阻碍。在流行深衣的地区，很少见到裤子的踪迹。即使出现裤子，也多是只有一双裤腿的"胫衣"形式。马山楚墓中的一个新发现是出土了一种把两条裤腿在前面连在一起的裤子。它的式样很像直至近代还在北方一些地区流行的"套裤"。这种套裤只有在前面连在一起的裤腿，大多为棉裤腿，在冬天穿用。这种裤子没有裤裆，裤子的后腰与臀部部分是不存在的。不知道是为了节省布料还是为了解手方便。它恐怕主要是出于对腿部保暖的需要吧。

图 44 秦始皇陵兵马俑坑出土的秦国士兵

在另外一些战国时期的人物雕像上，我们可以看到一种比较短的上装。在河南省洛阳金村的战国墓中曾出土了一件银质的男人像。他的上身穿一件衣袖细窄的交领短袍，长度只达到膝盖。有没有裤子无法确定，但是在他腿上缠着当时被称为"斜幅"的布裹腿，似乎是不会在裤子外面再缠"斜幅"的，那么可能就没有裤子。他赤足，没有穿鞋。类似的装束也可以在楚国漆器的图案中见到。应该是当时下层社会比较常见的衣着式样。穿这样短袍的古人形象还有在河南省三门峡上村岭战国墓葬中出土的举灯铜人等。陕西省临潼秦始皇陵兵马俑陪葬坑中出土的上千名士兵陶俑，在甲胄以下穿的也是这种短衣服。它可能就是古人所称的"襦"（图44）。如果把衣服也分出等级来的话，襦、裤的地位要远远低于袍服代表的深衣。古代礼制规定，不得用丝帛做襦、裤。由于襦、裤是作为贵族们的内衣出现的，不在外显示，用丝帛制作是一种奢侈浪费，所以不符合礼制。如果贵族穿着襦、裤去接见客人，更是一种极不礼貌的行为。但是对于处于社会下层的庶民、士兵、奴仆们来说，谈不上什么礼仪制度，也没有条件讲求服装，甚至可能社会礼制会限制他们穿长袍。从日常劳作与征战的角度来看，穿紧身窄袖的短袍也更方便。因此，襦便成了这些下层人民的日常服装。服饰中的等级区别与上下之分通过这些文物便清晰地表现出来了。

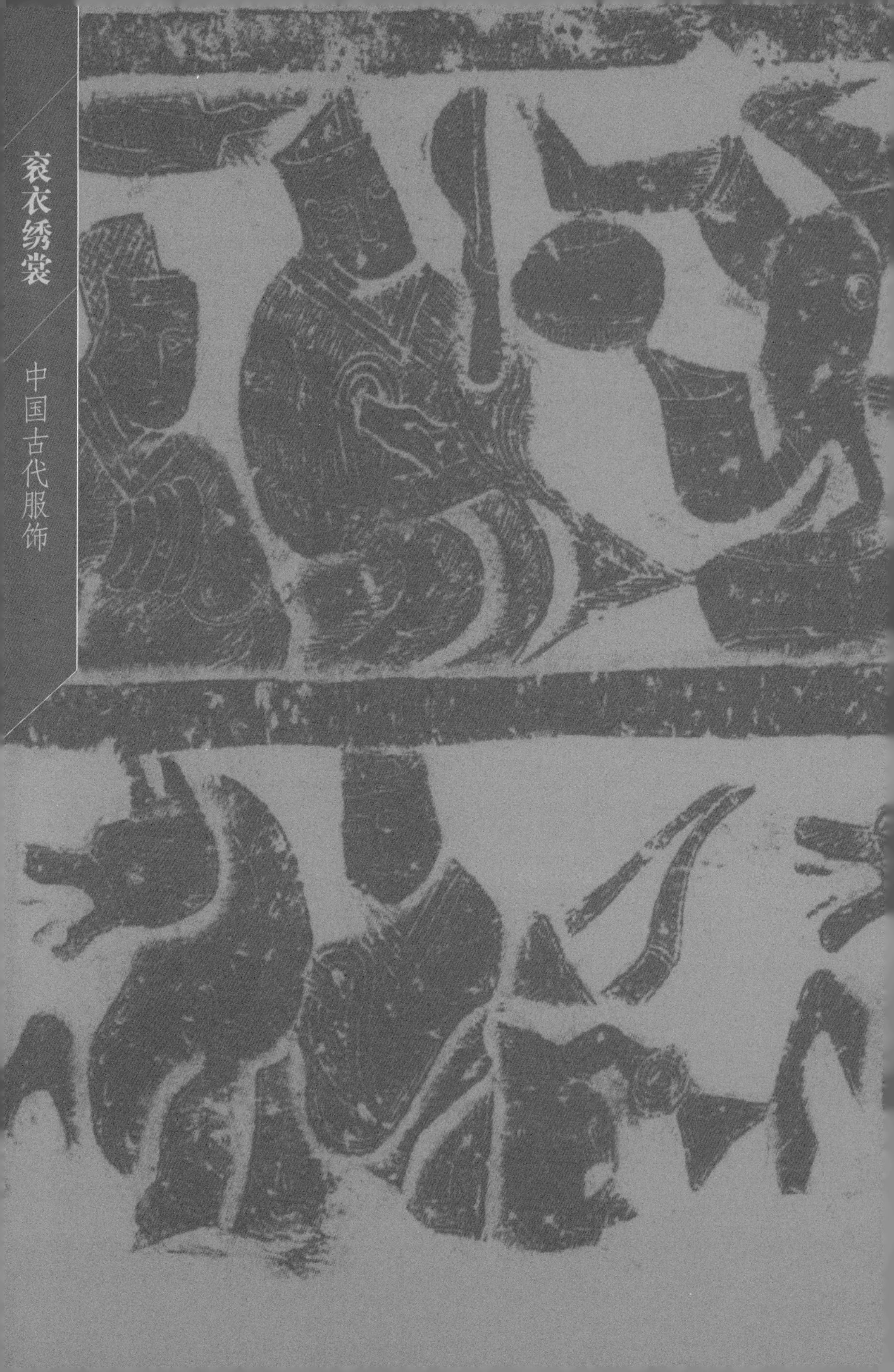

大汉雄风

汉官威仪

秦始皇对周代礼服制度的彻底破坏，使得直到汉代初年国家仍然没有确定的礼服。当时的官员，大约是穿日常的服装上朝理事。所谓"汉承秦制"，秦代的政治制度大多被汉朝沿袭。黑色衣服仍然是常见的官服。在汉文帝时，大臣贾谊上书，指出汉朝已经建立20多年，但仍旧沿用秦朝的历法、官制与礼服颜色，是不合适的。他请求重新确定服装颜色与其他礼仪制度，但是汉文帝没有接受。根据《汉书》的记载，汉代官员的服装要根据季节的变换更改颜色，春天是青色，夏天是红色，秋天是白色，冬天是黑色。但这可能只是一种套用五行思想的虚构。实际上官员一年到头穿的还都是黑色衣服。这有《汉书·萧望之传》为证。萧望之执掌中央时，京兆尹张敞对他说："我穿了20多年黑衣了。"意思是自己已经作了20多年官。可见当时的官员不按照时节更换衣服颜色，而是把黑色的长袍作为官员的象征。

汉代官员的图像并不少见。在河北望都、内蒙古和林格尔等一些汉墓的壁画中，以及在山东、河南、陕西北部等地出土的汉代画像石中，绘制出一些官员与士吏的形象。可以看出，他们都是身穿一种宽大的交领曲裾长袍，就是领子交叠，衣襟形成曲线形的袍子。从服装的式样上看，各级官员间没有什么明显的区别。当然，也许在衣服的色彩、质料与小饰物上有些区别，但是由于壁画本身保存的内容有限，现在还不能具体找到这些区别。

那么，这些等级森严的官员怎么去区分他们的官职高下呢？可能当时主要是从头上戴的冠帽和腰间佩的绶带来区分等级品秩（图45）。

汉代官员日常戴的冠帽有很多种，比较主要的有：

图45 汉代画像石上描绘的冕冠

长冠：又叫斋冠，高七寸，广三寸，用竹皮编成内框，外面罩有黑色的漆纱，使用时套在发髻上。它是沿袭楚国流行的冠帽形制制作的。楚国人喜好戴高冠，这种特点在春秋战国时期的文献记载中都有所反映。《春秋左氏传·成公九年》记载：楚将钟仪被俘虏以后，仍旧穿着楚人冠服。晋侯见到他，马上惊讶地问："那个戴着楚冠的人是谁啊？"可见当时的楚冠与中原各国的冠帽完全不同，让人一眼就能分别出来。楚国诗人屈原在《离骚》中唱道"高余冠之岌岌兮"，又在《九章·涉江》中唱"冠切云之崔嵬"。都是说戴的冠非常之高，甚至可以接到云彩。试想一下，这样高高耸起、势如摩云的高冠，该有多么引人注目啊！20世纪70年代，在湖南长沙子弹库楚墓中曾经出土一件人物御龙帛画，上面画了一个男子，头戴高高的长冠，就是战国时楚冠真实的记录了。汉高祖刘邦原是楚地的居民，生活习惯完全楚化。据说长冠便是刘邦身为平民时用竹皮编织的式样，所以汉代又把长冠叫作刘氏冠。老百姓们则从它扁平细长的外形出发，形象地叫它鹊尾冠。由于长冠是汉高祖所创造，在汉代地位很高，被确定为官员祭祀等大型礼仪中戴的冠帽。

20世纪70年代发掘的湖南长沙马王堆汉墓中，出土有一些随葬的木俑。其中有一件男俑头上戴有一个向后上方倾斜的梯形长木板，有些学者认为这就是当时的长冠。也有人把它叫作另一种汉代冠帽——却非冠。却非冠与长冠相比，应该显得短一些，低一些，但外形基本相似。

委貌冠：它与古代的皮弁相似，长七寸，高四寸，形状像一个倒扣过来的杯子。它是用黑色的丝绢缝制，不像皮弁是用白鹿皮制作的。我们在山东聊城出土的一块汉代画像石中可以见到一个头戴委貌冠的人物形象。根据记载，汉代的公卿诸侯大夫在参加大射礼等重要礼仪时需要戴委貌冠。

通天冠：这是皇帝平常戴的冠，它的主体是一个长方形的板框，用铁梁制作而成，上面罩着黑纱，冠前面有三角形的装饰物，称之为"山"。冠的两侧最早用鹬鸟羽毛装饰，后来改成用绢帛代替。在山东沂南出土的汉代画像石上就可以看到戴这种通天冠的人物画像（图46）。

远游冠：样式与通天冠相似，但是没有"山"的装饰与两侧的各种饰物，只是在冠的前部横卷了一个绢筒，可能有些像颜。这是亲王日常戴的。

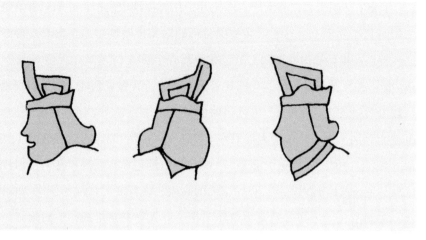

图46 汉代画像石与壁画上的各种冠

高山冠：据说是战国时期齐国的国王所戴冠帽式样。秦消灭了齐以后，把这种冠赏赐给皇帝附近的近侍使用。汉代将这种习惯沿袭下来，高山冠成为官吏与近侍的冠服。它的形状与通天冠相似，只是冠的顶部不倾斜，也没有各种饰物。

进贤冠：是汉代最普通的一种冠饰。一般文官与儒生日常都戴这种冠。它是由先秦的缁布冠演变而来。它最下面是一个套在头上的冠圈，冠圈上装有用铁或竹、木做的冠梁——一个梯形板框。板框的前面高七寸，后面高三寸，顶部长八寸。公侯的冠上装三道梁，中二千石至博士级别的官员（相当于后代三至七品官员）的冠为两道梁，博士以下的吏员与儒生们的冠只有一道梁。这种冠的图像是汉代文物图像中出现最多的。在山东嘉祥武氏石室画像、山东长清孝堂山石室画像、河北望都汉墓壁画、内蒙古和林格尔汉墓壁画、陕西榆林汉画像石以及河南、江苏、四川等地的大量汉代画像中，都可以找到头戴进贤冠的人物。这些人物的官阶身份不一，里面有二千石一级的太守、刺史等高官，也有中下级官吏与儒生、贤人。他们个个被描绘得仪态端庄、神情恭谨、服装整齐、地位分明，充分表现了汉代礼仪制度的严谨风貌（图47）。

法冠：是专门为司法人员，如侍御史、廷尉等官员设置的冠帽。传说先秦时楚王曾经获得一头神兽，名叫獬豸。它长有一只长角，还可以区分是非曲直。如果请它断案，它会用角去抵有过失的一方。于是楚王便仿照獬豸的角制作了一种顶部有

图 47 洛阳八里台西汉壁画墓中的戴冠人物

直立铁柱的冠。汉代沿用了这种式样制作法官戴的冠帽。其用意当然是希望法官们能够像獬豸这种神兽一样明辨是非，标榜汉朝司法的公正性。

武冠：它只供给武官们戴用，又叫作武弁大冠（图 48）。传说它是在战国时期赵国惠文王实行胡服以后改进形成的冠式。它与巾帻合戴可以把整个头部包裹起来，便于保护头部，而后形成一种装饰性比较强的官员冠式，延续时间较久。在甘肃省武威磨嘴子的汉代墓葬中曾经出土过汉代的武冠实物。它用漆纱制成，外观是一个横向长方形。两端有垂下的护耳，耳下有缨，可以系在颔下，前额部分突出，另包有巾帻。这件珍贵文物使今人确切地了解了武冠的式样，并由此将古代图像中的武冠一一确认出

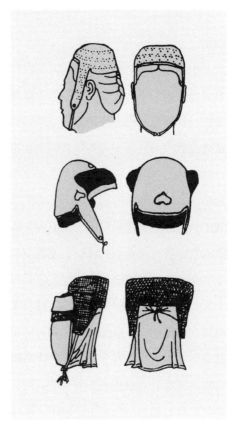

图 48 秦汉时期的弁和武弁

图 49 辽宁北票北燕冯弗素墓出土的金蝉饰

来。汉代画像石中的人物像中和汉代陶俑中经常可以看到戴着武冠的官员、武士、近卫等人物。汉代的宫廷侍卫官员，如侍中、常侍等高级武官还要在所戴的武冠上加戴黄金珰、玉蝉等装饰品。辽宁北票西官营子发掘的北燕冯素弗墓中出土了一件当时装饰在冠上的金附蝉（图 49）。它用金丝与宝石制成，精美异常，就是当时专门用于武冠装饰的饰物。此外，宫廷武官们还要在冠旁佩带一条貂尾作为装饰。侍中的貂尾垂在左边，常侍的貂尾垂在右边，以示区别。

　　根据古代文献记载，汉代以下各朝代，从属于中央朝廷的中郎将、羽林监、虎贲等将领所率领的是专门征战的野战部队。这些将领们的武冠上面附加了另一种装饰物，即在左右两边各插上一支鹖鸟的尾羽，这就是习惯称作鹖冠的武冠。以后它就成为武将的象征。其实在武冠上插羽毛装饰的做法起源很早。甚至可以上推到新石器时代的良渚文化时期。在良渚文化出土玉器上雕刻的花纹中，就有装饰羽毛的冠饰图像。在战国时期青铜器上的图案装饰中，就见到过头戴插有羽毛冠帽的骑马武士。为什么要选用鹖鸟的羽毛呢？据说鹖鸟是一种非常勇猛好斗的鸟。让武将们戴上它，意思是希望武将们也能像鹖鸟一样的勇猛善战。

　　用彩色丝线编织而成的绶带也是汉代官员身份的重要标志。它根据官员的官品不同而分成不同的颜色和纹样。其长度也随着官秩的大小而改变，官品越高，绶带越长。这种绶带可以说是汉代官员的主要身份标志。它平时垂挂在腰间，也可以收起来装在鞶囊中。囊上往往绣着虎头纹样，挂在腰带的侧面，叫作虎头绶囊。山东省嘉祥武氏石室画像石中有一幅"周公辅成王"的图画，画中周公、成王与随侍的大臣们身上都系挂着长长的绶带。沂南汉画像石中也有一个头戴武冠、腰佩虎头绶囊的将军形象。这些汉代画像都是当时官员佩绶制度的逼真反映。

襦袴鞋履

汉代，曾经是一个强盛发达的时代。从遗留下来的汉代壁画、画像石、铜镜、帛画等艺术作品中，我们可以看到大量身着宽大长袍的人物。肥大宽松的长衣，应该是当时社会中上层人士的主要衣着。在画像中，这些人物都是官员、属吏和墓主人等的形象。

同时，上身穿短襦，下身穿裤子或在腿上缠绕斜幅的一种服装组合也广泛地流行开来。这应该是当时下层人民的穿着（图 50）。四川省博物馆中收藏了一些当地汉墓中出土的陶俑。其造型生动逼真，都是手执耒耜等工具的劳动者形象，可能是在表现被墓主雇佣或奴役的农民（图 51）。他们的服装很简单，只穿一件窄袖短襦，光着腿，赤着脚，显然是在劳作中的衣着。而在河北省望都县的汉代壁画墓中发现的壁画士兵、侍卫等军人形象。则是身穿短襦，腿缠斜幅，头戴小冠。类似的形象在四川省各地出土的画像砖、石棺画，河南省、山东省、陕西省等地出土的画像石上也是处处可见（图 52）。

图 50 汉代执锸人物石雕

图 51 四川成都羊子山汉墓出土的劳作陶俑

图 52 四川汉墓中出土的庖厨俑

据《后汉书·廉范传》记载：东汉时期，曾经有一位著名的清廉官员廉范（字叔度），到蜀郡去作太守。蜀郡就是今天的四川成都一带，是有名的天府之国。但是以往的地方官不仅贪婪苛刻，还借口维持治安，每天早早就宣布夜禁。人民生活苦不堪言。廉范就任后，减免赋税，取消夜禁，提倡生产，改善了人民生活。当地老百姓作歌赞颂他说："廉叔度，来何暮，不禁火，民安作，平生无襦今五绔。"这个歌谣恰恰反映出了襦与裤是当时下层社会人民的日常衣服。

在漫长的奴隶社会与封建社会时期，"平生无襦"才是社会下层人民的真实生活写照。广大劳动人民整日奔忙劳作，却连一件蔽体的短襦也不可得，更何曾敢奢望穿丝绸彩绣的华丽衣着呢？对于下层人民来说，最普遍的衣着只是用毛、麻织的粗布裁剪的短衣。汉代时，把粗毛布做的衣服叫"竖褐"，把粗麻布做的衣服叫作"布衣"。因此，"布衣"与"衣褐"就成了平民百姓的代名词。更穷困的人连粗褐也没得穿。"牛衣夜泣"就是说汉代王章卧病长安，穷得只能用牛披的麻衣来避寒的故事。《汉书·贡禹传》中记录贡禹的话："我的妻子儿女连糠和豆子也吃不饱，身上穿的短褐破破烂烂。"正是当时穷人生活铁一般的事实。特别是汉代曾经厉行重农抑商的政策，明文规定商人不许穿锦绣、绮、缭等多种丝织品。汉成帝还禁止奴婢穿绮绣服装。类似的限制在汉代一直存在，表现出了严格的阶级界限与社会的不公。这些官方的限制，也使得下层人民仅限于穿用短襦一类的服装（图53）。

当时，劳动人民赤身裸体，仅穿一条下裳劳作是很常见的事。这在古代文物中也有所反映。故宫博物院收藏有一件铜灯，上面有一个举着灯盏的男子形象，他就

图 53 汉代画像石中的各式人物衣着形象

只在下身围了一条短裙。山东省沂南的一件汉画像石上绘有一个舞剑的杂技艺人（图 54），山东省汶山的一件汉画像石中有一个杀猪的屠夫，他们都赤裸上身，只穿一条短裤。这种短裤与今天仍在使用的中式短裤相近。汉代人称之为"裈"。是下层劳动民众常常穿用的服装。

比这更短小的衣裳是"犊鼻裈"，它是贫贱劳动者穿的另一种短裤，十分短小，只是用一块三尺长的布帛围在腰胯间。今天在日本仍可以见到的相扑运动员比赛时穿的兜裆，应该就是"犊鼻裈"的余风。在山东省沂南汉画像石中

图 54 山东沂南汉墓画像石中的杂技艺人

还可以见到穿"犊鼻裈"的人物。"犊鼻裈"之有名，是由于它与西汉著名的文人司马相如连在了一起。据说四川富豪卓王孙的女儿卓文君，寡居在家，听到司马相如的名气，与他一见钟情，便逃出家门与司马相如私奔。卓王孙闻讯大怒，扬言一文钱也不给卓文君。而司马相如家徒四壁，无以谋生。卓文君便故意与司马相如到卓王孙居住的临邛去开酒铺。卓文君当垆卖酒，司马相如穿上"犊鼻裈"洗涤酒器。卓王孙见到后，竟无地自容，为了不再丢脸，只好给了卓文君一笔钱，不让他们开酒铺了。由此可见，穿"犊鼻裈"，在当时世人，尤其是官僚富豪们的眼里该是多么低贱的装束了。

鞋袜的式样在秦代就已经十分丰富了。大致分类便有皮靴、皮鞋、木鞋、草鞋、麻鞋、丝履等许多种。北方的少数民族穿一种高筒的皮靴，当时叫作"络鞮"，由于民族之间的接触增多，除去胡人外，汉人士兵乃至北方的一些居民也有所穿用。汉族的皮鞋大多是用一块整皮子折叠缝成的，方头平底。用生革制作的叫作"鞜"。底部浅平，开口较大的叫作"鞥"。此外还有多种皮革制作的鞋履（图 55）。有趣的是，当时可能皮革比起丝绸来便宜得多，皮鞋又经久耐磨，所以皮制的靴鞋成了比较普及的日用品。今日里上层人物整日革履来表示身份礼仪。与这种当代习俗正相反，古代上层社会里穿皮鞋倒成了生活俭朴的表现。西汉初年，以俭朴著名的汉文帝就经常穿革履，这成了历史上称赞他的美行之一。而有些富人又要实用，又要美观，就在革履上包上绸缎的鞋面，在鞋的口沿上缀上丝带，做成极为美观精致的鞋子。

图 55 新疆尼雅遗址出土的魏晋时期皮鞋

最高级的鞋叫作"舄"。它用华丽的锦缎作面料，加上厚厚的木底，描上金漆。这是供皇帝与高级官员们在礼仪场合穿的。朝鲜乐浪的彩箧冢是著名的考古发现，可能是当时这里一位高官的墓葬。其中曾经出土一双保存完好的舄。这座墓葬的时代大致相当于汉代晚期。那时朝鲜地区受到中原文化的极大影响。这双舄应该是中原的式样。它圆头圆口，很像今日的中式圆口布鞋。只是鞋底又高又厚而已。

图 56 长沙马王堆汉墓中出土的青丝履

另外一种当时常见的鞋是"屐"。也就是木拖鞋。今日在东邻日本还可以见到日常穿木屐走路的人。那木屐与秦汉的木屐绝对是一脉相传。秦汉时期，人们穿木屐是很普遍的，制作上也很精巧。根据《后汉书·五行志》中的记载，东汉延熹年间，京城洛阳里的老人们都穿着木屐。妇女出嫁时，也穿着油漆彩绘的美丽的木屐，用五彩的丝带做系带。男女的木屐在外形上有所不同。汉代的《搜神记》一书中说：男子的木屐是长方形的，而女子的木屐两端都要做成圆形。这恐怕不仅是为了美观，也许还含有男女地位不同的意义。

"履"大多是指丝履，即用丝锦缝制的鞋子。它舒适又轻巧，十分华美，是上层社会的日用品。湖南省长沙马王堆一号汉墓中出土了一双完整的青丝履。鞋帮浅直，尖尖的鞋头向上翘着，方口，样子有些像小船，适宜穿着（图56）。它的鞋面用丝线编织而成，鞋底是用麻线织的。类似这样的丝履近几十年来在中原地区的秦汉墓葬中曾经多次发现。当时把贵妇人穿的丝履称为"文履"，是说它上面布满了花纹，是用绣花的锦缎做成的，自然价值不菲。

相比起来，广大下层社会的民众，却只能穿用草或麻皮编织的鞋子。制作简易，原料也便宜。在甘肃省居延的汉代遗址中发现过当时的草鞋，留给我们珍贵的实物证据。它是用草绳编织成一个鞋底，上面再编有穿绳子的环，用绳子把鞋系在脚上。直至今日，南方农村中穿的草鞋还是这样。在陕西省咸阳出土的汉代陶俑中，也有脚上穿草鞋的人物。草鞋应该是中国几千年来使用最广、制作数量最大的鞋子。

古代人把袜子叫作"足衣"。用皮革、丝帛、麻布等面料制作它。古代袜子式样比较简单，直筒一个，就像一只布袋。有些也裁剪成类似脚侧面的外形。它一般有一尺多长。在袜口还缀上一条带子，用来束紧袜子。古代人们席地而坐，大多是一进屋就脱下鞋子，至今这种习俗在日本和朝鲜等地还十分常见。《汉书·隽不疑传》记载：隽不疑去拜访暴胜之。暴胜之闻讯高兴得来不及穿鞋，趿拉着鞋子跑出去欢迎。留下了"倒屣相迎"的成语故事。就是到朝堂议事，也要脱去鞋子，摘除佩剑。要是能被皇帝允许"剑履上殿"，则是极大的恩遇。两汉时期，大约只有萧何、董卓、曹操等数人可以享受此等特殊待遇。但脱了鞋子后，赤足进屋显得不恭敬礼貌。所以袜子在上层社会中是很重要的。马王堆汉墓中出土了两双短靿绢夹袜，反映出当时的两种袜子式样。另外，在新疆民丰的古墓中也出土过几双东汉时期的高筒袜子（图57）。它们是用彩色的织锦，如延年益寿大宜子孙锦、菱纹阳字锦等缝制的。这些带有汉字花纹的织锦表明了它们来源于中原地区，是汉代经营西域的重要证物。在新疆罗布泊中的楼兰遗址，还出土过一种汉代的丝绸袜裤，它是把袜子与长长的裤筒连在一起，十分别致，如同今日织造的裤袜一般。而近二千年前的先人就将服装式样发展到如此高的境界，让人不能不佩服我们祖先的杰出创造力。

图 57 新疆民丰出土的东汉锦袜

图 58　长沙马王堆出土的手套

在马王堆一号汉墓中还发现过三副手套（图 58）。它们都是直筒式的夹手套，五指的指尖可以露在外面。手套很长，可以一直套到小臂上。大拇指单独缝成一个指套，而其余四指共为一个指套。估计它主要是用于保暖。在墓中发现的记载随葬品的遣策上，记录这种物品为"缯"。这是从未出现过的新衣物名称。考古发现中出现如此丰富的纺织品、衣着形象与衣服名称，让我们感到汉代纺织技术的发达与服装事业的兴旺。当时的人们已经从头到脚被服装包裹起来，尤其是上层社会，一时一刻也离不开各种服装了。

汉代女服

与先秦时期相比，汉代的文化遗产极为丰富，不仅有大量实物遗存，还遗留下了丰富的文学作品，因此也给我们留下了一些汉代文人对当时服装的描写，特别是对妇女服装的描写，真是生动细致极了。像汉代乐府《陌上桑》这样一首流传千古的优美现实主义作品中，就是如此描写容貌美丽的采桑姑娘罗敷衣着打扮的："头上倭堕髻，耳中明月珠，缃绮为下裙，紫绮为上襦。"

这些美妙的形容词语描绘出了汉代民间妇女的衣装式样。这位养蚕的美女秦罗敷，头上梳着似坠非坠、偏向一边的发髻，耳朵上戴着明月一般晶莹的珠饰。下身穿了杏黄色的绫罗裙，上身穿着紫色的丝绸短袄。素雅的服装、时兴的发式，与她那秀丽的身材一起，充分显示出汉代少女的青春美。

在这里我们看到了古代劳动妇女朴素而鲜明的审美意识，领会到那种"清水出芙蓉，天然去雕饰"的自然美。显然这里有些艺术夸张，想来当时平民百姓最讲究的服饰也不过如此吧。相比起来，帝王贵族们的财富可以使他们把妇女打扮得更加华丽。让我们看一看东汉末年著名文人曹植的《洛神赋》，那里面用华美的辞藻、高超的文笔描绘出了这样一位华贵艳丽、令人目眩神荡的宫廷贵妇。"秾纤得衷，修短合度。肩若削成，腰如约素。延颈秀项，皓质呈露。……披罗衣之璀璨兮，珥瑶碧之华琚。戴金翠之首饰，缀明珠以耀躯。践远游之文履，曳雾绡之轻裾。"

用现代白话文描述，就是：她增一分则肥，减一分则瘦，身材高矮如此恰到好处。她的肩部像刀削成的一样挺直，腰和一束绢帛一样圆润。她的脖颈秀长洁净，雪白的肌肤若隐若现。……她身披光辉灿烂的罗衣，耳上的美玉彩纹隐现，头上插着金黄翠绿的簪钗，衣上缀着闪闪发光的珍珠，脚上是彩绣的花鞋，膝下拖着轻薄的绢裙。

曹植描述的这样一位出尘绝世的女神形象，曾经感动了世世代代的文人。她的神态是多么动人，服饰是多么华美啊！由此可见，汉代人们的审美意识与社会的文化水平已经达到了极高的程度。汉代的妇女服饰，也正是在这样高度发达的文化修养与审美意识中产生了迅速的发展与变化，出现了很多新的式样。

但是，秦、汉又是中国历史上封建专制集权统治形成与完善的时期。这种统治，将一切社会上的经济、文化活动全都纳入为专制帝国服务的范围。服饰自不例外。在当时统治者乃至世人的眼里，服饰不仅是为了遮羞、御寒、护身及美化自己，而且是等级礼法制度的一种严格标志。上面说的官吏服装，就是突出的表现。妇女的服饰也由于这种政治色彩的加入而造成了种种限制。于是，我们就看到了汉代妇女的服装既拘泥于礼制的范围中，又逐渐不甘陈旧地力图创新；既存在着严格

图 59 长沙马王堆汉墓出土的帛画——"非衣"

的阶级等级界限，又在世俗与上层之间互相影响、互相渗透这样一种复杂的现象。汉代女装也由此具有了自己独特的时代风貌。

　　由于出土实物基本上属于上层社会人物的遗存，所以还是要首先看看贵妇的服装。从西汉初年开始，汉族贵族妇女的礼服就采用了深衣的制度。上面说过，湖南省长沙马王堆一号墓中出土的帛画——"非衣"中生动地绘出了墓主西汉轪侯夫人生前的形象（图 59）。这位老夫人穿着一件具有垂胡形衣袖的长裙深衣。在衣服上画了华丽的花纹，表明衣服的质地很好。在她身后的两个侍女也穿着式样相似的深衣，只是色彩与花纹远不及老夫人的衣服。这正与古代文献上记载的一样，说明汉代妇女的衣着以深衣为主，式样不随身份高下不同，只是通过不同的颜色花纹与面料质地来区分身份尊卑。此外，头饰与佩饰的式样、数量与质料也表明了身份的不同，由于饰物材料华贵鲜明，它能表现的等级区别更加明显。

　　古代文献中记载宫廷贵妇们经常使用的朝服叫作蚕衣，原本是举行助蚕礼时穿的礼服。根据《后汉书·礼仪志》中的记载，太皇太后和皇太后穿着上半部为青色、下半部为浅蓝色的深衣，在领子与袖口上缘有丝绦。她们要在头上戴用牦牛尾剪裁而成的"帼"。帼上加插簪子。簪是用玳瑁制作的，长一尺，顶端加装有翡翠雕刻的凤凰。凤凰的嘴里衔有白色的珍珠，下面垂着黄金制作的饰物。皇太后们穿这套衣服时，在耳朵上还配上明珠制作的耳珰。

皇后穿的深衣与皇太后们的衣着一样。只是在头上戴假发髻，上面插着一支步摇。步摇是一种用黄金制作的凤簪，上面装饰着明珠与翡翠雕刻的六种动物，有熊、虎、赤罴、天禄、辟邪、南山丰大特（一种野牛）等。簪头上垂下了金链，上面也嵌有珍珠。人一行走起来，珠链会随着步伐摇动，所以叫它"步摇"。

以下各级贵妇们也都穿着类似深衣。这些衣服上下都是浅蓝色。她们头上戴着的是比较小的假发髻。她们也戴簪与耳环。公主与封君们都要在穿礼服与常服时带绶带，还要系一种和绶带花色相同的腰带。公卿、列侯、中二千石与二千石级官员的夫人们常穿浅蓝色的绢深衣，头上戴用蓝黑色厚绸子制作的帼。发簪上要装饰上黄金龙头，龙嘴里衔着白色的珠子。

近年来，洛阳文物考古研究院在洛阳西朱村发掘了一座属于曹魏皇陵区的大型墓葬。里面出土了大量标志陪葬品的石质"楬"，上面记录了各种陪葬品的名称。有一件石楬上记载有"袿袍以下凡衣九袭"，是贵妇陪葬的成套礼服。袿袍，是古代妇人的袍服。《文选》卷十九楚国宋玉《神女赋》序中就说："振绣衣，被袿裳。"

这样一套等级分明的礼服制度，表现出礼仪制度下妇女服装的最高形式。其他的妇女服装在质地、装饰、式样等方面大约不会超越它了（图60）。

我们今天还在使用"巾帼英雄"这个词。其中的"帼"就是汉代流行的一种妇女头饰物。1943年四川省彭山的汉代崖墓中，出土了一批陶俑。当时参加发掘的曾昭燏在《从彭山陶俑所见汉代服饰》一文中指出：这里有些女俑头上的饰物就是巾帼。其中比较典型的有一件用手提起衣裙行走的女俑。她头上的饰物像一顶圆形的冠帽，可能是用勒子束紧戴在头发上的。上面露出发髻。这样看来，巾帼可能就是一个绢帛缠成的中空的帽圈，戴在头发上。也有的帼是用牦牛尾、假发等制作。在重庆市出土的东汉时期女陶俑的头上、河南省密县打虎亭汉墓出土画像石中的女子像头上，以及其他很多表现汉代妇女形象的文物中，我们都可以见到类似的

图 60 河南密县打虎亭汉墓壁画上的女子发式

帼。在山东省嘉祥武氏石室画像石、河
南省南阳汉代画像石等文物中，可以见
到一种花瓣形的帼，外形像一顶花冠。
我们还可以看到在帼上装饰了很多花朵
与饰物（图61）。显然，当时妇女戴上
帼以后，用一支横簪把它固定在发髻
上。贵妇再插上装饰的步摇、凤簪、华
胜等饰物。洛阳西朱村大墓出土的另一
件石楬上记载："锥画蔮筍三合。丹縑
衣自副。""蔮筍"，应当是储放蔮的盒
子。蔮，就是"帼"，《后汉书·舆服志
下》记录有："翦氂蔮，簪珥，……下
有白珠，垂黄金镊，左右一横簪之，以
安蔮结。""公、卿、列侯、中二千石、

图 61 四川成都汉墓出土的戴花帼女子陶俑

二千石夫人，绀缯蔮，黄金龙首衔白珠。"正说明这是贵族妇女的礼仪性发饰。下层社会的妇女为了美观，就只有插些花了。

关于巾帼，古代有不少佳话。最有趣的是三国时期蜀汉丞相诸葛亮利用它来激将的故事。《晋书·宣帝纪》载："帝不出。因遗帝巾帼妇人之饰。"是说诸葛亮六出祁山，与魏将司马懿（即《晋书》里说的宣帝）在五丈原相对峙。司马懿坚守不出，想把蜀军拖垮。诸葛亮深知孤军深入只宜速战速决，便派人把一套巾帼送给司马懿，讽刺他像个女人，闭门不出，想以此来激怒司马懿出兵决战。偏偏司马懿不上诸葛亮的当，仍然固守不出。诸葛亮也只好抱恨终生了。

西汉时期，曾经有些帝王为了标榜自己节俭，多次禁止贵妇们在礼服上加缀各种华丽精致的刺绣花边。这一方面是出于当时的经济凋敝，一方面是迫于儒家宣扬简朴守礼的舆论压力。如汉文帝的后宫中所有人都穿粗织的缯绨，不加任何装饰。因此备受历代史家称颂。但同时也会使得宫廷的礼服始终显得朴素呆板，变化不大。裁剪技艺不必更新，一些刺绣装饰的工艺也可能就此失传了。

在汉代画像石、壁画等艺术作品中，所描绘的男性官员服装基本上没有什么变化。但是与僵化的宫廷礼服相对立，宫女、婢妾以及歌舞伎们的服装，却日益趋于丰富多彩。式样奇巧多变，质地轻薄华丽。这在汉代墓葬壁画、画像石等描写宴乐的画面中，可以看得十分清楚。

这些汉代艺术品上的舞女形象，大多身穿长袖的紧身短上衣与曳地长裙，显得修长俏丽。例如四川成都汉画像砖上画的舞女（图62），挥动宽松长大的衣袖迎风起舞，婀娜多姿。流利的线条显示出衣料的质地是十分柔软轻薄的。这样的舞女表演，大概是汉代社会中官僚富豪日常饮宴时常见的事。尤其是在土地兼并激烈，财富集中，大官僚地主们竞相追求奢侈享乐的东汉中晚期，更是在墓中的画像石刻与陪葬陶俑中大量出现，显示出当时上层社会歌舞升平、醉生梦死的腐败心理。汉代文人左思的《蜀都赋》中有"厉纤长袖而屡舞，翩跹跹以裔裔"的句子，说的正是这种宴乐场面。

社会风气的变化多源于经济发展。总的来看，由于秦末战乱以后的经济困难，西汉初期的统治者多注意节俭，而且崇尚黄老之学，不大事奢华。自汉武帝以后，又提倡儒家思想，加强礼教。使得社会上的奢华之风受到很大的约束。特别是中国

图 62 四川汉代画像砖上的舞女

传统的礼教思想又要求妇女不得露出过多的身体，使得深衣一度主宰妇女的衣着。这也是西汉时期的社会习尚。但是"食色，性也"，人们对于健康躯体的欲望是无法约束住的。正像意大利作家薄伽丘在《十日谈》中讲的修士无法禁止少男对少女的爱恋一样，随着经济的发展与财富的增加，人们在朝廷庙堂上与日常礼仪中被压抑的情欲便在放荡不拘的欢会中迸发出来。在社会上越来越普遍的宴会中，礼教对于妇女服装的约束也就由歌舞女子们首先突破了。

宴乐吃喝，一直是中国社会的润滑剂，也是人们可以放松自我的场合。在汉代墓葬壁画与画像石中，出现了大量表现宴会乐舞的画面，可见宴乐是当时上层社会必不可少的生活组成。早在战国时期，齐国的大夫淳于髡在与齐威王的对话中就透露出这种欢宴时无拘无束的愉快心情。齐王问他酒量有多大。他说："我在大王面前接受赐酒时，旁边有执法官员，后边有御史监督，这样恐惧地喝酒，不过饮一斗酒就醉了。如果在长辈亲友面前侍奉他们喝酒，不过饮二斗酒就醉了。而在宴会上，男女同席，杯盘狼藉，解开衣襟，饮酒行令。这时我心里高兴，可以喝一石酒。"由此可见当时人们在宴会上是多么放浪形骸。这样的场合对于服装美的要求自然会更加强烈。由此促进了汉代女装的变化。

汉代文人张衡的《西京赋》中描绘宫廷中的歌舞场面时说："妖蛊艳夫夏姬，美声畅于虞氏。始徐进而赢形，似不任乎罗绮。……纷纵体而迅赴，若惊鹤之群罢。振朱屣于盘樽，奋长袖之飒缅。"翻译成现代的话是："宫女们的妖媚赛过夏姬那样的美人，美妙的歌声超出虞氏那样的歌手。她们开始时慢慢地前进，身体逐渐裸露，好像经不住轻薄罗纱的负担。接着，她们纷纷飞快地跳跃转动，好像一群被惊动了的仙鹤。她们的红舞鞋在盘子和酒杯之间点动。她们的长袖在急速地飘舞。"

而汉代文人傅毅的《舞赋》中则形容舞姿是"体如游龙，袖似素蜺"。即"舞女的体态像游动的蛟龙，舞袖像白色的飞蛇"。舞衣是"罗衣从风，长袖交横"，"珠翠的铄而炤耀兮，华袿飞髾而杂纤罗"。即：罗衣随风飘动，长长的衣袖在纵横飞舞。珍珠翠羽的饰物在闪烁光辉，华丽的燕尾衣饰夹杂着纤薄的丝罗飞动。

西汉文人枚乘的著名长赋《七发》中更是直接写道："使先施、征舒、阳文、段干、吴娃、闾娵、傅予之徒，杂裾垂髾，……嬿服而御。"让西施、征舒、阳文、段干、吴娃、闾娵、傅予那样的美女，穿上各色各样轻薄的长上衣，垂下燕尾形的发髾，……前来侍奉。

这些古代文人的笔下，展现出当时舞女服装的真实面貌，与深衣的庄重拘谨大相径庭。

中国特产的精美丝绸，为女装提供了最优良的原料。种种轻薄细软的丝织品是舞女们服装的主要组成部分，加饰上金银珠宝和玳瑁、羽毛、玉石等饰物，更充分地显示出了她们的娇艳与秀美。特别是这些赋中描写的近乎裸体的舞装，更是大胆异常的离经叛道之作。说明经济发达造成的享乐风气给儒家礼仪造成了极大的破坏。当时的宫女、舞伎们穿了这种服装以后，婀娜多姿的体态几乎一览无余，举手投足时，如微风抚过，轻纱飞舞，飘然若仙。这怎么能不令席上的辞人骚客诗兴大发，如入天宫仙境呢？

由此就明显影响了妇女服装式样的变化趋势。可以看到，汉代女装的上衣逐渐变窄，变短，与下裳分离开，形成了"上襦下裙"的两截服装组合。襦作为上衣，有不同的长度，长的可以垂至膝盖以下，短的才与腰相齐。妇女们日常则以襦裙为常服。东汉乐府中有一首著名的爱情悲剧长诗《孔雀东南飞》，里面描写了一位贤德美貌，忠于爱情的女子刘兰芝。她勤劳智慧，善于纺织与裁剪。诗中描写，她的上衣就是用金银线绣上各种花纹图案的短襦，看上去闪闪发光。而另外一首乐府诗《羽林郎》中描写的一位机智勇敢的卖酒胡姬，穿了一件袖子宽大、绣着合欢花纹的短襦。这些描写，既说明了当时妇女穿用襦已经十分普遍，又表现了当时的女襦具有很多不同的式样。

上衣与下裳分开以后，上身的襦、衫子等，袖子逐渐加长，加宽。这种倾向不仅增加了女装的装饰性，而且使汉代女装衍化出多种时髦的流行式样。袖口宽大的程度有时竟令我们难以相信。《后汉书·马廖传》中曾经引用了一段当时的童谣："城中好大袖，四方全匹帛。"做一个衣袖要用一整匹帛，该有多么宽大啊！在美国的波士顿美术博物馆中收藏有洛阳出土的汉代墓室壁画，上面有一些宫装的女子就穿着衣袖极为宽大的舞衣。四川省成都出土的汉代画像砖上，也有穿着宽大衣袖服装的舞女。它们是这种汉代时装的最好证明。

女襦使用得比较广泛后，为了适应不同季节的气候，增加了夹层与絮绵，产生了单、夹、棉衣等形式。春夏两季穿的叫"禅衣"，没有内衬。《孔雀东南飞》中的刘兰芝，心灵手巧，制作衣服可以"朝成绣夹裙，晚成单罗衫"。单罗衫就是一种"禅衣"。在冬季、春秋季穿的叫作"複"或者"袷"。它们有衬里，也可以在衬里形成的夹层里面加进丝絮，由夹衣变成棉衣。天气暖和后把丝絮取出来，又成了春秋穿的夹衣。丝绵絮穿脏了以后要在水中漂洗。《庄子·逍遥游》中有一个故事，讲宋国有一个人善于制作涂上后能使手不龟裂的药品。所以他一家人都利用它从事漂洗丝絮的职业。一个商人用100两黄金把这个药方买了去，转手再卖给吴国国王。吴国用这个药方给水军的士兵使用，士兵们手不龟裂，便在冬季与越军交战，大获全胜。这个商人也因此被封为列侯。《史记·淮阴侯列传》中记录：西汉的名将韩信在年轻时贫困潦倒，常在河边游荡。有一个漂洗丝絮的妇人很可怜他，经常把自己的饭匀给他吃。韩信被封为王以后，立即派人去找到这位妇人，重重酬谢了她。我们在这里主要是想通过这些故事说明：在战国秦汉时期，有不少人专门以漂洗丝絮为业。可见当时用丝絮做衣服与被褥的内衬已经是非常普遍的事了。

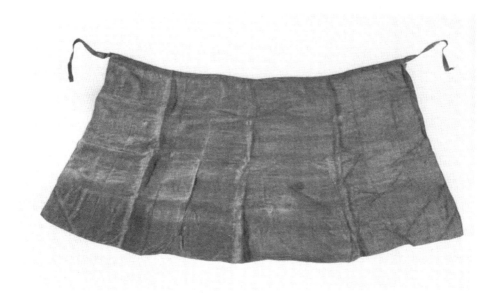

图 63 长沙马王堆汉墓出土的绢裙

从古代文献的记述中，我们可以看到，汉代妇女的裙子式样也是层出不穷。一部由汉代以后文人写作的小说《飞燕外传》中，记述了西汉成帝的皇后赵飞燕身穿南越进贡的云英紫裙。于是后宫的嫔妃们纷纷仿效，学着制作这种有褶皱的长裙，称之为"留仙裙"。这虽然不是当时人士的记录，但也有一定的事实根据。《孔雀东南飞》中叙述刘兰芝穿上自己缝制的绣夹裙，腰间白色丝绸的光彩像水波流动一样泛起柔和的光辉。走起来真是"翩如惊鸿"。曹植在《洛神赋》中描写洛神，说她身着生丝织的绢裙，拖曳在身后，轻薄得像一层淡雾，给人一种恍惚迷蒙、如情似梦的奇妙感觉。裙子的美化效果是如此的强烈。难怪东汉诗人繁钦在《定情诗》中说：女子最喜欢得到的礼品是情人送给她的"纨素三条裙"。这是一种装饰有三条丝织花边的白色绸裙，式样十分精美。

让我们再来看一下出土的实物。湖南省长沙的马王堆一号汉墓中出土了两件单裙。这是我们有幸看到的现存最早的裙子实物（图 63）。说起来也很简单，它们都是用四片整幅宽的绢片缝合成一个裙片，然后再在裙片上端加缝上一条裙腰。每片绢片都是裁成上窄下宽的梯形。这样裙子就形成一个圆弧形。裙腰的两端延长出来做系裙的带子使用。也有一些裙子另配一条裙带。裙片两侧不缝合在一起。穿着时把裙片从身后向身前方包掩，两侧互相叠压，用裙带束紧。大概古代人们首先使用的裙子都是这样的，像非洲的一些原始部族、澳大利亚的祖鲁人，甚至英国的苏格兰人穿用的短裙，都是这样的一块布片。

战国秦汉时期的妇女是很少穿裤子的。在湖北省江陵马山一号楚墓中出土的20件各种女子服装中只有一条锦裤。而长沙马王堆一号汉墓中出土58件衣物，其中却连一条裤子也没有。当时的女子即使要穿裤子，也是穿一种只有两条裤腿的所谓胫衣。裤腿套在腿上，上面没有裤裆。由于外面要穿多重裙子与袍衫、深衣等，这种不完全的裤子无伤大雅。由此看来，裤子在各种服装中形成的时间是最晚的。当时，汉族以外的各民族妇女也有不少是不穿裤子的。例如北方的貊族妇女就只穿一种"缛衣"，不穿裤子。至于南方气候炎热地方的各民族妇女，以裙裳为主，就更与裤子无缘了。

说起来也许现代的人不大会相信，中国妇女普遍穿用有裆裤子的历史，竟是从一位西汉皇后的嫉妒心开始的。史书记载，汉昭帝的皇后上官氏与执政的大将军霍光勾结一气，把持朝政。霍光与上官氏都想巩固住自己的地位，只让上官氏一人生下皇子继位。而当时汉昭帝的身体不好。太医与近侍的宦官们趁机讨好上官皇后与霍光，借口皇帝必须节制房事，命令后宫女子全都必须穿有裆的"穷裤"，而且要在裤子上系上好几条带子。这样就能防止宫女们随时受到皇帝的宠爱，让上官皇后独占皇帝一人。从此，中原汉族的妇女才逐渐改穿有裆的裤子。这样算起来，有裆女裤的历史大约有2100年。

人类历史中，类似这样的事件并不是特例，由执掌权力的少数人的好恶而改变了服装演变的历史。说明了人类的服装除去实用性以外，与政治斗争、文化习俗、社会思想有着十分紧密的联系。在某种情况下，服装甚至是社会状况的晴雨表。新中国在"文化大革命"中形成的色彩单调、千人一面的服饰风格，不就是当时政治的最好说明吗？当今世界，改变服装样式、领导时装潮流的往往是著名的服装设计师。而在古代，领导社会上女装潮流，不断创造新鲜式样的却往往是宫廷与伎馆。这也可以算是男权至上，礼法控制的封建社会造成的特殊结果吧。

"女为悦己者容"，是男权社会的驱使，也是女子本身心理的自发需要。即使是动物，都有修饰自己身体的习惯，何况是迈进文明阶段后的人类呢。因此，随着经济发展，汉代社会中上层社会妇女的装饰与化妆技艺已经发展到了十分成熟的地步，并由此影响到全社会。

从文献记载中看，中国古代的男子们特别看重头发，尤其欣赏妇女的美丽长发。现存古代文献中记述了不少这样的故事。西汉武帝的妃子卫子夫受到宠幸时，头发披散开来。汉武帝见到她的头发既黑且长，极为欢喜。卫子夫因此倍得恩宠。史书中记载汉明帝马皇后的头发也非常好，据说她的头发非常长，可以梳成四个大髻，然后剩余的长发还能绕髻三圈。估计总长度不下 2 米，在今天有可能进入吉尼斯世界纪录了。当然，一般人的头发不可能有这么好。所以，汉代女子中间，戴假发的做法十分流行。假发也就成了服饰中的一个重要组成部分。

在湖南省长沙马王堆 1 号汉墓出土的西汉女尸上，仍然保存了原来的发髻。它就是一个缀加的假发梳成的盘髻。梳理时将假发续入真发的下端，然后反转上来盘到头顶上，形成一个高髻，再以三枚发笄插入，进行固定。它告诉我们，秦汉时期，贵族妇女的发式是非常考究的。从古代文献与汉代画像石、墓葬壁画等资料中可以了解到，秦汉妇女的发髻式样达数十种之多。史书与其他文献中记载，秦代的女子发式有凌云髻、垂云髻、迎春髻、神仙髻、望仙九鬟髻、参鸾髻、黄罗髻等。而汉代流行的女子发式则有三角髻、三鬟髻、双鬟髻、瑶台髻、堕马髻等等。从这些美妙的名称中也可以想见这些发髻是多么花样百出，优美动人。但由于缺少更详细的记述，这许多发式中，有些还可以根据它的名称在汉代画像中加以对照确定，有些就很难知道它的具体式样了。例如在河南省密县打虎亭汉墓的画像石中可以看到一种头发做成三角形的式样，这大概就是三角髻了。传说汉武帝极其宠爱一位上元夫人。她死后，武帝非常想念，找来方士为她招魂。方士作法时，武帝见到上元夫人翩翩飞来，头上梳的就是三角髻。这在当时应该是十分时髦的发式。这批画像石中还出现有一种头上有三个空心发髻的式样，可能就是三鬟髻。云南省石寨山出土的滇人妇女铜雕像，时代大约相当于西汉时期，她们的头发梳到脑后，反挽上来盘成一个发结，有人叫它反绾髻。

东汉妇女发式中最有名气的就是堕马髻。它是一种把头发梳得高高耸起以后，再束成髻，让它偏到头的一侧斜垂下去的式样。这种发式最初的兴起是在东汉桓帝时期。当时外戚梁冀任大将军，把持朝政，跋扈之极。他的妻子孙寿很美丽，又善于化妆，喜欢把自己打扮得与众不同，是当时领导服饰潮流的人物。很多妖媚动人的化妆方法，如"愁眉""啼妆"等等，都是出自她的创造。著名的堕马髻也是她发明的。试想一下，将乌黑油亮的头发在头顶上梳成一个似坠非坠、偏向一侧的大髻，形成一种不稳定的动态感，与洁白细腻的皮肤相映成趣，造成一种妩媚可人的风姿，该是多么惹人喜爱。因此，这种发式深受上层社会的妇女喜爱，很快风靡全国，经久不衰。虽然后人出自迷信，把这些"愁眉""啼妆""堕马"认为是汉室衰微的不祥之兆。但是它直至南北朝时期仍然在各地流行。南朝文人萧子显写的诗中有"逶迤梁家髻"的句子，可见当时的青年女子仍然梳着堕马髻这样的发式。传说是唐代画家阎立本作的《步辇图》中，扶辇的女子中仍有人梳着偏向一侧的发髻，可能就是堕马髻吧。

由于对发式的要求，梳理头发就是妇女日常生活中十分重要的一件工作了。在汉代墓葬中大量出土的各式铜镜、梳篦以及装着化妆、梳头用品的奁盒等，都是当时妇女梳妆的实证。在据说是晋代大画家顾恺之所作的传世名画《女史箴图》上面，还有侍女为贵妇人梳头的画面（图64）。贵妇人跽坐在席上，面前摆放着漆木镜架，架上悬挂着一面大铜镜。旁边还摆放着四个形状不同的奁盒，应该是装各种梳妆用品的。侍女站在她的身后，一手将她的头发向上拢起，另一手握着梳子将头发梳理整齐，准备盘成发髻。这一图像，真实地展现了古代妇女梳理发髻的过程。《女史箴图》原画早已亡佚，但由于它声名显赫，唐宋时期曾经有过多种摹本。现在存世的唐代摹本可能最接近原作。原存清代宫廷内府，八国联军入侵北京时被英军掠取，现收藏在英国的大英博物馆。故宫博物院另收藏有宋代摹本。

洛阳西朱村大墓出土的石楬中，有一件记录了"翡翠金白珠挍三奠蔽结一具"。上面记载的蔽结，即蔽髻，结、髻为同音假借字。蔽髻是一套古代贵族妇女罩在发髻上的礼仪装饰物。奠，古籍中写作"鑮"，与今日说的"钿"相通，是用金属及珠玉制作的女子头饰。据唐代学者杜佑所编《通典·嘉礼七》载："魏制，贵人、夫人以下助蚕，皆大手髻，七鑮（音奠）蔽髻……"南朝沈约等撰《宋书·礼志五》也记录有："公主、三夫人，大手髻，七鑮蔽髻。"说明蔽髻是魏晋南北朝时期女子礼服首饰的重要组成部分。"翡翠金白珠挍"即表示此三鑮蔽髻是用翡翠、黄金、白珠装饰。魏晋时人说的"翡翠"与汉代所指一致，是指翠鸟羽毛，"白珠"当指珍

图 64 女史箴图

珠。初唐学者虞世南撰《北堂书钞·服饰部四》引晋成公绥《蔽髻铭》说："诗美首弁，班有□□。或造兹蔽，南金翠翼。明珠星列，繁华致饰。"这些句子正是解读蔽髻作用的最好证明。据《通典》记载来看，"蔽髻"出现在女子礼服首饰中，最早见于曹魏制度。而这些石碣的记载应是目前所见有关"蔽髻"最早的文字材料。可惜实物已经不存。传统观点认为"蔽髻"属"假髻"一类，但礼制文献中"蔽髻"常与"大手髻"同时出现，可能还是与假髻有别。左骏认为"所谓'蔽髻'就是用女性首饰将发髻遮掩起来"，这类"蔽髻"应是"制作特定的冠罩"。看来它是一个罩在妇女发髻上、金碧辉煌的装饰物。说明当时不仅在梳理发髻时式样多端，还逐渐为发髻加戴各种笼罩和装饰品了。

这些陪葬品名称中还有涉及女子化妆品的器物，例如"象牙锥画十四子箱一"和其他多件称作某某子箱的器物，应该都是在大箱中套装有多个各种形状的小箱、盒、盂等，组成一个套盒，多用于放置女子使用的化妆品等。在长沙马王堆1号汉墓等墓葬中曾经出土过大量类似的漆木奁笥，如双层九子奁。又如"墨漆画杨柳粉铫一合，柙自副"。粉铫，就是粉盒，用于装妇女梳妆涂抹的铅粉。又有多件镜、镜台、梳具，如"七寸墨漆画金带疏具一合金错镜丹缣衣自副"一"楬"，就是标志一个装有错金铜镜和梳具的梳妆用品盒子。此外还有"车琚佩具"等类似玉佩、玉饰与金珠饰物等。从而反映出当时上层社会妇女极其奢华繁复的化妆美发过程。

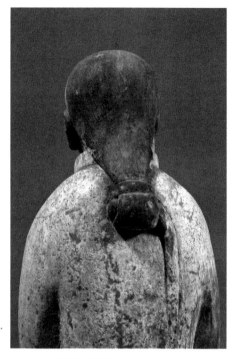

图 65　徐州北洞山西汉墓出土女陶俑发式

与贵族妇女相比，广大劳动妇女自然没有那么多时间去梳理发式。长沙马王堆汉墓中出土的女侍俑，在头上做出明显的发式，大约可以分成两类。一种是在前额中间将头发平分为左右两部分，然后向后梳成一缕，在脑后部折平，向上挽回，使它在头顶平展地形成一个发结。另一种是在前额中将头发平分为左右两半，向后梳到后背，将垂尾处挽成一个垂髻，下面接上假发，使之垂到臀部。陕西省临潼出土过一件西汉早期的女跪俑。她的头发也是在前额将头发分开，然后在后脑部分盘成一个发髻。故宫博物院中收藏有一件西汉早期的女子坐俑。她的发式是将脑后的头发分成若干小绺，从脑后向中央反折，编成一条辫子盘到后脑。这几种发式简单省事，不加什么饰物，可能是那些日夜劳作不休的下层妇女常用的发式。根据分析，在古代墓葬中出土的陪葬俑，大多是在表现墓主人日常拥有的侍女、仆从、奴隶等下层人物。这些发式出现在这些陪葬俑的头上，可能正说明了它们是下层妇女常用的发式（图 65）。

最后，附带说一下这一时期的妇女饰物。现在人们已经看到，在秦汉时期，华夏大地上的经济是比较发达的。这时，由于国力充足，与海外的交往也逐渐增多。农牧业与手工业生产的发展，给商品流通提供了优良的条件。像《史记·货殖列传》中所说："是以富商大贾周流天下，交易之物莫不通。"商业发展，直接促进了采矿、金属冶炼、镶嵌、琢玉、漆器、纺织等手工业技艺的提高。手工业的大量产品中，很大一部分是为妇女使用的饰物。这些丰富多彩的装饰物，极大地增加了服饰的美感，成为衣装的一个有机部分。

汉代妇女使用的饰物已经是品种繁多、来源广泛了。东汉诗人繁钦写过一首《定情诗》。记述当时处于热恋中的青年男女经常互相馈赠具有象征意义的装饰品，以表达他们的深厚情谊。在这些定情物中，有金制的臂环、银指环、腕上戴的"双跳脱（手镯）"，也有耳朵上戴的明珠、肘后系的香囊，以及缀上美玉的彩色丝带。这些饰物，都是当时妇女经常佩戴的珍贵装饰品。近几十年来，在汉代墓葬中多次出土了金银珠玉等质料的妇女饰物。特别是广州等地的汉代墓葬中，出土了一些制作式样带有西方特点的金戒指、金珠花等饰物。它们可能还是当时从西方远渡而来的舶来品呢。

上面所说的洛阳西朱村大墓出土石楬上，记录了随葬品中众多奢华精致的妇女饰物。例如"八分翡翠金白珠挍奠二"。奠，同"镈"，见《宋书·礼志五》"七镈"，即今习用的钿字，是用金属及珠玉制作的女子头饰。其他石楬上记录的还有"四分翡翠金白珠□一爵奠四，柙自副"。这里说的"爵奠"，就是制作成鸟雀形状的饰物。则此楬记录的器物是用翡翠（即翠鸟羽毛）、黄金与珍珠装饰的钿片。又比如记录有"翡翠金缕白珠挍百子千孙瑱胜一，柙自副"。瑱胜就是用玉装饰的女子头饰——胜，它是汉代妇女常用的一种首饰。《山海经·西山经》中记载传说中的西方神女西王母时，描写为"蓬发戴胜"。汉代文人司马相如也在他的《大人赋》中写道："吾乃今日睹西王母，暠然白首戴胜而穴处兮。"在各地发现的汉代画像石中，出现了众多的有关西王母的图像，从中我们就可以看到这种首饰的造型。例如陕西绥德、榆林出土汉画像石，四川合江出土汉代石棺上的西王母像，山东滕州大郭村出土的汉画像石等大量图像。这上面的西王母都在头上装饰有一个横向的小棒，棒两端有一个圆形小鼓，鼓上下各有一个梯形饰物。这应该就是胜的形状。而学者推测，胜的造型又与纺织有关，是古代织机的象征。所以用它作为女子首饰造型最为合适不过。在江苏省邗江甘泉山发掘的东汉二号墓中还曾经发现有金质的胜与多个胜叠加在一起的金首饰。而在洛阳曹魏墓中石楬上记录的这件胜则是用珍珠、玉装饰，更为华贵。

　　石椟中还记录有"金蛇琐一"，我们怀疑它是金制作的项链之类物品。琐，古代字书《广雅·释诂四》解释为："……琐、系、牵，连也。"《韵会》说："凡物刻镂胃结交加为连琐文者，皆曰琐。"这里可能因为项链的外形像一条蜿蜒的蛇，所以称之蛇琐。精美的饰物还有"翡翠白珠挍耳中悬一具，金珥自副"。耳中悬与珥都是古人耳朵上的饰物。《后汉书·单超传》"金银罽珥，施于犬马"的注释中说"珥，以毛羽为饰"。《后汉书·西南夷传》"赍黄金牦牛珥"的注中引顾野王的解释："珥，结毛为饰也，即今马及弓檠上缨珥也。"可见汉代将用羽毛及兽毛制作的垂缨均称作珥，有大有小，大者用于兵器、马具上的装饰。这里金珥与耳中悬（可能即耳环）配套使用，应该是小型的垂缨，用于耳朵上佩戴的饰物。再比如"白珠落香囊一具，玦厕自副"，是装饰有珍珠和玉饰的香囊，古代男女均有佩戴。

　　由此就需要提到我国妇女很早就有使用香料的习惯。当时，在衣服里佩戴香囊是很普遍的事。不论男女老幼，都会在身上带一两个。香囊是用丝绸缝制的，像一个小口袋，在里面装上香草或者香料。幸运的是我们也发现了汉代香囊的实物。在长沙马王堆一号汉墓出土的纺织品中有四件香囊。它们用极其精细的"信期绣"织锦和素绢制成。上半部缝成长方形，有开口，下半部是圆形的囊体，中间缝上一条绢带，用来系在身上。香囊中，装了一些植物，经鉴定，是香茅草、花椒、辛夷等香草料。

　　妇女应该是香料的主要使用者，不仅带在身上，还用香料沐浴、熏衣。《汉官仪》中记载："尚书郎入直台中，给女侍史二人，皆选端正，指使从直。女侍史执香炉烧熏，以从入台中，给使护衣。"可见在朝廷中熏香已经成为定制。甚至皇宫中后妃的居室墙壁都用掺和有香料的灰泥涂抹，所以古代把后妃的住处称作"椒房"。在现在已经发掘的汉代墓葬中，出土了大量的熏炉与博山炉。它们应该是用来焚香的。以广州发掘的汉代墓葬为例，仅《广州汉墓》这一发掘报告介绍的一批墓葬中，就出土了100多件各种式样的熏炉，其中属于西汉晚期至东汉期间的墓葬里，半数以上都有熏炉陪葬。看来熏香的风气已经相当普及。最精美的博山炉要数在河北满城汉中山国王刘胜墓中出土的一座错金博山炉（图66）。在它的炉身上部和炉盖上面铸造出层峦叠嶂、高低起伏的群山，山间还装饰有猎人与野兽。山石间的小洞用来散发香烟。整个博山炉都装饰有流畅精细的错金花纹，色彩绚丽，是

图66 河北满城汉中山王墓出土博山炉

汉代铜器制作中技术最为精湛的代表作。由此可见汉代贵族使用香料的豪奢程度。

仔细看一看当时海、陆两条丝绸之路的贸易往来情况，就可以发现，西方商人用来交换丝绸的，除去象牙、犀角、珠宝、珍禽异兽以外，主要是大量的香料。有安息香、苏合香、郁金香、胡椒、乳香、龙脑香等等。在广州发掘的西汉初期南越王墓中就发现了一小堆装在漆盒中的乳香，重达21.22克。中国的自然环境不能生产这种香料，它一定是来自红海沿岸的原产地，是海外贸易的结果。说明在那时，已经需要从西方得到香料了。在这些乳香出土的同一个耳室中，还出土了3件铜熏炉，应该就是用来熏香的器具。东汉诗人秦嘉的《赠妇诗》中写道，他一次送给妻子的好香就有四种，每种一斤。正反映了当时妇女使用香料的数量之大。这也是促进丝绸之路发展的一个重要因素。

用香料熏衣，使服装除了美丽的式样、精细的质料、珍奇的饰物以外，又增加了诱人的芳香，从而达到了视觉、听觉、触觉与嗅觉的全面享受。这是中国古代服饰文化在美学上的又一进步。

著名文人曹植的诗歌《美女篇》中，用动人的诗句描绘了当时女子的衣裳与饰物："美女妖且闲，采桑歧路间。……攘袖见素手，皓腕约金环。头上金爵钗，腰佩翠琅玕。明珠交玉体，珊瑚间木难。罗衣何飘飘，轻裾随风还。顾盼遗光彩，长啸气若兰。"译成今文是：那位在桑林中采摘嫩叶的美丽姑娘，衣袖中露出洁白的双手，皓腕上闪动着手镯的金光。她头上横插着雀形的金簪，翠绿色的宝石佩带在腰间。她的罗衣上面缀有一颗颗明珠，衣饰上嵌着美丽的宝珠与珊瑚。轻薄的罗衣随风飘舞，衣裾被风卷到身上。她的明眸顾盼，光彩照亮道路，声音美妙，吐气如兰。

诗人所描写的这些琳琅满目、光彩照人的佩饰，意在衬托出美女窈窕美丽的容貌与高洁纯真的心地。所以，这些诗句中当然有诗人的艺术夸饰成分在内。但是它也肯定反映出当时人们对于服饰美的热烈追求与向往。正是这种向往与追求，使得中国古代的服饰不断发展，不断完善，创造出无比辉煌的衣冠文化。而汉代的服饰，特别是妇女的服饰，正是这片辉煌中一束最灿烂的光华。

头衣发式

汉代妇女的发髻丰富多样。相比之下，男子的发式则越来越简单划一。但是男子头上戴的织物——头衣却逐渐丰富，它与男子的发髻相配合，出现了多种新颖的式样。

上面说过，秦代以前的中原民族也是会编发的。但为什么在汉代人的记载中，却不注重中原人也会编发的情况，把编发看成是中原人与四夷的一个重要区别呢？我们想，答案只能是：当时中原人的发式出现了变化，大多不再采用编发的方式了。

与商周至秦代那些繁缛的梳辫形式比较起来，不梳成辫子而结成扁髻的发式要简单方便得多，可能它使用得更广泛。特别是在汉代。就我们现在可以见到的文物实证，如陕西阳陵随葬的兵马俑、江苏徐州汉楚王陵陪葬的兵马俑等人物形象，基本上是把头发在头顶上中分，由两侧向后梳，然后反盘上来，这一点和上面说的汉代下层妇女发式很接近。由于大多陶俑在头顶上戴有冠巾，无法看到具体的发型，但是从它们头顶上没有高起的圆髻这一点来看，应该是梳成一个垂在脑后的扁髻的。他们没有秦始皇陵兵马俑那样繁多的发式，尤其少见头顶梳高髻的现象。这应该是秦代与汉代人们发式的根本不同。湖南长沙马王堆1号汉墓出土的穿衣男木俑（图67）、河北满城汉墓出土的玉人等西汉早期文物上的人物发式就是上述的那种扁髻，可以证明这种发式是西汉流行的式样。此外，陕西阳陵陪葬俑的发式是将头发梳到后面，再从右侧将发束反梳上来，在头顶后部盘成一个平髻。但相比起来，梳扁髻的要更多一些。湖南长沙马王堆1号汉墓出土的软侯夫人发髻实物，陕西西安、临潼等地出土的汉代女陶俑等文物实证告诉我们，不仅男子，就是女子也普遍

图 67　长沙马王堆汉墓出土戴冠彩绘木俑

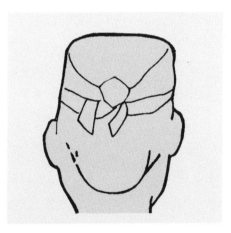

图 68　重庆巫山汉墓出土陶俑发式

梳理这种扁髻。区别就是女子的扁髻要大一些，多盘两圈。它梳理简单，朴实无华。很有意思的是：严紧整齐的编发盘成的发髻与严刑酷法的秦代社会正相符合，与此相同，松散的发髻与西汉初年崇尚黄老，简朴无为的社会风气也非常一致。似乎发式的变化也是紧随着国家政治风气的变化而来。

由于汉高祖刘邦出自楚地。这种发式也许是来自战国时期楚国的习惯。西汉初期继承了很多楚地的风俗。湖南长沙曾经出土过几幅著名的战国楚墓帛画，在画面中，御龙的男子梳的是从脑后反转上去的高发髻，凤鸟下的女子梳的是下垂的扁髻，都看不出曾先梳成辫子的迹象。而这些都与汉代的发髻形式颇为近似。

下垂的扁髻对于男子来说，可能不便于剧烈的体力活动，把它梳得高一些，末端别在头顶上，或者让扁髻贴在后脑上，就更方便一些。这也就成了东汉时期比较流行的式样。在重庆巫山地区的东汉墓葬中出土的陶俑发式可资验证（图 68）。这里有一些男乐俑的脑后就梳理着这样的发髻。看上去是没有结成辫子，只是将头发拢到一起，别在脑后。这样的发式在四川等地出土的东汉陶俑中常可见到，其他如山东汶山县孙家村出土的东汉画像石门吏、四川成都羊子山出土的东汉画像砖谒见图、山东嘉祥武梁祠东汉画像石等图像上的大量人物，都可以从他们头上看到类似的发髻。当然，同时也有将发髻盘在头顶上的做法，四川成都羊子山出土的东汉画像砖弋射图与收获图中，就有在头顶梳一个发髻的人物形象，特别是收获图中，既有头顶梳发髻的，也有不在头顶梳发髻的，那么就应该是头顶梳圆髻与在脑后垂扁髻两种发式同时存在了。其他像在成都出土的东汉陶俑中也有头顶梳圆髻的农民形象，河南、山东等地的东汉画像石中也有一些头顶梳圆髻的人物出现，如河南南阳出土的狩猎图等。但这时的发髻，应该不经过先梳成辫子的那一道手续了。

这时，梳扁髻的汉族人士与其他少数民族的发式仍可以明显地分辨开来。在徐州狮子山汉墓出土的兵马俑中，除大量汉族发式的士兵外，还有个别骑俑的发式比较特殊，明显与其他陶俑不同。它是从头顶上中分，披散在头两旁，头发似乎还被剪短过。这种俑的面部扁宽，颧骨突出，具有明显的蒙古人种特征。可能就是北方游牧民族士兵的写照。后来嘉峪关地区的十六国时期墓葬壁画砖上，也可以见到不梳发髻，披发、赤足的农人形象。可能也是在当地落户的原游牧民族。看来当时的画家在绘画时，也是会注意到这种明显的民族区分的。

在注意到这些梳扁髻发式的同时，我们也会看到，与先秦人物形象有所不同的是，这些汉代人物形象，特别是梳扁髻的人物形象，大多同时戴有各式各样的头衣，如冠、巾、帻、頍、帩头、弁等等。出现如此丰富的头衣，应该是造成人们不先梳辫子再挽成发髻的一个重要原因，或者可以说是互动的因素。由于有了头衣压束头发，松散的头发拢成发髻后也不再容易松脱。而人们习惯简单地梳理扁髻后，又对头衣提出了更高的要求。因此，汉代的头衣便随之产生明显的变化，并且影响以后的各个朝代。

西汉早期，由于开国皇帝刘邦与主要功臣都是楚人，继承了大量楚国的文化习俗，戴高冠就是其中之一。这时的冠，只是单独的装饰用品，没有遮风避土或防晒、束发等作用。但需要看到，古代并不是所有的人都能戴冠的。在宗法等级礼仪制度的约束下，似乎冠是贵族以及社会中上层的专利。古代士以上阶层的男子才在二十岁时行冠礼，以后可以戴冠。汉代《说苑》云："君子成人必冠带以行事，弃幼少嬉戏惰慢之心，而衎衎于进德修业之志。"就是说君子们成人后必须穿戴冠带，以约束自己的意识与行为。在官僚制度中，冠也是标明官员身份与等级的重要标志之一。而一般社会下层的男子，即与君子对应的"小人""野人"之属，大概就没有戴冠的资格了。

图 69　四川成都天回山出土的汉代戴帩头说唱俑

《续汉志》载："古者有冠无帻。"在西汉的玉雕、空心砖与壁画中出现的戴冠者都没有帻，他们的冠正是一种"卷持发"的用具。有冠无帻，也可能是戴冠者不帻，戴帻者无冠。西汉时人冠不加帻的做法，东汉人是认识得很清楚的，例如东汉的沂南画像石上历史故事画中人物都戴无帻的冠，而表现当时人生活的祭祀、饮宴场面中的人物则戴有帻之冠。帻是什么呢?《急就篇》颜师古注："帻者，韬发之巾，所以整乱发也。"看来它起先就是一块包头发的布帛。从冠到帻，是汉代头衣的一个重大演变。

从冠到帻的演变过程看，巾应该是一个重要的过渡。秦汉时期的人对头部的装饰很在意。当时的平民头戴巾帻是很常见的。因为冠冕只有贵族官员才能使用。百姓们也就只好找一块布帛把头包一下。战国时期，甚至有的国家把用帛包头作为罪犯的特征。例如魏国规定犯了轻罪的人用丹布包头，秦国规定罪人用黑布包头。所以秦国的奴隶、犯人又称作"黔首"。秦国实行变法时有一条法令是"使黔首自实田"，就是解放奴隶，使之成为自耕农的措施。

当时，百姓中有一种包头巾的式样，叫作"帩头"，也称作"络头"。在四川省成都天回山汉墓中出土过一个生动的东汉舞人陶俑。他的头上就包了一个帩头（图69）。在额头前束出了两个尖角，外形与现代陕北地区的农民用白羊肚手巾包头的样子很相似。可能当时包头时也是用一条长方形的布巾从脑后向前包拢，然后再打结。

汉代乐府《陌上桑》中唱道："少年见罗敷，脱帽著帩头。"是讲少年人见到美貌的罗敷姑娘时，不由得脱下帽子，改戴帩头。大概是比起帽子来，帩头显得更俏皮活泼，更容易引起罗敷姑娘的注意吧。此外，汉代包巾子的式样还有很多，有蝴蝶形，有两侧尖角形，有只包上发髻的，真是千姿百态。这正像现在中国农村中各地不同的包头式样，有从后向前结的，也有从前向后结的。各自具有强烈的地方特色。这时巾子的使用者还多限于下层民间。

汉代末年，儒生的势力逐渐增强，清谈蜂起。名士们认为用幅巾包头是很风雅的举动，致使戴头巾的风气大兴。根据记载，当时的名人袁绍、孔融、郑玄等人都喜爱戴幅巾。这些幅巾主要用丝绸与葛布制作。头戴纶巾，手挥羽扇，是当时文士的普遍装束。至今中国戏台上的诸葛亮还要用这种打扮。苏东坡的著名词作《念奴娇·赤壁怀古》中描述周瑜也是："羽扇纶巾，谈笑间，强虏灰飞烟灭。"东汉名士郭林宗一次外出遇雨，随手将头巾折个角来挡雨，竟然也被人们争相效法，成了一种流行式样，世称"林宗巾"。名人效应在那时就如此可观。

但是，上层人士戴头巾全用黑色的巾子，可能是沿袭秦代官服黑色的习惯。在汉代，戴白色的头巾是官员被免职以后的象征。地位低下的平民也用白色巾子。据文献记载，当时被罢免的官员要改戴白巾走出官府大门。官府中的小吏员与仆役们戴的也是白头巾。

这里我们需要注意一种今人不大了解的古代头衣——颊。

《仪礼注疏》卷二"缁布冠缺项青组，缨属于缺，缁纚缄广终幅，长六尺。皮弁笄，爵弁笄，缁组紘纁边，同篋。"注云："缁布冠，无笄者著。颊围发际，结项中，隔为四缀，以固冠也。项中有缃，亦由固颊为之耳。今未冠笄者著卷帻，颊象之所生也。滕、薛故国名蔄，为颊属，犹著缃，今之帻梁也。终，充也。缃一幅长六尺，足以韬发而结之矣。笄，今之簪。有笄者屈组为紘，垂为饰。无笄者缨而结其绦。缁边，组侧赤也。同篋谓此上凡六物隋方曰篋。"

由此我们看到，对于冠来说，有没有簪笄是一个大的区别。有簪笄的，可以利用簪笄将冠固定在发髻上。而没有簪笄的，例如缁布冠一类，就只能利用颊来固定了。所以古人说汉代的卷帻是从颊派生出来的。《诗经·小雅》中有一首"颊弁"，据说是"刺幽王也"，可见颊的历史十分悠久。而从诗的含义中，我们可以体会到，颊确实是用来包围头发，使冠固定住的。从这一点上来看，孙机先生将"颊"解释成"固冠的带子，它的形象在秦始皇陵兵马俑坑出土的陶俑上可以看得很清楚"是有一定道理的。而考古报告《殷墟妇好墓》中将一件出土玉人头上的卷筒状饰物解释成颊，就不大确切了。实际上，从上述文献记载来分析，颊应该是一个圆圈形状的发箍，套在头顶上，压住头发，左右两侧有缨系，可以在颌下打结。如果用巾帛笼罩在头发上面，也可以用颎来束缚住巾帛。秦始皇陵兵马俑坑出土的陶俑上表现的带子，只能是一种简化了的颎。而《殷墟妇好墓》中那件出土玉人头上刻画出的一圈束压头发的圆箍，可能近乎颎的原形。但是它下面没有系带，不知是不是工匠省略了还是当时的颎尚不完全。至于前面的卷筒状饰物，则应该是另外附加的头饰，大约近似于冠了。

颎类似现代人还在使用的发网，在压束头发上具有独特的功能。古代人讲求礼教，对于外貌是很重视的，头发应该梳理得整齐干净，没有乱发露出。而"首如飞蓬"那样，就是精神十分忧伤，顾不到礼教的情况了。女子在梳头时，是利用大量簪钗来达到使头发整齐这一目的的。而男子，就是利用颎了。后来的巾帻，作为"整乱发"的头衣，应该是继承了颎的作用。再往下，魏晋至明代间陆续兴起的笼冠、幞头、网巾、勒子等种种头衣，也或多或少地在发挥着类似的作用。所以，很可能"帻"在流行后就代替了颎。所以我们在汉代以后就不再能见到颎的出现了。

用巾帛缠头，是比较普遍的风俗。最早的帻，也是一件缠在头上的巾子，可能是用窄窄的长条，整齐地在头上缠成一圈，类似今天苗族的缠头。汉代时它被改进成一种帽子。原来无屋的帻只有一个圆圈，有屋的帻则在圆圈的上面加一个可以盖住头顶的高顶，有点像近代人戴的无檐制帽。从汉代文物图像中可以看到，这时的帻变成一条整齐的宽沿，在脑后断开，形成两个向上翘的尖端。

除帻以外，在东汉时期，还出现了一些类似今天人们戴的帽子那样的头衣，如"帽絮"等。这些头衣的特点之一就是它们带有鲜明的等级色彩。《释名·释首饰》记载："二十成人，士冠，庶人巾。"东汉蔡邕的《独断》中说："帻者，古者卑贱执事不冠者之所服。"说明帻本来是卑贱的执事人员和普通平民所使用的头衣。史书记载，出身贫贱的董贤是汉武帝的一个宠臣。一次汉武帝到馆陶公主家中去，见到董贤，很喜欢他，要把他带入宫中。但是董贤当时是仆役，戴着绿帻。汉武帝就马上赐给他衣冠，以提高他的身份。所以我们可以在汉代的陶俑、壁画与画像石中见到很多戴帻的士兵、百姓等人物形象。例如在四川成都附近汉墓中出土的陶俑，就是一些极好的实证（图70）。

以后，帻的应用范围越来越广。戴帻的人也不仅限于下层人民了。《后汉书·舆服志》记述："秦雄诸侯，乃加其武将首饰为绛袹，以表贵贱。其后稍稍作颜题。汉兴，续其颜，却摞之，施巾连题，却覆之，今丧帻是其制也。名之曰帻。帻者，赜也。头首严赜也。至孝文乃高颜题，续之为耳，崇其巾为屋，合后施收，上下群臣贵贱皆服之。"是说帻已经被官员和无论贵贱的广大民众使用。帻的式样也不断改进，增高了前面遮挡额头的部分，下面接续上一段长耳，以及把上面的头巾加高覆盖整个头顶等等。像王莽头秃，就用帻加上遮顶的"屋"来戴。所以就出现了很多改进

图 70 汉代戴帻陶俑

了的帻式样。有些是在帻上面加上发冠，如文官在进贤冠下戴介帻，武官在武冠下衬平上帻。还规定文官戴青帻，武官戴赤帻，童子戴没有屋的帻等。有的是把头巾与帻一起戴。人们给这些多种多样的帻也起了具体的名称，例如平巾帻、介帻、平顶帻、冠帻等等。在东汉时期，人们日常头戴巾帻的现象是十分普遍的。所以我们看到这一时期的各种画像、雕刻、陶俑中大多数人物都是戴着各种头衣的。帻是其中最多见的一种。由于这些头衣能严密地包裹头发，而它们的平顶又压迫得发髻不宜高高地耸在头上，所以这时垂在后脑的扁髻该是很流行的。

汉代以后，帻一类的头衣不大出现，而逐渐改为比较简单的用巾子包头。可是用巾子包头，还是需要用带子（巾绳）的。这时使用巾绳大多是在额头至后脑环绕一周，将头发与包在外面的巾子束紧。这样就会将脑后的发髻向上、向前推，使得堆到头顶的发髻越来越多。而后发展到只用绳束紧发髻。在北朝、隋唐的墓葬壁画中，就可以看到这样的趋势。如洛阳出土的北朝孝子石棺石刻画、山西太原北齐娄睿墓壁画仪卫图等。

南北朝晚期形成的幞头，也是由包头巾子发展成的，而且在隋唐宋辽时期非常流行，成为主要的男子头衣。它开始是把巾绳在脑后勒紧，再反转上去束在头顶。这种勒法，自然会把发髻向前推到头顶上去，这样垂在脑后的扁髻就不适应了。束到头顶的圆髻又成为主要的男子发式。

胡汉杂糅

褒衣博带

　　两汉时期延续近500年的统一大帝国，由于帝王的荒淫、豪强的纷争而灭亡了。以下的三国至晋代，是中国历史上一个变幻不定的时期。其中充满了剧烈的军阀混战、门阀士族之间的政治争斗、人民的长途迁徙与外族的入侵抢掠，充满了动荡、混乱、血污与灾难。曹魏诗人王粲的《七哀》诗中描述当时的所见为："出门无所见，白骨蔽平原。路有饥妇人，抱子弃草间。顾闻号泣声，挥涕独不还。未知身死处，何能两相完。"可见当时人民遭受了多么深重的苦难。在动荡的局势下，不必说社会经济受到严重破坏，下层百姓濒于饥饿死亡，就是不少门阀士族的著名代表人物，随着政局的变动、权力的争夺也被送上了刑场。这些处于上层的知识阶层，虽然占有田产、财富、文化与社会关系，但仍然身不由己地被卷入政治旋涡。他们虽然享用着上等人的优越生活，却时刻处于忧患之中，不知什么时候就会身首异处。这种境况使他们的思想十分复杂，既沉湎于生活享受，执着于人生，又加倍地畏惧死亡与痛苦，时刻不得安宁。这两种矛盾的混合造成了他们企求脱离世俗纷争，远离政治的种种不合礼仪之行，造就了当时社会上一个极其复杂的文化产物 —— 魏晋名士风度。并且由于这种名士思想的流行，形成了一种特殊的服装式样 —— 褒衣博带，风行了很长时期。

　　在世人的心目中，魏晋时期名士风度代表着一种极度自我，任性放诞，远离政治的人生态度。从魏、晋以后到宋、齐之间，曾经有相当多的士人仿效与追求这种精神风貌，集中表现在《世说新语》这部著名著作与有关文献资料中。由此形成了被后人称为"魏晋风度"的时代文人精神。但实际上，魏、晋以后人物仿效的，往往只是作为魏晋时期名士风度代表的"竹林七贤"的皮相。早在晋代末年，葛洪《抱朴子·外篇·刺骄篇》中已经指出："世人闻戴叔鸾、阮嗣宗傲俗自放，见谓大度，而不量其材力非傲生之匹，而慕学之。或乱项科头，或裸袒蹲夷，或濯脚于稠众，或溲便于人前，或停客而独食，或行酒而止所亲。此盖左衽之所为，非诸夏之快事也。昔辛有见被发而祭者，知戎之将炽。余观怀、愍之世，俗尚骄褒，夷、虏自遇，其后羌、胡猾夏，侵掠上京，及悟斯事，乃先著之妖怪也。"就是说：世间人们听说戴良、阮籍这些人傲视习俗，自我放纵，是胸怀广大的表现，但是不想想自己的才力是不是能做到傲世，就纷纷羡慕学习他们的行为，或者披头散发，或者裸体蹲着，或者在大众之中洗脚，或者在别人面前大小便，或者不搭理客人自己吃独食，或者只向自己亲近的人敬酒。这些都是异族的行为，不是华夏子孙的做法。以前辛有见到披发祭祀的人，就预知戎族将要兴起。我看晋怀帝、晋愍帝时世俗崇尚骄狂淫亵，把自己等同于异族。以后羌族、胡人侵犯中原，掠夺京城，才领悟到这些事就是提前显示的怪异征状啊。

实际上，"竹林七贤"的作为，是魏、晋时期封建军事独裁政治下的特殊产物。在激烈残酷的权力斗争中，士人往往不能脱身其外，而且往往成为权力斗争的牺牲品。时刻存在的丧元灭族威胁与封建士人固有的儒家礼教思想形成了一个极为尖锐的现实矛盾。当时士人面临的问题十分像现代著名作家老舍的《茶馆》一剧中常四爷吐露的心声："我爱咱们的国家啊！可谁爱我呢？"对于被卷入矛盾旋涡又不能脱离士人固有的自我道德标准与政治抱负的人，如嵇康之流，这个问题就更加突出。所以他们才会采取种种在长期礼教束缚下的人不能认同的放旷奇邪之举，如醉酒、服药、不拘小节、不讲礼貌、随意而行等等。进而形成了无视社会道德与政治制度的清谈之风，并且影响深远，给六朝的统治与社会造成了根本的危害。顾炎武《日知录》卷十三中认为："魏、晋人之清谈，何以亡天下？是孟子所谓杨、墨之言使天下无父无君而入于禽兽者也。"取类似见解的近代学者也有不少，大多认为魏晋风度造成的那种礼义廉耻丧失殆尽，纪纲名教荡然无存的社会状况是导致西晋灭亡、南北朝战乱动荡的根本原因。自然，这些批判都是从维护封建社会的社会秩序与礼仪制度这一方面出发的。

但从另一个角度来看，长期影响南北朝社会思想的魏晋名士们，很注重解放人的内在精神，反对礼教束缚，充分地追求自我，讲求脱俗的风貌。他们一反以往世人注重外表，讲求浮浅华丽的装饰美的心理，改以提倡通过超凡脱俗的外在风貌来表现出高妙的内在人格，追求内外完美的统一效果。这是一种与以往审美观念大相径庭的美学思想。它影响并改变了当时社会的审美习惯，给晋代以及南北朝时期的服装带来了新的风貌。褒衣博带，就是这种新的服装风貌，它的组成有宽松的大袍衫与长长的宽腰带。它与汉代流行的深衣正相对立，将紧密缠绕身体的衣着改变为对身体毫无束缚的衣着。它的产生，是思想改变流行服装式样的典型例子。

图71 南京西善桥六朝墓中出土的 "竹林七贤" 砖画

20世纪60年代以来，在被称作六朝金粉之地的南京地区，陆续发现了多处具有大型拼镶砖质壁画的六朝墓葬。这些丰富多彩的壁画中，最为引人注目的就是以著名的魏晋文人 "竹林七贤" 为主题的大幅作品。60年代首先发现的南京西善桥宫山北麓六朝砖墓中，南北两侧墓壁上嵌着对称的精美画面，每侧4人。根据人物旁边的文字题榜，他们是 "嵇康、阮籍、山涛、王戎、向秀、刘灵（伶）、阮咸"，以及不列入 "竹林七贤" 的荣启期。在此以后，南京西善桥油坊村、江苏丹阳胡桥鹤仙坳、江苏丹阳建山金家村与胡桥吴家村等大型六朝墓葬中也陆续发现了大型拼镶壁画 "竹林七贤" 等（图71）。它们的问世，在文物考古学界与美术界引起了极大的震动。人们欢悦于首次得见六朝时期绘画作品的真貌，对古人倍加推崇的六朝艺术有了切实的感受。

这些壁画非常好地表现了名士们饮酒服药，论道谈玄，寄情于山水，游心于宇宙的潇洒风度。画面上的七位魏晋名士和荣启期，有的身穿直领宽袖的肥大长袍，敞开衣襟，露出里面的交领宽单衣，腰束宽带；有的上穿直领宽袖单襦，下束肥大的长裙；也有的只穿一件交领长袖的深衣。但是我们可以看到他们的服装都有一个共同的特点，就是宽松肥大。他们上衣袖子的肘部做得特别宽，几乎可以拖到地面。由于绘画的线条圆润流畅，表现了衣料的柔软轻薄。腰间系的长带，似乎要随风起舞。就是这样，名士们仍觉得不够适意。有的人便袒露出肩部、胸部，披散衣襟。这种衣服与汉代那种紧密包裹身体的服装一比，真有天壤之别。它们应该就是后代学者称呼的 "褒衣博带"。

这种衣着打扮形成了"竹林七贤"形象的标准艺术范本。根据唐人张彦远《历代名画记》的记载，晋代的著名画家戴逵、顾恺之等都画过"七贤"题材的作品，刘宋时期画家陆探微画过《竹林像》，应该也是"竹林七贤"的内容，宗炳画过《嵇中散白画》，是表现嵇康的肖像画，南齐画家毛惠远还画过《七贤藤纸图》等。凡此种种，正说明"竹林七贤"题材的绘画在东晋后期至宋、齐之间是社会上十分流行的艺术品。直至东魏时期，"竹林七贤"的绘画题材还在社会上流行，甚至成为墓葬装饰的重要艺术题材。近年间深圳金石艺术博物馆从海外抢救回一套流失的东魏石屏风，据相关题记与墓志记载，它是出自一位来自西域的客使翟门生墓葬。那么这些墓中石刻很可能就是东魏朝廷官方工匠的作品。在这座石屏风上也雕刻了"竹林七贤"与荣启期的画像。而这些画像上人物的衣着及形象竟与南京等地出土的"竹林七贤"砖刻十分相似，表现出它们一脉相承的艺术传统。也显示出"褒衣博带"衣着式样在南北朝时期长久的社会影响。

"褒衣博带"这种服装式样是怎么兴起来的，要数鲁迅先生分析得最为精辟。他说："五石散是一种毒药，是何晏吃开头的……吃了散之后，衣服要脱掉，用冷水浇身，吃冷东西，饮热酒……因为皮肉发烧之故，不能穿窄衣。为预防皮肤被衣服擦伤，就非穿宽大的衣服不可。现在有许多人以为晋人轻裘缓带，宽衣，在当时是人们高逸的表现。其实不知他们是吃药的缘故。一班名人都吃药，穿的衣服都宽大，于是不吃药的也跟着名人，把衣服都宽大起来了。"

今天还可以见到相传是东晋著名画家顾恺之作的《洛神赋图》《女史箴图》，那些画面上，穿着褒衣博带式样服装的男女人物比比皆是（图72）。如画卷中的曹植，身穿宽松的直领长袍，衣袖宽大，几达地面，外衣里面穿一件素色中单衣，下身系一条宽大的长裙子。不仅王公贵族，连南京地区的几座东晋、南朝墓葬中的拼嵌砖壁画上那些从事出行仪仗、鼓吹等仆役的形象也都身穿宽衣，长带大袖。这种服装不仅男子可以穿，连女子也依样模仿。在河南邓县的一座南朝墓葬中，出土了一些画像砖。其中之一刻画了两位出游的贵妇。她们的上衣宽松长大，外面套上一件半袖，腰间束着宽带子，下穿长裙。衣袖宽松，与裙裾一起随风飘舞，如仙人御风而行（图73）。南京西善桥南朝墓中出土的女陶俑，也是穿着这样的宽袖长衣裙。甚至在远处河西的甘肃嘉峪关魏晋墓葬壁画中，也可以见到类似的宽袖上

图 72　洛神赋图

图 74　嘉峪关魏晋壁画墓出土壁画 "进食图"

图 73　河南邓县南朝墓出土画像砖上的女子

衣（图 74）。褒衣博带的流行在当时真是非常广泛了。看来，它不仅是受到名人效应的影响，也确实在一定程度上满足了人们内心期望摆脱礼教约束，渴求自由的心理。至于是否实用，除去在保暖上有所不足之外，穿着这种衣服应该还是比较方便舒适的。

褒衣博带的式样逐渐影响上层社会流行的礼服与日常穿着。直至北魏时期，在龙门石窟宾阳中洞雕刻的礼佛图中，自皇帝、皇后至臣子侍从的服装都是与上述《洛神赋图》中人物服装类似的褒衣博带式样。

当然，在魏晋以及南朝时期，褒衣博带并不是唯一的服装样式。它只是最有代表性的一种服装。魏晋时期由于社会上追求奢侈享乐的风气很盛，服装式样的变化是非常多的。上层社会自然是推出种种新鲜服装式样的发源地。社会上随之变化多端。晋代葛洪的《抱朴子》一书中指出：自从西晋末年的战乱以来，衣服鞋帽的式样经常变换，没有常规，忽长忽短，时宽时窄，有时风行粗大高昂，有时风行低小精细。人们追随着时尚，争着去仿效新的式样。《晋书·五行志》中记载：三国时吴国孙休以来，衣服流行上长下短，领子长占到五六分，下裳才占到一二分。晋武帝时，衣服的上面短小，下面宽大。晋元帝时，又改得衣服上身更小，上衣只到腋下。晋代末年，衣服又变成宽松博大，形成了一时的风气。

经过多次变化，宽大的裙袍式服装逐渐形成了汉族服装的主流。尤其是在东晋偏安江南、北方被异族占领的时期，江淮以北由胡、羯、氐、羌、匈奴、鲜卑等少数民族相继统治，各种胡服风行一时，甚至有时用行政命令来强迫居民穿胡服。这时，坚持穿宽松长大的汉族传统服装应该说是具有抵制异族文化的民族意识之反映。在北方，是表现出对汉族传统的留恋，在南方，是表现着坚持汉族文化的决心。当然，南方的气候温暖潮湿，服装宽大，从客观上说是比较适合南方的气候特点的。因此，我们看到，从东晋一直到南朝各代，汉族服装主要的发展方向是趋向宽松肥大。《宋书·周郎传》中记载，当时的衣袖和衣裾都做得非常宽，一个衣袖，可以裁成两个普通的袖子；一个衣裾，可以分裁两条普通的衣裾。六朝著名文人颜之推的《颜氏家训》中提到，直到梁代，士大夫们还都喜爱穿肥大的衣服，系宽松的长带，头戴高帽，足着高齿木屐。仪态很是潇洒从容。南朝宋诗人谢灵运，是一个喜爱自然、寄情山水的名士。为了登山省力，他创造了一种木屐，将前后两道屐齿都做成活动的，可以随时取下来。这样，上山时去掉前齿，下山时去掉后齿，无论山路多么陡峭，也可以如履平地了。这种木屐应该很受游客们的欢迎，被当时的人称作"谢公屐"。直至几百年后的唐代，诗人李白还在自己的诗《梦游天姥吟留别》中唱道"脚著谢公屐"。看来这种木屐到那时还在流行。甚至皇帝也穿木屐，

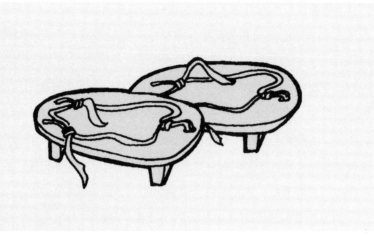

图 75　安徽马鞍山东吴朱然墓出土的漆屐

《宋书·武帝本纪》记录宋武帝经常穿着连齿木屐出神武门散步，这些正说明木屐在南方是很流行的日常用鞋。安徽马鞍山发掘的东吴朱然墓中曾经出土过当时的漆木屐，让我们看到了那时的木屐式样（图 75）。南方穿着木屐的影响长久而且广泛，近代中国还曾普遍使用过木拖鞋，但已不是带齿的式样。而直至今日，日本还保留着穿带齿木屐的习惯，那应该是受到古代中国服装文化影响的结果。

南朝时，新产生了一种很流行的服装式样，叫作"半袖"。它是一种比较短的直领对襟罩衣，袖子很短，只有肩下面短短一截。它在属于这一时期的绘画、雕塑文物中经常出现。例如北魏正光六年曹望憘造像底座上的供养人图。东魏茹茹公主郁文间叱地连墓出土笼冠俑等。南朝时还创造了一些特有的衣帽式样，例如白纱帽，是当时贵人的常用头衣。尤其是天子在宴饮之时必须戴白纱帽。南齐高帝萧道成在篡夺刘宋政权时，本来还有些犹豫，但手下人把白纱帽给他戴上，硬推他坐上皇帝的座位，他也就顺水推舟了。这时戴上白帽子，颇有点宋代所说"黄袍加身"的味道。唐代大画家阎立本画的《历代帝王图》中陈文帝像，就是头戴白纱帽。这帽子上尖下圆，从正面看有着三道高梁，两侧有帽裙，还有卷曲起来向外面翘着的帽翅。它的式样与《隋书·礼仪志》上记载的白纱帽样子相近似。据记载，南朝时萧齐的白纱帽有"凤凰度三桥""反缚黄鹂""山鹊归林"等名目，它们是根据帽子的不同外形来命名的，可见当时白纱帽造型之丰富了。

南朝的妇女衣裙，在南北朝时期左右着妇女服装的发展趋势，创造出了不少新的样式。江南地区，在汉代以前一向被认为是欠开发的蛮荒之地。由于中原战乱，汉族的政治文化中心南迁，大批逃难的中州士族流向江南。使江南涌入了先进的文化技术，迅速得到开发。东晋偏安江南以后，江南的经济有一定发展，庄园经济逐渐加强。丰厚的物质，使不思进取的门阀贵族们沉溺于江南风光中，尽情声色。这种思潮，造成南方妇女的衣着与饰物都趋向于华丽新奇，具有明显的商业倾向。晋代人葛洪的《抱朴子》中就极力讽刺当时时兴的妇女衣装式样忽长忽短，乍宽乍窄。完全是为了新奇诱人而造成的时髦风尚。因此，与汉代相比，南朝的女子服装有很明显的发展变化。

近百年来，在江南、四川等地出土了一些南朝画像砖、石刻线画与浮雕、陶俑等多种生动逼真的造型艺术品，例如河南邓县出土的大量墓中画像砖。从中可以看到，南朝的女装已经从深衣制度中解脱出来，变得更加贴近人生。虽然整体来讲，女装的主要成分还是襦衫与长裙两大部分。但它们已经不再合为一体，而是各成体系。它们的具体式样、裁剪方法、采用的质料等都有了很大的改变。上衣的衣身变得细瘦，紧贴身体，由掩襟改为对襟直领，显露出较多的脖子与胸部。衣袖也变得又细又窄，只是在小臂部才突然变宽。尤其是为了适应南方的气候，大量采用了轻软细薄的罗纱等精细丝织品作为衣料。在宫廷贵妇中间，穿着轻薄衣衫的风气盛极一时。《晋东宫旧事》一书中记载：东晋太子纳妃时，妃子穿的服装中包括白縠白纱衫、绛纱复裙、黄碧纱文双裙、丹碧杯文罗裙等。縠，是一种均匀细腻的高级丝织物，质地轻薄。纱，是一种薄得几乎透明的丝织品。用这样又薄又细的质料做衣服，自然是要追求那种使身体肌肤若隐若现的效果。梁代诗人沈约的诗歌《少年新婚中咏》里有"裙开见玉趾，衫薄映凝肤"这样的艳词。梁武帝的诗中也写过，女子"衫轻见跳脱"。跳脱就是妇女手臂上的镯子。隔衣可以见到镯子，衣衫是多么透明自然不言而喻。

轻薄的衣服，加上紧凑贴身的新式样，可以充分体现女子体貌的动人之处。这种女服的流行，反映了魏晋以来，由于社会动荡而造成的传统儒学礼教观念大崩溃。由魏晋名士开始的思想变化，使当时的人开始怀疑与否定旧的经学迷信与旧的伦理道德标准，产生了一种肆意追求人生享乐的倾向。这种追求，在上层社会中，

图 76 山西大同北魏司马金龙墓出土彩绘屏风
　　　上的女装

就直接表现为对好酒、美食、声乐与色相的毫不掩饰的欣赏。女装的改变，应该是迎合这种社会思潮的产物。

晋代以来，人们的审美观点有了很大的改变，在有关的古代文献记载中，对于当时人们的这种审美观点有不少记载。如对于妇女，除要求相貌美丽以外，还要求身材高挑，肤色洁白。突出表现在晋武帝给太子选妃时的标准上。晋武帝的标准共五点，其中出身好，善于生养子女两点是从政治上的考虑。而其他的三点全是对女子外形的要求，即相貌端庄、皮肤白、个子高。

个子高矮恐怕是人自己控制不了的，古代也不像现在，有种种增高药品、器械出售。那么，对于一般身材的女子来说，如何使自己显得更高，就成了迎合社会时尚的一件大事。由于视觉上的缘故，人们总觉得穿曳地长裙的人显得高一些。所以，当时妇女裙子的逐渐加长，可能就是出于这个原因。

在当时留下来的艺术品中，可以看到这种明显的变化。相传是东晋著名画家顾恺之所画的《女史箴图》，现仍完好地保存在大英博物馆中。那上面所画的女子长裙与汉代壁画中的女裙相比，长度有了明显的增加。裙裾垂在地面上，拖曳出很长。裙子的上端提高束在腰部以上，裙子的宽度也有所增加。裙幅加大，使得裙腰要做出多重细折裥，甚至有些裙子的整个裙幅上都缝成折裥，显得裙子上细下宽，呈现明显的喇叭形。与之相配的女上衣也逐渐变短，有些像今天朝鲜女子上衣与裙子的比例。至于袖子上半部变得又细又窄，上衣也更加贴身，更是早就开始的演变了。这种风气在北魏时期还有所反映，在山西大同发掘的北魏司马金龙墓中，出土一件彩绘漆屏风（图 76），上面绘制的妇女服装就与上述的式样十分相似。或许是从晋代绘画范本中沿袭下来的传统。

南朝的大文人庾信写过这样的诗句："细腰宜窄衣，长钗巧挟鬓。"正是当时妇女衣装的写照。值得注意的是袖子的下半部却越变越宽大。诗人吴均写道："纤腰曳广袖，半额画长蛾。"描绘出女装宽大袖子的时尚。唐代画家阎立本的《历代帝王图》中，绘制出南北朝帝王们的形象，在南朝陈文帝的身后，就有多位身穿具有宽大长袖服装的宫女，显现出当时流行的宫装式样。

由于当时南朝的妇女衣装过于轻薄，女子们就将多层衣裳组合起来穿。同时又产生了一种新的衣物，叫作"抱腰"。它的外形有些像一条极短的短裙，穿时围在腰间，用丝带系住。也有的古代文献中记载：抱腰是一条绸布，上下都缝有带子，穿时将它包裹在腹部系紧。这就有些像现代妇女的腹带了。

南朝妇女的鞋履式样很多，使用的质料也非常丰富，有皮制的、丝制的、麻制的以及装有木底的等等。可惜还没有这一时期的鞋履实物保存下来。我们现在只能从当时的绘画、雕塑上见到一些鞋履的外形。根据古代文献中对鞋履名称的记载，这时的女鞋有凤头履、鸠头履、笏头履、玉华飞头履、立凤履等。它们都是将鞋子的头部装饰成各种纹饰或做成不同的形状，从而起到美化作用。我们可以想见：凤头履应该是将鞋头做成凤凰形状，而笏头履则是将鞋头做成一条翘起的长板，类似官员上朝时所持的笏板。其他各种名目的鞋子大多也可以根据名称想象出它的大致形状。还有些叫作五色云霞履、文履、珠履等。这些鞋子的命名可能是根据它们的质料花纹与所用材料决定的。在反映南朝时代生活的绘画、雕塑中，可以见到一些与上述名目对应的鞋履，其中笏头履是出现得比较多的。

附带提到一点，古代人们，尤其是儒者们往往把奇装异服的流行看作是一种凶兆。所以对服装有种种禁忌。从孔子那里就对奇装异服表示过不满。而当一些奇装异服的流行无法禁止时，后人也会把当时社会败落、政权灭亡的原因归结于这些服装的流行上。例如在《晋书·五行志》中说："晋武帝泰始初，衣服上俭下丰，著衣者皆厌腰，此君衰弱，臣放纵之象也。""至元康末，妇人出两裆，加乎交领之上，此内出外也。"这是把晋代妇女服装上衣紧小、下衣宽大的变化与将两裆穿在外面的做法看成是晋代君主衰弱、国家败亡的征兆。以后各代，也有一些将服装变化与国运兴败联系起来的说法，在征兆迷信流行的古代，这种看法也是对服装发展的一种左右力量。中国古代平民的服装大多保持简单朴素的式样，除了儒家思想提倡简朴的思想影响与具体经济力量限制外，与这种禁忌也有着密切的关系。

胡服汉化

西晋结束三国分立的局面后没过五十年，就由于统治者司马氏内部的腐化内讧而造成了多年的战乱。北方民族的几个小国放马中原。晋室被迫南迁，把半个国土丢给了趁机而入的氐、羌、羯、鲜卑、匈奴诸民族豪强。使中原地区成了游牧民族争雄的战场。这些游牧民族陆续建立的十六个政权统治中原近百年，史称五胡十六国。氐、羌、羯、鲜卑、匈奴诸民族的统治，将胡人服装的影响逐渐扩展到中原各地。但在少数民族政权的统治下，中原世居的汉族居民仍保留着自己的衣冠习俗。有些统治者为了显示自己的统治威力，镇压反抗，曾经强行禁止汉人穿戴汉族衣冠，甚至采取将违禁者杀头、车裂的酷刑。但即使是这样，也不能改变汉族衣冠在北方广大汉族居民中的地位。有时，汉族人虽然被迫改穿胡服，但是在结婚时，还是要穿上汉族服装行礼。一旦禁令松弛，汉族衣装便迅速重新兴起。一百多年间，汉、胡两种服装就像两个各不相让的角斗士，始终在北方大地上默默地对峙着。

这种对峙，本质上是民族矛盾的表现，它当然会影响异族统治者对于居住着大量汉族人民的占领地的统治，也会阻挠原来以游牧为主，还处于奴隶制社会的民族向比较先进的封建制社会过渡，改变成从事农耕，定居下来的编户居民。从统一国家的角度来看，这种矛盾实际上对于官方统治是相当不利的。

鲜卑拓跋部建立的北魏政权后发制人，在多年战乱后首次统一了北方。面对着广漠土地上世代农作的千万汉族居民，靠掠夺起家的鲜卑贵族开始认识到，要想巩固住自己的统治，首先得接受在汉族社会已经根深蒂固的文化思想与政治制度。其次就是要将靠游牧抢掠为生的民族改变成定居在土地上，从事农耕的编户民。从而使国家的政治与经济中心迁移到汉族聚居的中原地区来。

北魏一个年轻的皇帝孝文帝清楚地看到了这一点。他决心变俗移风，引进先进的汉族文化，使鲜卑人与汉族同化，由此来保证拓跋氏的统治地位。公元493年，孝文帝亲自率领大军，迁都洛阳，全面开始了政治文化的改革。这场改革首先就是从改革服装起步的。早在北魏太和十年（486）正月，孝文帝就正式在典礼中穿戴了汉族帝王的传统礼服——袞冕。他还制定了五等公服，并且参照汉朝制度给五品以上的官员规定了礼服式样与佩绶制度。太和十八年（494）十二月，他正式下

图 77 甘肃固原出土北魏陶俑　　　　　　　　　　　　图 78 北魏司马金龙墓中出土的戴风帽陶俑

诏宣布改革服装制度，命令全体人民穿汉族服装，废除了游牧民族的服饰。太和十九年（495），孝文帝在召见群臣时赐给百官冠服，统一更换了旧日穿的胡服。虽然在这中间，出现了包括太子在内的鲜卑守旧人士的反对活动，甚至发展到太子的武装对抗。但是孝文帝坚决地将这场变革进行下去，最终促进了鲜卑民族与汉族的同化，巩固了北方的统一。

　　那么，原来北方一些游牧民族的服装与汉族衣冠相比有哪些明显的不同呢?

　　首先，北方的鲜卑、匈奴、羌、氐等民族不像汉族那样将头发束成发髻。他们或者将头发编成辫子，或者披散头发，或者将头顶和前面的头发剪掉。总之，他们根本就不使用冠、簪等用品，也就没有汉族最为重视的冠冕制度。他们习惯于在头上戴各种帽子（图77）。根据记录北朝史实的《邺中记》《北史》等文献记载，当时有"金缕合欢帽""突骑帽""面帽"等多种帽式。对比现存的北朝文物，在中国国家博物馆收藏的北朝陶俑中，有的武士头戴一种顶部是圆形、由左右两片缝合成的帽子。有人认为它就是"合欢帽"。在山西省大同司马金龙墓中出土的男女陶俑，分别带着几种不同式样的帽子。其中有一种女帽，上面有高高的圆顶，由四片缝成，帽子的后面披下一条斤帕，垂至肩头（图78）。男俑也有戴这种帽子的。有人说它可能就是"突骑帽"。根据《隋书·礼仪志》的记载，北周时期，人们普遍戴突骑帽。它附有下垂的帽披与多重的系带。在山西省太原的北齐娄睿墓中出土了一种武士俑。他戴了一顶有三条棱的风帽；还有一件骑士俑戴着厚厚的大皮帽，帽子的后檐一直披到肩上；另外还可以见到一种武士戴的尖顶帽，帽子两侧有下披的护耳，与金属甲胄中的兜鍪很相似。

这种戴帽子的日常风俗与汉族人的服装习惯截然不同，因此成为北魏孝文帝改革服装的重点之一。有一次，他看到妇女还有人戴帽子，就把有关官员找来，训斥他们改革不力。任城王元澄说："相比之下，戴帽子的人还是少数。"孝文帝听了这话，不但没有高兴，反而更加愤怒，说："这话太奇怪了。你是想让全城的人都戴上帽子吗？你这一句话就足以毁坏国家了。"他对服装改革的重视，由此可见一斑。

其次，胡人身穿窄袖子的紧身长袍，或者穿一种由裤子和褶组成的服装，脚蹬长靴。这些服装是为了适应长期的马上生活而形成的。长袍与褶的式样与汉族衣衫有所不同。例如褶，又叫左衽袍，是一种短身，细袖，前面大襟向左面掩起来的上衣。这种服装的历史应该是很久远了。从东汉时期起，它就传入北方边境地区的汉族居民中。汉族人接受了褶以后，做了一些改动，把原本又细又窄的衣袖改成下部宽大的长袖子。这样改，可能是由于保暖的需要不那么迫切，又有保持汉族传统的习惯在内。这种短上衣特别便于劳作与征战穿用，所以当时的农夫、士兵、仆役们大多穿这种衣服。当然，主要穿它的还是北方的游牧民族。由于这种服装是胡服的突出代表，所以，在它盛行时，有些表现汉族传统文化的故事画也把人物的衣服画成这种式样。例如在宁夏固原出土的北魏孝子图漆棺上，虽然描绘的是舜、郭巨等汉族孝子的形象，却都给他们穿着裤褶服，戴上鲜卑帽（图79）。

北朝时期的妇女喜欢穿有夹领窄袖的长袍。有些人也穿裤褶服。什么是夹领，现在还没有北朝时的实物证明。但是在后来的唐代永泰公主墓中出土的壁画《出行图》上，画有一位身穿窄袖长袍的宫女，她的长袍领口向左右两面翻开，形成一种与今天的女翻领大衣一样的式样。有人认为这就是"夹领"。北魏孝文帝有一次出行，见到妇女仍戴着帽子，穿着夹领小袖衣服，当即就责怪大臣们不认真推行服装改革。可见"夹领"也是一种胡装。在北朝的陶俑中经常可以见到身穿裤褶服的女子形象。例如一件在山西省太原北朝张肃墓中出土的女陶俑，上身穿着一件长度仅

图79 甘肃固原出土北魏孝子漆棺人物形象

及臀部的宽袖短褶，下身穿裤腿散开的大口裤子，显得身材苗条俏丽，十分动人。

北朝胡服使用的腰带也别具特色。它用皮革制成，缀上带扣与带钩，制作得非常考究。加上宝石、金、银、玉等珍贵的饰物，这些装饰物上面往往浮雕出精美的动物图案，像1984年在内蒙古自治区科尔沁左翼中旗的鲜卑墓葬中出土的瑞兽纹金饰牌等。由于游牧生活的需要，腰带上有多个带钩，用以悬挂日常使用的弓箭、刀剑、打火具、算囊等。帝王使用的腰带制作得更加奢华。如北周文帝的革带被称作"金缕玉环带"，又有珍珠金带等等。

从服装的质料来看，北朝的服装喜爱使用色彩鲜明的彩色织锦与刺绣品。大量彩色的毛织物也在这时流行开来。《邺中记》一书中曾记载，北朝皇帝有专门的织锦署，负责织皇室用的衣料。上面记录的织锦花样有大小登高、大小明光、大小交龙、大小博山、大小茱萸等，还有蒲桃纹锦、斑纹锦、凤凰朱雀锦、韬纹锦、核桃纹锦等。毛料的花纹有鸡头、鹿等。1959年，在新疆于田屋于来克城址与吐鲁番阿斯塔那的高昌故国墓葬中出土有夔纹、方格野兽纹、禽兽纹、树木纹等各色织

图 80 新疆高昌墓葬出土的树下对鸟对羊纹织锦

锦和有方格纹、蓝印花纹的毛织品（图80）。出土时，这些埋藏了1500年以上的纺织品色彩依然十分鲜艳。这些北朝的纺织品不是当地出产，应该是从中原贩运过去的。它们向我们显示了当时中原纺织业的兴盛景象。

北魏改行汉族衣冠以后，上面所说的这些具有典型游牧民族特色的服装被既宽松又典雅的汉族衣冠所代替。这个重大的变化在北朝的石窟造像、壁画、石刻画等艺术作品中充分表现出来。特别是在北魏迁洛后修建的洛阳龙门石窟、巩县石窟等处表现得更加明显。

新中国成立前，洛阳曾经出土一批重要的北魏墓葬石刻，现流入美国。在其中的宁懋石室画像中，有一些当时的世俗人物肖像（图81）。男子们身穿宽袖上衣，下面是长长的裙裳，腰间束着宽带。这是一种与汉代冕服非常相像的礼服。它与传统的汉族礼服唯一不同的地方是它的领子有些改变，做成了一种前端竖立起来的宽曲领。男子头戴纱冠，束发，插有簪笄。脚上穿着鞋头高高耸起的厚底舄。画像上的婢女，衣着发式与在邓县南朝画像砖中刻画的南朝女子完全一致。她们上身是对襟直领的宽袖短襦，下穿飘曳的长裙，在长裙的外面还附加一条紧束在腰间的短裙。

著名的龙门石窟中有一组极其精美的帝后礼佛图石刻。20世纪30年代，由于美国人出大价钱，文物奸商岳彬便将它打碎盗卖，后被偷运出国，现在收藏在美国堪萨斯州纳尔逊—阿特金斯艺术博物馆。这件石刻上的大量人物全穿着宽松飘逸的汉族衣冠。画面上人物的披带随风飘舞，长大的衣袖与裙裾在轻轻摇动，显出极为典雅的雍容气派。这些表现鲜卑皇室的画面看上去已经与汉族帝王没有什么区别了。现在龙门石窟古阳洞中存留下的另一组帝后礼佛图虽然在艺术水平上不如被盗走的一组，但是它上面人物的衣装基本上是一样的（图82）。其中的贵族妇女，衣着宽大雍容，长袖垂地，鞋履笏头高高耸起，质料轻软的衣裳看去像微风拂习。类似的衣冠人物还可以在河南省巩县石窟中找到，他们位于北魏时期开凿的一号窟中，也是一幅帝后礼佛图。同样的服装，在甘肃省庆阳北石窟、南石窟等地都可以见到。

山西省太原的北齐娄睿墓中，出土了一件女官陶俑，她穿着右衽的大袖

图 81 北魏宁懋石室画像

图 82 北魏帝后礼佛图

图 83 山西太原北齐娄睿墓出土女官陶俑

衫，杏黄长裙，束白带，穿圆头黑鞋子（图 83）。这是一身完整的汉族服装。而在陕西省西安的草场坡出土了一件北魏的女陶俑。她穿着一件具有绣花领口的交领直袖上襦，腰间束着一条宽宽的丝带，下面是一条长裙。这种装束以及其功能甚至恢复到典型的汉晋女装式样了。而洛阳龙门宾阳洞的北魏男供养人像、敦煌 285 窟中的西魏供养人像等都穿着宽松的交领长衣裙，头戴由武弁大冠发展而成的纱笼冠。他们与传说是东晋著名画家顾恺之绘制的《洛神赋图》中人物的衣着完全相同。可见当时南北的服装已经没有什么根本的区别了。

北朝在改革服装的同时加快学习汉族的先进文化，提倡礼教，使南方的文化迅速传布开来。北方文化的发展，竟使得自认为是中华文化正统所在的南朝文人也感叹不如。梁朝的官员陈庆之到北魏首都洛阳访问，被那里的衣冠文化所震惊，不禁赞叹道："以前，我认为大江以北都成了异族的天下，这次到了洛阳，才知道中华的衣冠与人才都在中原保留下来了。梁朝的文化也比不上它。"

"话说天下大势，分久必合，合久必分。"《三国演义》中这段充满哲理的引子，同样可以套用到魏晋南北朝时期的服装变化上。数百年间，尽管隔江对峙，但是南北两地的经济文化往来却始终没有断绝。南朝保留下来的衣冠礼仪制度、文化科技知识逐渐影响着北方的各少数民族，促进了他们的汉化过程，北魏孝文帝的改革服装，就是一个集中的体现。与此同时，北方游牧民族服装中的一些合理成分也被汉族衣装逐渐吸收。例如便于劳作、奔跑、骑射的短衣、窄袖、长裤、帽子与皮靴等，就被越来越多的汉族士兵和劳动者穿用。这种相互之间的紧密交流，使得中国大地上的服装面貌逐渐趋于统一，各种不同的文化因素日益协调，结合成新的服装式样。这真是走向"分久必合"了。

　　裤褶服的变化就是一个明显的例子。它原产生于北方的游牧民族中，而后自北向南逐步推广。传到南方以后，它又吸收了汉族衣服的特征，上衣由左衽改为右衽，袖子由窄细变成宽松。裤子由瘦裤腿、紧裤口转变为宽大的散口裤。这些形式上的改变使得裤褶服的面貌大变，具有了汉族传统的服装特色。然后，这种定型后的新式服装又再次返回北方，使北朝服装也仿照它制作。从而达到了融合南北服装特色的新统一。

　　皮靴的普遍流行，也是北方衣着与南方服装相结合的例证。汉族传统服装中很少有靴子的位置。北朝时期，游牧民族大举进入中原。"自从胡骑起风尘，毛毳腥膻满咸洛。"连绵不断的北方战乱，胡人风俗的日益流行，促进皮靴从军队到民间的广泛使用。记录这时历史的文献中，出现了很多关于靴子的记载。《晋书》中说：东晋的征虏将军毛宝与祖焕作战时负伤，血流满靴。《北齐书》中说：慕容俨被侯瑱围攻时，军中缺乏粮食，被迫煮皮靴、皮带等物品充饥。看来不论南北，军人穿靴是很普遍的事。而在平民中，穿靴子也并不少见。《魏书》记载慕容永夫妇二人，由于生活无着，只得靠做靴子出卖度日。《北齐书·任城王传》中记录了一个有趣的侦探故事：北齐天统三年（567），任城王作并州刺史时，城里发生了一件盗窃案。有个妇女在汾河边上洗衣服，为了方便，脱下靴子放在一旁。不料一时疏忽，新靴子被别人偷换走了。这位妇女便拿着贼换下的破靴子去官府告状。任城王是怎么破这件无头案的呢？他当即把城内外的老太太们都找了来，拿出这双靴子，问大家："有一个骑马的人在路上被杀死了。这是他穿的靴子，你们都来认认，看能不能知道谁是被害人的亲属？"话音未落，就有一个老妇人大哭起来，说："这是我孩子的靴子。昨天，他穿着它去亲戚家了。"一件棘手的案子就这么轻而易举地破了。对我们来说，这个故事不仅表现了任城王的智慧，更重要的是说明了北朝平民穿靴子是多么普遍，不仅男子，连女人也穿它。

　　虽然由于南方气候温暖，不必经常穿厚厚的靴子，使得靴子在南方不像在北方那样普及。但是在军人和一部分官员中还是经常穿皮靴的。陈朝有个叫陈暄的人，喜好打扮，用玉帽簪插发髻，红丝巾裹头，长袍垂到足踝，皮靴高及膝上。这种装

图 84 山西太原北齐娄睿墓壁画人物

束可能在南方是比较罕见的，史书中才会这样详细地把它描写出来。在古代文献中还可以见到一些南方人穿靴的例子。齐朝的萧嶷，生性宽厚，是一个不爱谈论别人是非的人。下属官员给他的告状信，他都顺手塞在靴子里，看也不看，过后把信用火烧掉。在南方造成大叛乱的侯景，攻入都城，篡夺政权后，不知道朝廷礼仪，经常在床榻上放一张胡床，自己穿着靴子坐在上面。这样的习惯与汉族的传统习俗完全不同，被世人看作是极端无礼的。

南朝汉族传统的用冠笄束发的方式，是汉族礼仪文化的重要内容之一，给北方各游牧民族以极大影响。尤其是在北魏孝文帝改革服装以后，冠冕制度也被北方的帝王、官员们所采用。这样，自然会将以往北方游牧民族流行的编发、髡首、披发等发式改变成束髻戴冠的发式。20世纪80年代，山西省太原市发掘了一座重要的北朝墓葬——北齐的高级官员娄睿的墓葬。墓室中保存了精美的壁画，上面的武士，都是梳发髻，插笄，戴巾子或冠的（图 84）。这里出土的陶俑与其他地区出土的大量北朝陶俑，也是梳发髻，戴冠巾的。披发、梳辫、髡头等异族发式基本上不会出现。

从出土陶俑、石刻、壁画等艺术品上看，由南朝传入北方的笼冠是很流行的。笼冠是在汉晋时期出现的武弁大冠的基础上加以改进而形成的。它用乌纱做成，有高高的圆形平顶。在江苏省丹阳金王陈村出土的南朝墓砖画像上，有头戴笼冠、身穿宽大服装的侍吏形象。而在北方洛阳出土的北魏宁懋及妻郑氏墓室画像上，在洛阳龙门石窟宾阳洞的男供养人像上，在甘肃省敦煌莫高窟西魏壁画中的供养人像上，……我们都可以见到他们头戴笼冠的样子。南北两地的笼冠形制看上去没有什么区别，可见两地文化交流是多么迅畅。

南北朝时期，由于战争比较频繁，战争的方式也有所改变，骑兵与野战占了更大的比例。因此，士兵的服装也有了很大的改变。除去新的军用铠甲与服装外，值得注意的是，军服的式样在某些方面影响了民间的衣着，造成了南北朝时期民间服装带有军人色彩的一个特点。

由于冶铁技术的发展，这时的士兵防护服装中，出现了比秦汉时期更完备的钢铁铠甲。《邺中记》里记载，后赵石季龙的近卫军有一万多人，全部穿着白色的细甲，光彩耀眼。这些铠甲一定是用钢铁打制的。《晋书》中讲：夏主赫连勃勃极其暴虐，命令手下工匠制造

图85 北齐娄睿墓出土的身穿明光铠武士俑

铠甲和弓箭时，要当场检验，箭能射透铠甲，就杀死制铠甲的工匠；箭不能射透铠甲，就杀死制箭的工匠。可见当时对铠甲等武器的要求已经非常高了。

从文献记载与文物中，我们知道当时一般军人穿用的甲衣有多种式样，其中"两当甲"是应用最广的。两当甲比较简单，是用前胸与后背两组甲片组成的。由于它造价较低，又能防护躯体主要部位，所以一般军人都使用它。在它之前，曾经使用过一种筒袖铠。这种铠甲是用鱼鳞纹的甲片或龟背纹的甲片连接起来组成整体的圆桶形护甲。并且在肩部加上护肩甲。在秦代，士兵中装备的铠甲，就已具有这种类型，像秦始皇陵出土的兵马俑身上的铠甲，便是当时装备的真实写照。南北朝后期，出现了一种更为精致的"明光铠"，它在两当甲的基础上，前后各附加两块圆形的钢护心，加强了对心肺部分的防护。这些圆护心酷似镜子，可以反射出太阳光，明亮照人。"明光铠"的称呼大约就是这么来的。复杂一些的明光铠还带有护肩与护膝等部件，增大了遮掩面积。这说明当时的战争格斗得更加残酷。在出土的北朝陶俑上，常可以看到以上说的这些铠甲的形状（图85）。

在铠甲的里面，为了防止钢铁的甲片与身体摩擦，往往要穿袍、襦等衣物来衬

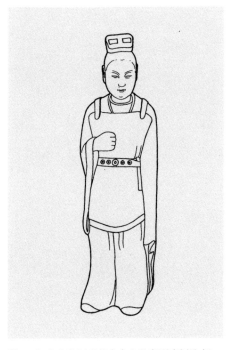

图 86 河北北魏封氏墓中出土的穿两当衫陶俑

里。一种与两当甲外形相似的衣衫衬里这时就应运而生。它叫作"两当衫"，或者写作"裲裆"。这种衣衫穿着方便，两臂都露在外边，适宜活动，又适合在春、夏、秋季热天中穿着。所以，它很快就在民间流行开来，成为军服影响平民衣着的一个典型例子。在上海博物馆、河南博物院等地收藏的南北朝陶俑中，有不少身穿两当衫，腰系革带，下穿大口裤的文吏形象（图 86）。这种两当衫一般罩在上衣外面，似乎起着礼服的作用了。因此，后来文官与士人们也纷纷穿起它来了。《宋书》中记载：山阴令谢沈就常穿青两当衫。著名文人沈攸之也穿过两当衫。到了唐代，此风仍然兴盛不衰。

从武士到文人，再进一步，连妇女也穿上了两当衫。妇女穿的两当由前后两大片缝成，很像今天的背心。当时妇女的上衣领口开敞得比较大，在里面穿一件两当衫，既保暖，还可以起遮蔽作用。所以，在南北朝时妇女穿两当衫是很常见的事情。《玉台新咏》一书中收集了当时的吴歌歌词，其中有"新衫绣两当，连置罗裙里"的句子。梁代诗人王筠《行路难》一诗中说"两当双心共一抹"。反映出妇女的两当衫一般穿在贴身处，下摆掖在裙子里。有些两当还做成夹层的，冬天可以絮入丝绵御寒。这种衣裳节省布料，又适合四季穿着，自然会广泛流行开来。

在敦煌莫高窟285窟的壁画中，可以看到一些头戴铁甲兜鍪，身穿衣袖短窄的圆领对襟短袍的士兵。这些短袍可能就是当时的战袍。隋代时将战袍称作缺骻袄子，是一种在旁边开衩的袍服。这种开衩的式样也在以后的日常服装中得到普遍的采用。裤褶服是军人们普遍穿着的服装。早期的褶向左方掩襟，随着汉化程度的增加，以后多变成了向右掩襟的交领褶衣。它一般长仅过臀，用宽革带束腰。属于典型北方游牧民族服式的褶，具有大翻领，对襟。北方的裤子一般比较瘦，裤腿较窄，有些还在脚腕部用带子束口。而南方的武士裤子要肥大得多，敞口，仅在膝下用带子束紧。在河南省邓县出土的南朝画像砖上，在洛阳博物馆藏北魏元邵墓出土陶武士俑中，我们都可以见到这类服装。后来，北方受南方衣着影响越来越深，在洛阳出土的北魏孝子石棺画像上，就有了与南方式样一致的敞口裤了。不仅如此，这类裤褶服也是由军人独有变成军民共享，由男子衣装变成男女均穿的了。

披风，也是在出土的当时陶俑上经常可以见到的武士衣着。它与后代的斗篷相似，都是一件长方形的织物。上面用带子收紧，系在颈部。披风很长，士兵站立时，它从肩头一直垂到地面。对于骑马的士兵来说，披风是很好的遮风蔽土的外罩。所以在表现军人武士的陶俑和壁画中的武将身上常可以见到披风的式样。我们还见到具有袖子的长披风。例如河南省安阳的北齐范粹墓中出土的陶俑就穿着这样的长披风。

披风在南北朝及其后的平民服装中也很常见，无论男女都穿。唐代的女陶俑中就有不少身穿披风，骑在马上的人物。

需要提到，在北方以极大的热情学习南方的衣装式样时，也把北方的不少少数民族服装特点融入了从南方引进的衣裳式样中。例如上衣短窄紧身，衣袖细窄就是胡服的明显特点。由于北方各个民族都曾在中原这个大舞台上现身，各个民族服装的特色都在北方的服装中有所反映，甚至还有从西域流传来的西域民族服装特色。在敦煌莫高窟的北魏壁画中，既有身着汉族服装的女供养人，也有身穿窄袖长袍的女子。有一些女供养人的画像虽然身穿衣裙，但是却在外面加披一件圆领的窄袖长袍，或是翻领长袍，或是披风，表现出综合了游牧民族的服装习俗。在陕西省、山西省等处出土的一些北朝女陶俑，身穿裙襦，又在肩部系一条披巾。还有头戴幂䍠遮面的妇女形象。这是西域一带的吐谷浑、氐、羌等民族的习俗。它们都传入了中原，改变了中原的服装习惯。北朝后期流行的圆领缺骻袍，就是这样综合多种北方民族服装特点而形成的大众服装。孙机先生曾认为："圆领缺骻袍，它是在旧式鲜卑外衣的基础上参照西域胡服改制而成的。"这种紧身窄袖的袍服适宜日常活动，又比较美观，很受北方民众欢迎。

近几十年间，随着考古工作的不断进展，魏晋南北朝时期墓葬的发掘获得了大量重要成果。在大同、太原、洛阳、临漳等地北朝墓葬发掘中，已经发现了数十处保留了精彩壁画的大中型墓葬。这些壁画上的大量写真人物形象，是了解当时服装式样的最好实证。特别是一些高等级的帝王贵族墓葬中，绘制壁画是当时丧葬制度中必要的墓葬装饰。这些壁画的内容可以反映当时人们对神仙天界、人间生活及死后企望的多种认识。自然也是画师们对客观现实的描绘。从这些壁画中，可以清晰地看到北朝服装的演变过程。

在北魏首都迁洛之前，今山西大同地区作为首都平城所在，居住着很多贵族高官。近年来这里发现了多座绘有壁画的北魏早期墓葬。例如破多罗氏父母墓、梁拔胡夫妇墓、云波里路墓等。以云波里路墓为例，墓室的东壁绘有墓主人正面像和侍者像，以及宴饮中的宾客、奏乐的乐工等人物。南壁有狩猎图的残存、甬道南壁残留侍女的衣裙和凤鸟、飞龙等。这些人物的服饰都具有明显的鲜卑服装特色，戴帽，着窄袖短襦、长裤。在宁夏固原出土的北魏漆棺上绘制的孝子图中，来自中原传统文化的孝子故事人物也是穿着类似的衣装。而在洛阳孟津北陈村发掘的北魏太昌元年（532）安东将军王温墓中所绘的墓主人和侍者服装就转以汉族服饰为主了。东魏、北齐时期的壁画墓发掘比较多，而且等级极高。1987年至1989年在河北磁县湾漳发掘的北齐大墓，推测是北齐帝陵。在它长37米的斜坡墓道两壁保存了较完好的大型仪仗队伍及神异鸟兽等图像。在长长的仪仗行列中，武士身穿半袖短襦，内有宽袖衫子，束革带，下身是束腿裤和履。显然是吸收了南朝衣着式样的装束；军将们则或在裤褶服外加以披风，或着甲胄，但多着小冠，间有戴巾帽者；文臣一律穿着宽袍大袖的对襟上衣，下着裙裳，足蹬高头履，头戴笼冠，是标准的汉族传统官员礼服。表现出北方政权长期汉化的结果。而北朝晚期，胡服的影响似乎又在逐渐扩大。2013年，山西忻州抢救发掘了一座北朝时期的大型墓葬，虽然有过多次盗掘破坏，但在墓中还保留下了200多平方米的墓道壁画。上面保存了大量这一时期侍卫武官、男女侍从、猎手以及胡人的形象。可以让我们看到北朝晚期流行服装的风貌。这些服装式样表现出胡服的明显影响，尤其是在武士军人身上，大多穿着窄袖翻领的紧身长袍，腰束革带，足蹬短靴。头上束巾子或戴风帽。这些服装与山西太原北齐武平元年（570）右丞相东安王娄睿墓中壁画上描绘的侍卫服装近似，只是娄睿墓中壁画侍卫服装多为圆领的袍服，与后来唐代流行的官员常服非常相似，可能就是后来唐代襕衫的先声。而在山西太原发掘的北齐武平二年（571）

图 87　山西太原北齐徐显秀墓中壁画

司空武安王徐显秀墓中壁画上，则表现出更多种多样的北方各民族服装影响（图87）。虽然端坐在中央的墓主人形象穿着汉族式样的宽袖长身衣裳，但男主人还在外边披上一个奢华的豹皮披风。而侍奉在他周围的侍从、乐师等人，大多穿着窄袖长袍，或交领开襟右衽，或圆领掩襟，腰束革带，足蹬长靴。也有的穿着缺胯袍，以及缀有花边或者是由多条花色织物拼接成的长袍。色彩、剪裁式样都相当丰富。看来当时社会上最常见的服装还是以胡服影响为主的窄袖袍服。

对于魏晋南北朝时期服装交融演变的结果，孙机先生曾经总结说："隋唐时代南北一统，而服装却分为两类：一类继承了北魏改革后的汉式服装，包括式样已与汉代有些区别的冠冕衣裳等，用作冕服、朝服等礼服和较朝服简化的公服。另一类则继承了北齐、北周改革后的缺胯袍和幞头，用作平日的常服。这样，我国的服制就从汉魏时之单一系统，变成隋唐时之包括两个来源的复合系统；从单轨制变成双轨制。但这两套服装并行不悖，互相补充，仍组合成一个浑然的整体。这是南北朝民族大融和的产物，也是中世纪时我国服制之最重大的变化。"

盛唐华宋

隋唐官服

在近300年的分裂以后，隋王朝统一了南北大地。虽然隋代国祚短暂，但是它在统一大业上做出的贡献是不可低估的。继承了隋代统治的大唐帝国是中国古代最为强大兴盛的朝代，它在华夏大地上维持了近300年的统治，把中国封建社会推上了巅峰。唐代初期，普遍实行了均田制度，使人民得以休养生息，世俗地主的势力逐渐上升，自耕农的队伍空前壮大，中外的贸易往来也达到了新的高度，这一切使得社会经济迅速发展，造就了一个在政治、经济与军事上都空前强大的唐王朝。与此同时，唐代也造就了一个注重个性发展，充满自由空气和青春活力的文化氛围，形成了大量引进与吸收外来文化，不断创造与革新自身文化的高潮。

隋唐帝国的疆域得到了前人难以企及的开拓。为了管理这块广阔的领土，在总结、继承秦汉以来封建国家政治制度的基础上，帝国建立了有史以来最完善的官吏管理制度。与此相配合，隋唐的官员服饰制度也形成了一套十分完备的等级森严的体系。它包括有祭服、朝服、公服、常服四个部分。各个等级之间是以不同的纹饰以及色彩严格分开的。由于两《唐书》《大唐六典》等文献的详细记载，我们了解到唐代官服体系的完整情况。

在封建帝国中至高无上的皇帝礼服，作为华夏衣冠的代表，在隋唐时期得到了彻底的完善。隋开皇年间改革了北周的冕服制度以后，将其定型。隋炀帝则正式恢复了古代的冕服制度。他戴的皮弁用12颗珠子，以下各级官员依次递减。祭祀的礼服用黑衣红裳，戴冕旒。文武官员朝服穿红色的纱单衣，白色纱内衣，白袜皂靴，戴进贤冠。唐代则遵循了隋代的定制。所以我们在敦煌莫高窟220窟的壁画《帝王礼佛图》中以及唐代画家阎立本的《历代帝王图》中都能看到一种完善的袞冕，即头戴冠冕，上身穿宽袖直领上衣，下身穿多重裙裳，腰间系宽玉带、佩绶，腹前面系着蔽膝，足上着赤舄（图88）。实际上，这只是皇帝众多服装中的一种。唐武德四年（621），唐高祖颁布了衣服诏，规定了皇帝的服装共12种，其中冕服依照周代的礼制确定为6种，它们是大裘之冕、袞冕、鷩冕、毳冕、绣冕、玄冕。

大裘之冕是在祭祀天地神灵时穿着的礼服，由无旒冕、黑羊羔裘皮外衣、红色裙裳、白纱单内衣、蔽膝、革带、大带、佩绶、红色袜子与赤舄等组成。在革带与大带上装饰着火珠镖首、白玉双佩等，还要挂上一柄鹿卢玉具剑。

衮冕是使用最广泛的礼服，在各种祭祀和宫廷里重大的仪式中皇帝都穿它。我们在古代描绘帝王的图画中最常见到的就是这种衮冕。唐代衮冕的专用冠冕上装有黄金打制的饰物。在冕版的前后各垂下12条由白珠串成的旒。冕的左右两侧悬挂着玉制的充耳，用意是提醒皇帝不轻信谗言。冕中插有玉簪，与发髻固定在一起。上衣宽身大袖，底子是黑色的，上面绣了8种花纹，它们是日、月、星、龙、山、华虫、火、宗

图 88 《历代帝王图》中的隋文帝冕服像

彝。下裳是红色的多褶大裙，上面绣4种花纹：藻、粉米、黼、黻。这12种花纹就是标志着皇帝威严的十二章。里面穿白色的纱单衣。腹部前面系有锦绣的蔽膝，腰间系大带、革带、绶带与玉佩等。

鷩冕的衣服上只绣7种花纹，减去了日、月、星、龙和山等纹样，其余的组成部分和衮冕一样。毳冕则只绣5种花纹，在鷩冕的基础上再减去华虫和火两种花纹。绣冕更进一步减去宗彝与藻纹。玄冕只保留黼纹。它们其余的部件成分都与衮冕相似。

周代的礼制中设置这6种冕服，本来是为了适用于不同的礼仪场合的。在最隆重的礼仪中才穿衮冕，一般的礼仪就穿鷩冕以下的各种冕服。但是臣子的礼服也是仿照帝王的冕服制作，只是根据等级高下采用了鷩冕以下的各种冕服服饰，像二品官员的礼服就与鷩冕类似。这样不免会造成混淆，大大有伤帝王的尊严。在封建专制社会中，帝王与臣子们都不会容忍这种状况存在。于是，在唐显庆元年（656）九月，太尉长孙无忌等官员向唐高宗上奏，认为诸臣子在助祭时穿的礼服与皇帝的

礼服相同，是贵贱不分，请求皇帝在任何礼仪场合都穿最高规格的袞冕。从此，唐代皇帝礼服中鷩冕以下的各种服饰都只成了虚设的名义。唐代的法制规定，皇太子的服装有袞冕以下5种。最常用的礼服袞冕，比起皇帝的袞冕要低一等，头上戴的冕，冕版前后各悬挂9条用白珠串成的旒。冕的左右两侧用青丝带悬挂着玉充耳。用犀角簪束发。上衣是黑色的，绣上龙、山、华虫、火、宗彝5种花纹，有绣花的领口。下裳是红色的多褶大裙，上面绣4种花纹：藻、粉米、黼、黻。腰间束大带，系着有火、山两种花纹的蔽膝。佩带由红、白、淡青、红黑色四种颜色丝缘织成的绶带。腰带上悬挂玉柄剑、玉镖首、玉双佩。足着红袜、赤舄等。

群臣的礼服共分为10种。一品官员穿更低规格的袞冕，二品官员穿鷩冕，三品官员穿毳冕，四品官员穿绣冕，五品官员穿玄冕。五品以下的官员礼服叫作爵弁，头上戴像爵杯的冠，没有垂旒；冠上垂下黑色的缨系；上身穿黑色的外衣，里面是白纱中单；下身是红裙；腰间系大带、革带、蔽膝；足穿红履。自六品官至九品官，在宫廷典礼和祭祀中都穿这种衣装。

大臣们在穿礼服时，除了戴冕以外，还经常使用其他4种冠。如亲王与异姓王可以戴三梁冠、束黑介帻。亲王还在冠上附加上金蝉饰。这种金蝉饰，以前可能是高级官员普遍使用的，辽宁省北票出土的北燕冯素弗墓中就发现过用金丝制作的类似饰物。

九品以上的文官戴进贤冠，根据品级不同采用不同的冠梁数目。三品以上冠有三道梁，四品、五品冠有两道梁，九品以上至六品的冠只有一道梁。唐代大诗人杜甫的《丹青引》一诗中写道："良相头上进贤冠，猛将腰间大羽箭。"可见当时进贤冠是文官的重要标志。近年来，在唐代李勣墓的发掘中曾经出土过唐代三梁进贤冠的实物，保存较好（图89）。

图89 唐李勣墓出土三梁进贤冠

九品以上的各级武官和门下省、中书省、殿中省、内侍省等宫廷部门的官员要戴武弁，束平巾帻。

御史台等监察司法部门的官员专门戴标志司法的獬豸冠。

这些繁缛庄重的冕服，穿着麻烦，也不会太舒服，而且为了显示它的崇高威严，只在盛大的典礼中使用，一年也就穿几次。而在其他的日子里，皇帝百官就改穿统一规定的朝服、公服和常服。

朝服，顾名思义是朝见皇帝时穿的服装，实际上主要在官员陪祭、朝飨等大典礼中才穿，并且只限于七品以上的官员使用。五品以上的官员朝服由冠帻、红纱衣、白纱内衣、白色裙裳、革带、红纱蔽膝、袜、舄等组成。白纱内衣还缘上黑色的宽领。腰佩剑、玉佩、绶带等。特别是要在胸前附缀一块方形的织物，叫作"曲领方心"。后代的官员"补子"很有可能是这种装饰的演化。五品至七品的官员朝服与此相同，只是不带剑、玉佩和绶带等。为了辨别，文官穿朝服时要在冠上插上一支白笔。官员们所戴的冠帽，基本上按照上面说的进贤冠、武弁、獬豸冠等分别使用。

比朝服更加简单、穿着场合更随便的是公服，它也叫从省服。公服与朝服基本相同，只是不系蔽膝，不加黑领，不穿白纱内衣，也不佩带剑、玉佩和绶带。但是要佩带起着标志官员品级作用的小彩带——纷，以及装纷的鞶囊。鞶囊的纹饰具有区别品级的特征，二品以上用金线镂花，三品用金银线，四品用银线，五品用彩色丝线，六品以下的官员便不能佩带纷和鞶囊，而是依靠冠的式样来区分品级高下了。

武官们在宫中站班时，穿的公服式样是适宜作战的，具有实用意义。它包括平顶的巾帻、发簪、具有金玉饰物的冠、两当外衣、褶衣、长裤、靴与革带等。长裤采用白色。褶衣分为浅红色、紫色两种。五品以上官员穿紫色，以下穿浅红色。如果文官乘马陪伴皇帝出行，也要穿与上述服装相似的衣物，只是不穿两当。

唐代的官员品级共有九品三十阶。上述公服是为这九品之内的官员规定的。但是在九品之外的低级地方小官吏和办事人员，当时称作视流内起居与流外两种品级。上述低级官吏与一些没有实授官职或者仅具名分的官员都属于这两种类型。唐代政府对于这两种官员的礼服也有具体规定。视流内起居的地方府吏们戴武弁、束

图 90 唐章怀太子墓壁画《客使图》

平巾帻；而视流内起居的中央政府官吏们戴一梁进贤冠、黑介帻；其他服装与相应的流内正品官员相同。视流内起居的官员拜见主事的上司时，不戴冠弁，穿白纱单衣，黑皮履。流外官员，相当于三品以上的戴黑介帻，穿红色的公服，加戴方心。腰束革带与假带。穿袜和黑皮履。相当于九品以上的流外官员穿窄袖的红公服，没有方心和假带。其他的衣着与上面讲的流外官相似。地方上县、乡两级吏员穿的公服与九品以上流外官员的公服相似。此外，一些没有品级，只是在官府中执役的人员，戴平巾帻，穿浅红色的上衣与大口裤。

　　这些唐代的朝服、公服式样，在近代的考古发掘中陆续得到了大量唐代实物证明。陕西省乾县的乾陵陪葬墓中曾经发现过大量精美的唐代壁画。里面保留了大量珍贵的唐代官员服装资料。如唐高宗时期的章怀太子墓中墓道两旁绘有《客使图》，上面描绘了外国使臣来唐宫廷中朝见的情景（图 90）。东《客使图》上的三位官员雍容文雅，上身是袖子宽肥的红色上衣，上衣领口、袖口都镶有黑色宽边，上衣一些领口中露出白色的纱单衣领沿。下身穿白色的长裙裳，裙裳下摆缀有黑色的裙裾。裙裾上面精心做出无数细小的折裥。腰中束宽革带，腹部前面悬垂着一条窄长的蔽膝，腰后垂有长及地面的彩色菱纹宽带——纷。足穿黑色笏头履。头戴黑色的巾帻，外面罩有透明黑纱制作的武弁大冠。这种服饰应该是唐代官员的礼服——朝服。这样一套完整精细的朝服图案与上文中介绍的文献中对朝服的记载完全相符。从衣着来看，无论是朝服还是公服，这三人都应该是五品以上的官员。因为其服装中具有明显标志等级的"纷"。据文献记载，六品以下的官员礼服中就没有绶或纷的成分了。另一件可以明确表明官员职属的服饰就是他们头上的武弁大冠。唐代规定，除武官外，门下、中书、殿中、内侍省和太子诸坊等部门的官员才可以戴武弁大冠。如《旧唐书·舆服志》记载："武弁，平巾帻（侍中、中书令则加貂蝉，侍左者左珥，侍右者右珥）皆武官及门下、中书、殿中、内侍省、天策上将府、诸卫领军武候监门、领左右太子诸坊诸率及镇戍流内九品以上服之。"而其余文职官员则戴进贤冠等。这样，结合《旧唐书·职官志》等文献记载，就可以大致确定他们的职官了。甚至我们还可以结合唐代官员职掌来判断出这些官员是穿着朝服的门下省高级官员，可能就是门下侍郎、侍中一类的主事人。以往把他们认作是鸿胪寺官员的看法，实际上是对唐代服装制度没有深入考察的误解。

根据唐代礼制规定，我们可以判断，这一墓葬壁画的作者肯定应该是当时官方的专业画师，属于将作监管理，具有较高的艺术水平。所以他们对于官员服装、礼仪制度场面等具体事物的描绘应该还是比较细致准确的。其次，章怀太子墓中的《客使图》由于它确切的墓葬年代，可以认定是唐中宗时的绘画。这一壁画基本上应该是当时画师的创作，至少也是当时画师根据宫中记录外国来朝场景的绘画原本所作的摹绘。在有关唐代绘画的文献记载中，有过类似的职贡图，例如唐代张彦远《历代名画记》称："时天下初定，异国来朝，诏立本画外国图。""至若万国来庭，奉涂山之玉帛；百蛮朝贡，接应门之位序。折旋矩度，端簪奉笏之仪；魁诡谲怪，鼻饮头飞之俗。尽该毫末，备得人情。二阎同在上品。""《西域图》王知慎亦媚之。《永徽朝臣图》《昭陵列像图》传于代。"由《历代名画记》的记载，可知唐代对于外国来朝这样的朝廷大典都会有画师进行记录性的绘画。而这种绘画则应是逼真写实地表现了当时的场景与人物形象，史料价值较高。

图 91 唐代陶文吏俑

这幅壁画的作者巧妙地将中国官员那整齐严肃、精美华丽的礼服与外国使节粗放简略、式样怪异的服装加以对比。令至今的观看者仍不由得心生赞慕，感觉到中国古代的衣冠文化确实是代表着当时先进的文明。唐帝国被人们认为是在当时世界上具有强大影响的文明、富庶的国家。唐代文明对于世界的巨大感召力和影响力，仅从这幅画面上，就可以充分地表现出来了。

《文物》月刊1962年第10期上介绍了一幅唐代凌烟阁功臣画像的拓本。上面有一个身着全套朝服的人物形象。他所穿的衣服与章怀太子墓壁画中的官员衣装相近，只是身上还佩带了剑和玉佩。从而形成了一套完整的朝服式样。

出土陶俑的服装有时也会与文献记载不尽相同。在西安郊区发现的唐代圣历元年（698）独孤思贞墓室中，出土了一批精美的三彩俑。其中有一件文官俑、一件武官俑，都塑造得栩栩如生。武官俑是在上衣外加一件两当，头戴巾帻。值得注意的是这种巾帻上正中镶嵌了一只鸟饰。在帻的两侧做成鸟翅形的装饰。这种装饰在唐代景龙三年（709）独孤思敬墓中出土的陶俑冠上也可以见到，应该是标志武官的徽识，但是在文献中未曾记载。这个武官下身穿裙，足蹬布履，与文献记载的武官公服不同。不知是当时制作者加以改动，还是记载有所不足。它们与文献记载的不同，只能留待更多的考古发现来解释了（图 91）。

冕服、朝服、公服是唐代礼服制度的主要成分。综观古代世界，各个国家的君主或多或少都搞过一些服装饰物上的等级制度。但是可能任何国家也没有像中国这样精密严格地将它不断完善，贯彻始终。想象当年，在巍巍朝堂之上，文武百官们穿着等级分明、整齐有序的礼服俯伏在一人之前，看起来也似乎蔚为壮观。但是，对今天的中国人来说，这份老祖宗的遗产却是千万不应继承下来的。因为这套完整严格的服装等级制度，不仅束缚了人们在选择衣着上的自由，而且还牢牢地束缚住了人们的思想发展。它宣扬的是符合封建社会需要的上下有别、尊卑有序的宗法等级思想，维护的是等级分明的官僚制度。这是与当代社会发展格格不入的。

最后说说常服。热爱自由，恐怕并非今日世人的专利。古代人也喜欢有自己放松的时候。整天整年让一套礼服拘束得总是"非礼勿视"，大概谁也受不了。所以上自皇帝，下至百姓，都愿意在平常穿一些既随便又舒适的衣服。这就产生了官员们日常穿的服装"常服"，又叫"讌服"。

官员的常服以襕衫为主。这种服装创始于北周时期，是一种圆领、窄袖、左右开衩的长袍。它是在胡人袍服的基础上改进成的。原来不分官员还是平民都可以穿。我们在上面说过的北齐娄睿墓中壁画等处曾经见到这种衣裳式样的前身。北周的宰相宇文护曾下令在官员穿的袍服前襟下摆处加缀一道横栏，把这种衣服叫作襕衫。隋唐时期保留了这种袍服。隋炀帝更是明确下诏，限定了各种人衣袍的颜色，用来区分高下。他规定五品以上的官员可以穿紫袍，六品以下的官员分别用红、绿两色。小吏们用青色，平民用白色，而屠夫与商人只许用黑色，士兵穿黄色衣袍。这些颜色被严格区别开，任何等级都不得使用其他等级的服装颜色。

唐代初期，帝王的常服沿循了隋代的制度，采用赤黄色的袍衫，戴向上反折的乌纱头巾，束九环带，穿六合皮靴。有一幅据说是唐代画家画的唐太宗图，画上的唐太宗穿的正是这样一套服装。因此，各级官员的常服也仿效帝王，采用圆领襕衫。这种襕衫一般比较短，长度到小腿部，露出靴子。显得紧凑而便于行动。根据礼制的规定，三品以上的官员可以用较高级的绸、绫、罗等丝织品做常服，颜色为紫色，饰物为玉质。四、五品的官员用粗一些的绫罗作常服，颜色为朱红，用金质饰物。六、七品的官员用丝布、杂绫等等而下之丝织品制作常服，颜色是绿色，用银饰物。八、九品官员穿青色的襕衫，用输石的饰物，衣料的质地更为粗糙。

这种常服在唐代的人物画和雕塑中经常可以见到，是十分普及的衣着。如唐代画家阎立本的《步辇图》（图92）、敦煌莫高窟45窟南壁的《观音经变相》、陕西乾

图 92　唐《步辇图》

图 93　陕西西安唐鲜于庭诲墓出土身着襕衫陶俑

县出土的唐懿德太子墓壁画、西安出土的唐代韦洞墓壁画等。敦煌莫高窟45窟南壁的《观音经变相》中画了大批官员士人，都穿着圆领襕衫，头戴幞头和巾子，足着长靴。唐懿德太子墓壁画、唐代韦洞墓壁画等有关仪仗的画面中，官员们身穿圆领襕衫，头戴幞头，足蹬乌皮尖头靴，腰束蹀躞带，佩带刀子、砺石、鱼袋等物品，手执笏版恭敬站立。在唐韦贵妃墓壁画、李寿墓壁画等处，侍从、仆役和卫士们也都穿着类似的服装。在大量唐代陶俑上也可以见到这种衣服，如西安出土的唐开元十一年（723）鲜于庭诲墓中三彩陶俑等（图93）。

　　武官的常服应该与此相似。唐开元二十八年（740）杨思勖的墓中，出土了两件雕刻得十分生动的石武官俑。他们头戴幞头，穿圆领宽袖长袍，束黑腰带。下身穿裤子与黑色长靴，腰间佩带着全套武器（图94）。更多的武官是穿圆领窄袖襕衫，像唐章怀太子墓中的壁画上，有大量侍卫军官都穿着圆领窄袖襕衫。他们的特征是带着红色或白色的抹额。这是一块短巾，从前额向后束紧，包住头发，露出发髻。《新唐书·娄师德传》中记载，当时招募勇士去征讨吐蕃，武人们都戴着红抹额来应召。看来红抹额是当时武士的习惯装束。这些武士腰悬刀剑、箭袋等武器，

图 94 陕西西安唐杨思勖墓出土石雕侍从俑　　图 95 唐章怀太子墓壁画中的侍从官员

还佩带着豹尾、虎尾，这也是近卫军士的一种独特饰物吧。

章怀太子墓墓道西侧的另一幅《蕃臣朝见图》上，也有三名唐朝官员，穿着的则是一套唐代官方规定的官员常服。他们头戴高顶幞头，上身穿大袖红色短褶，有臂鞲，下着大口裤，脚蹬乌皮靴。这套服装应该是唐代官员公务时的常服，即与平巾帻配用的袴褶服。《旧唐书·舆服志》记载："平巾帻，簪箄导，冠支，五品以上紫褶，六品以下绯褶，加两裆螣蛇，并白袴，起梁带。五品以上，金玉杂钿。六品以下，金饰隐起。靴，武官及卫官陪立大仗则服之。若文官乘马，亦通服之，去两裆螣蛇。"《新唐书·车服志》记载："平巾帻者，武官、卫官公事之服也。金饰，五品以上兼用玉，大口袴，乌皮靴，白练裙、襦，起梁带。陪大仗，有裲裆、螣蛇。朝集从事、州县佐史、岳渎祝史、外州品子、庶民任掌事者服之，有绯褶，大口袴，紫附褠。文武官骑马服之，则去裲裆、螣蛇。袴褶之制，五品以上，细绫及罗为之，六品以下，小绫为之，三品以上紫，五品以上绯，七品以上绿，九品以上碧。"壁画上的官员服饰正与上引文献所载大部相同，可见这三名官员穿着的就是官员常服中的平巾帻服式，但没有裲裆、螣蛇。因此，他们应该属于文官系列。

凭借服色来判断属于五品以上的官员。这套服装可能是唐代前期官员比较常用的制服（图95）。出土文物中，有一些在较高等级墓葬中出土的"文官俑"，应该表现的就是这套服装。如西安唐景龙三年（709）独孤思敬墓等中出土的"文官俑"，头戴平巾帻，上身穿宽袖短褶，衣襟不过膝，下摆缀有流苏，下穿大口袴或裙，双手对拢在臂鞲中，足蹬笏头履。圣历元年（698）独孤思贞墓出土一具文官俑，头上戴平巾帻，上穿宽袖交领上衣，下穿白色裙裳，腰系宽带，足穿高头履。上衣和裙裾均为赭黄色，这可能是由于三彩烧制时釉料颜色的限制，没有能正确地表现出应有的浅红色。从上面的有关文献记载，我们可以知道这是一套低级官吏的公服。洛阳文物工作队所藏的一件"文吏俑"，衣着与上述相同，而足蹬长靴。就更符合文献的记载了。

这里需要提一下在色彩意识上的变化。中国传统的服装色彩，受到古代阴阳五行思想的影响，以赤、黄、青、黑、白五色为正色。由于五行思想的流行，各个朝代相继时，也被解说为是各个朝代统治者所属五行相生相克的结果。例如西汉早期被认为是水德，直到汉武帝时才改为土德。而水德相应的颜色是黑色，所以早期汉代的官员服装以黑色为主。按照古代文献的记载，赤、黄、青、黑、白这五种颜色，除白色以外，连染色的过程都有一定的程序，形成比较统一的基本色彩。而各种复合色，如橙、紫、绿等间色，则是传统礼制服装所不采用的。像孔子在《论语》中说的"恶紫之夺朱也"，就是认为紫色不是正色，却压过了正宗的红色，从而表示憎恶。但是在隋唐时期，官服中却出现了紫、绿等色彩，《大唐六典》中记载：宫廷染色工匠公认的官方颜色是青、绛、黄、皂、紫，而且紫色地位最为尊贵，超越了赤色、青色等正色。有人认为，这与随同佛教文化传入的西方观念有关。西方一向以紫色作为尊贵的颜色。据说古罗马的紫色染料是取自地中海深处的贝类，极其昂贵。所以在古罗马，紫色是皇帝的服色。佛教中也以紫色作为高僧的袈裟颜色。中国隋唐时期开始以紫色为尊，可能是受到西方文化的影响，使中国传统观念有所改变。但是这种影响可能也十分有限，例如黄色作为皇帝龙袍的服色，仍长期处于最尊贵的位置。五代时期郭威与赵匡胤的两次"黄袍加身"篡夺帝位事件，都是把黄色的袍服披到夺权者的身上以表示登上皇位。可见当时帝王的服色。而后黄色长期作为皇家的独占服色。末代皇帝溥仪在他的回忆录中说，直至清灭亡后，明黄还是他这个退位皇帝的独有服色，其他皇族子弟是不能使用的。

由于染色技术的进步，唐代的纺织品色彩鲜艳，缤纷夺目。这些染色的颜料来源十分广泛，有不少稀有的颜料来自海外，也是当时中外交通兴盛的实证。根据隋唐文献中的一些记载，当时著名的染料有猩猩血、紫胶、龙血、青黛、藤黄、胶脂、扁青等等。美国学者谢弗在他研究中国与西方文化物质交流的《撒马尔罕的金桃》(中译本改名为《唐代的外来文明》)一书中探讨了这些颜料的来源。例如他认为紫胶就是指紫胶虫的分泌物。在印度支那地区的许多树上都生有紫胶虫。这种虫子可以在树枝上沉淀出一种含有树脂的物质，它就是紫胶。唐朝使用的紫胶从安南和林邑输入，即现在的越南一带。而青黛则是由波斯输入的。有人认为，青黛这种颜料最初起源于印度，但是很早就在埃及以及波斯得到运用。妇女们用它化妆。我们现在看到的古埃及壁画中，还可以明显地看出女子画眉眼的情况。而在唐代十分流行的画眉风俗也是利用了青黛这种颜料。位于西域的拔汗那国曾经在进贡时专门送上包括有青黛的厚礼。唐代中原人士也记录了青黛来自西域地区的曹国。又如栎五倍子，也是从波斯一带输入的颜料，当时称作"无食"或者"摩泽"。

最后还要说一句，与光彩照人的官员礼服、富人锦衣相比，唐代广大贫民的衣装还是十分简陋的，甚至达到"布衾多年冷似铁""草衣随体着"的地步。敦煌出土的民间诗人王梵志诗中写道："富儿少男女，穷汉生一群，身上无衣挂，长头草里蹲。"就揭露了当时悬殊的贫富差别。敦煌文书中保留的一些唐代雇工契约中注明：供给雇工的只有"春衣壹对，汗衫壹领，缦裆壹腰，皮鞋壹两"。这可能就是雇工一年的衣着。吐蕃丑年(821)沙州僧龙藏(俗名齐周)牒文中记录，他的母亲死后，遗留的新衣服只有"新夹缬罗裙一腰，新白锦袴一腰，新罗衫子一，新罗被子一"。他的堂嫂亡故后，遗产中衣物仅"夹绿罗裙一腰，红锦袴一，罗衫子一，碧罗被子一，皂绫袄子一"。齐周家庭还是比较富裕的，有田产、牧业，还有官方供给手力一人以供驱使。一般的贫苦百姓衣着情况该是何等困难，可想而知。

女装艳丽

唐代大约300年的历史中，基本上可以分为前后两个大阶段。就像爬山一样，前半段是在步步登高，经济文化不断发展，到了唐玄宗初年，四方平定，海陆畅通，连年丰收，国强民富。正像唐代大诗人杜甫诗中赞颂的，"忆昔开元全盛日，小邑犹藏万家室。稻米流脂粟米白，公私仓廪俱丰实。九州道路无豺虎，远行不劳吉日出。齐纨鲁缟车班班，男耕女桑不相失"。

这时，高度发达的传统文化与广泛吸收的外来文化因子相结合，使唐文明成为当时世界上最先进的文明。唐代的妇女服饰，可以说是这一经济文化成果的最好体现。它既保持了中华文化的传统，又兼容并蓄，引入了大量美好的外来因素。在服装设计思想上，破除了一切束缚与局限，花色式样层出不穷，流行服装变化多端，成为有史以来最为艳丽多彩的女装。

在南北朝时期，襦与裙已经成为妇女衣装的两大主要部件。在此基础上，唐代的女装发展成衫、裙、帔子三种构件。唐代的女上衣一般比较短，衣身与袖子比较窄。显得紧贴身体，俏丽多姿。这时把单衣叫作衫，夹衣与絮有衬层的棉衣叫作襦

图96 唐武惠妃石椁线刻

和袄。当然，这只是泛称。每一类中都有多种不同的裁剪式样。各种式样的不同主要表现在衣服的长短，领子、衣襟、衣袖等部位的形状，以及各种装饰上。隋唐时期的女装式样，可以从现存的大量文物材料中一一再现出来。与唐以前的情况相比，唐代的文物遗存是非常丰富的。因此，我们可以比较深入地了解到唐代女装的全貌。

首先我们来看一件在2010年从美国追索回归的珍贵文物。这就是从西安市长安区庞留村唐贞顺皇后陵中盗掘走的唐玄宗宠妃武惠妃石椁。这件石椁体量庞大，制作精美，由5块椁顶、10块廊柱、10块椁板、6块基座组成一座宫殿型的石质建筑。高约2.3米，宽约2.6米，长约4米。其内外均雕刻有十分细致逼真的图案花纹，包括宫廷女官、侍女等21名人物形象。它是现在所知唐代石椁中最大也最精美的一件珍品（图96）。

这件石椁四周以多扇屏的形式刻画了众多唐代宫廷妇女形象，除一扇画面上是三位女子之外，其他每扇画面上均有两位女子，多似一主一仆。女子们有些穿着圆领襕衫和绣花短靴，头戴幞头。而更多的是身穿宽松的大袖长衫，束长裙，足着高头履，梳着各色发髻，袒胸露臂，装饰华贵。这可能表现出当时流行的两种主要服装式样。一种是在传统汉族礼服式样上有所发展的襦衫与裙裳，另一种是在外来影响下形成的胡人袍服。值得注意的是，在这些人物的服装上，画工与刻匠精心绘制了多种多样的花纹，有大朵牡丹、宝相花、桃杏花枝、方胜、柳枝以及多种草花，丰富多变。应该是在表现织物上经刺绣、印染、补花等技艺制成的锦绣花纹与美丽色彩。这些妇女的服装，正是盛唐时期宫廷贵妇与上层社会妇女流行服装式样的真实反映，显现了唐代发达的纺织技术、富裕的经济状况以及奢华开放的社会风气。

从文献记载中看来，唐代纺织印染工艺得到迅速的发展，从而使服装的质地与色彩都达到了非常精美的地步。《隋唐传奇》中提到过在隋炀帝的宫中有一种衣服叫"云鹤金银泥披袄子"。它使的可能是一种用金银线在锦缎上织出云鹤图案的衣料。史书上记载唐代女皇武则天平常身穿"赭黄罗上银泥袄子"，应该也是这种有银线花纹的丝绸上衣。唐代小说《仙传拾遗》中《许老翁》一篇描写，天宝年间，益州士曹柳某人的妻子身穿"黄罗银泥裙、五晕罗银泥衫子、单丝红地银泥帔子"。

文中特别指出这是当时成都地区盛行的高级女装。

在这些高级女装的衣料上，都有大量的精美纹样与刺绣图案，耗费的人力物力是非常惊人的。《旧唐书》中记载，唐中宗的女儿安乐公主有一条毛料长裙，是用百鸟羽毛织成的。它从正面看是一种颜色，从侧面看是另一种颜色；在日光下是一种颜色，在阴影中又是一种颜色。它的上面织出了百鸟的花纹，反射出的光彩变幻不定，看上去花鸟栩栩如生。据记载，制造这样一条裙子要花费一百万钱。这种衣料充分显示出当时高超的纺织工艺水平。据说蜀郡的官员们曾经献给安乐公主一条单丝碧罗笼裙。上面用金丝织出花鸟。织出的花纹有头发丝一样细，一只小鸟只有一粒小米那样大，只有眼力很好的人才能看清楚。这样精巧的技艺，就像微雕一样，真可以说是天下无双了。当时诗人经常在作品中用美丽的词语赞颂这些精美的纺织品。温庭筠的诗中说"新帖绣罗襦，双双金鹧鸪"。元稹的诗中说"藕丝衫子柳花裙"。张祜的诗中说"金丝蹙雾红衫薄，银蔓垂花紫带长""金绣罗衫软著身""孔雀罗衫付阿谁"。王建的宫词中说"罗衫叶叶绣重重，金凤银鹅各一丛"等。

近年以来，在新疆的吐鲁番等地，出土了部分保存尚好的唐代纺织品，其中有毛织物、丝织物等。有些纺织品至今仍然色彩艳丽，花纹考究，令人们赞叹不已。像吐鲁番阿斯塔那唐代墓葬中出土的晕裥彩条锦、花鸟纹锦、绞缬锦等等。在吐鲁番出土的联珠骑士纹锦、联珠大鹿纹锦等，具有浓郁的中亚艺术风格，生动体现了当时中国与西方文化交流的盛况。在日本正仓院收藏的唐代丝织品中，也具有很多彩色缤纷、纹样精巧的艺术珍品，如刺绣罗带等。这些唐代丝织品被作为日本国宝精心保存至今，丰富了我们对于唐代纺织品的认识。作为丝绸的故乡，当时中国的丝绸织物风行全世界，被丝路商人贩卖到各地，是唐代重要的外贸商品，给中国交换来各种西方珍宝异物。中亚、西亚的很多地区，如伊朗、阿富汗等地，都曾经发现过唐代的丝绸残片。

一般的平民百姓当然不可能穿如此精细的绫罗绸缎。但是她们的服装式样应该也比前面的朝代有所增加。在唐代小说《玄怪录》中讲过一个女鬼的故事，提到在她的箱子中放有"青裙、白衫子、绿帔子"。说明在唐代无论哪一个阶层的女子，服装中都具有衫、裙与帔子这三种衣裳。当时女子穿衣时，习惯将衫子下摆束在裙腰里面，所以显得裙子很长，自胸部以下直到地面。再配上一条迎风飘舞的帔子，使女子们风姿袅娜，神态妩媚动人。在隋代与唐代初年，一种由不同色彩的竖条拼缝起来的长裙十分流行。这种长裙上面系到胸部，加上竖条的视觉效果，更显得裙长、身子修长，独具风貌。我们在敦煌莫高窟的壁画中、陕西省乾县的唐永泰公主墓壁画中、传世的唐代绘画《步辇图》等处，都可以见到这样的美丽长裙（图 97）。

在新疆吐鲁番阿斯塔那的唐代墓葬中，曾经出土过一件完整的唐代着衣女俑。她的上身穿一件绿色的纱衫，外面罩一件橙红色的双鸟联珠纹锦半臂。下身穿红黄相间的条纹长裙。裙子的上端用锦带束在胸部，肩上披着黄色的罗帔。类似的服装我们在陕西省乾县的永泰公主墓中壁画上也可以见到。不过永

图 97 新疆吐鲁番阿斯塔那唐墓壁画《乐舞图》中的女子

泰公主墓中壁画内的宫女衣装大多采用又薄又透明的轻纱制作，尤其是外面穿的短衫与帔子等，显得十分轻薄。这大概是宫中的习惯要求吧。

女装中的裙子又肥又长，是唐代服装中的一大特点，女子的长裙一般由六幅布帛竖向缝合而成。诗人李群玉称之为"裙拖六幅湘江水"。更为讲究的裙子就采用七幅或者八幅布合缝。唐高宗曾经说："天后（即武则天）常着七破间裙。"七破间裙就是用七幅布缝合成的有折裥的裙子。唐代诗人曹唐在他的《小游仙诗》中赞美："书破明霞八幅裙。"可见八幅宽的裙子也曾经有过。孙机先生曾经考证：六幅裙的周长可以达到 3.18 米，八幅裙的周长可以达到 4.15 米。比古代西方宫廷中流行的曳地长裙还要肥大，更不用说比起西方的宫廷贵妇长裙要早出多少年了。行走时，这样宽大的长长裙裾拖在地上，真像初唐诗人孟浩然吟咏的那样，"坐时衣带紫纤草，行即裙裾扫落梅"。上面介绍的唐武惠妃石椁刻画中，即可见到这样肥

大的裙子式样。同时表现出妇女裙子上的图案丰富多样。这在唐代文献中也多有描写。唐代文人陆龟蒙的《饰裙记》中说：裙子上"左有鹤二十，势若飞起，率曲折一胫，口中衔萐蔿辈，右有鹦鹉，耸肩舒尾，数与鹤相等。二禽大小不类，而隔以花卉，均布无饰地"。是说裙子上的装饰图案：左边有二十只鹤，都曲起一条腿，口中衔着花草，仿佛要飞起来。右边有二十只鹦鹉，耸肩，展开尾羽。这两种鸟的大小不同，中间用花卉隔开，花绣遍布，几乎没有空白的地方。其他常见的绣花印染纹样还有盘龙、对凤、狮子、天马、蝴蝶、葡萄、蔓草、宝相花等。精巧美观，具有极强的装饰性。这些在唐代广泛流行的纹样，包含了大量的外来文化因素。如狮子、葡萄、宝相花等，表现出当时丝绸之路畅通，中西文化交流的兴盛景象。在隋唐时期盛行的蔓草纹装饰，除去衣物刺绣外，还可以在当时的石雕、金银饰品、壁画中见到。学者研究认为，它是来源于西亚地区的流行装饰纹样，其先源与古希腊文化密切相关。

女子的长裙，是唐代诗人们纵情讴歌的对象。从唐诗中随手拈来的，就有卢照邻的"长裙随凤管，促柱送鸾杯"，王昌龄的"荷叶罗裙一色裁"，虞世南的"轻裙染回雪，浮蚁泛流霞"，刘禹锡的"农妇白苎裙"，白居易的"血色罗裙翻酒污"，皮日休的"上仙初着翠霞裙"，李商隐的"折腰多舞郁金裙"等等。从这些描写中，可以看出唐代的女裙流行红、紫、黄、白、绿等多种颜色。其中尤其以红色最受欢迎，盛况始终不衰。有"红裙妒杀石榴花"之称。红裙大概在歌女、舞伎中特别风行。唐代传奇中描述了很多著名的伎人，如《李娃传》中的李娃、《霍小玉传》中的霍小玉等，一出场都是穿着鲜艳的石榴红裙。这种风气甚至使石榴红裙在文人笔下成了歌舞伎的代称。李白有诗称"移舟木兰棹，行酒石榴裙"。白居易的诗中有"眉欺杨柳叶，裙妒石榴花"。这些描写歌舞女子的佳句，正是当时风尚的生动反映。这种对红裙的喜好在中国妇女中一直保留下来，直至明、清时期还没有丝毫减弱。清代著名古典文学作品《红楼梦》中有"呆香菱情解石榴裙"一回，仍将石榴红裙看成是很珍贵的衣物，就是一个很好的例子。由于唐玄宗时的杨贵妃特别喜欢黄色的裙子，所以，黄裙也曾经流行一时。绿色则是平民百姓十分喜欢的裙子色彩，诗人朱希济在著名的小令《生查子》中写道："记得绿罗裙，处处怜芳草。"看到遍及天涯的萋萋芳草，就会联想起自己深爱着的姑娘穿的绿罗裙。见物思人，情由心生，这种真挚的情谊是多么感人。

比较起来，帔帛是唐代服装中新出现的成分。我们在隋代以前的中原服装资料中还很少见到过这种服饰。但是，它也不是我国境内各少数民族的服装样式。环视中古时期的鲜卑、契丹、回纥、吐蕃等民族服装，也找不到帔帛的痕迹。曾经有人把这种衣饰说成是印度传来的，原因是它在佛教造像中出现过。实际上印度人只是将身上穿的纱丽一端披在肩上而已。还没有形成单独的一条帔子。在印度人的服饰中也找不到帔帛这种衣物。孙机先生指出：在中国当时相邻的各国民族服装中，只有波斯与波斯附近的一些小国使用帔帛。《旧唐书·波斯传》中就记载："波斯，其丈夫，衣不开襟，并有巾帔。"在欧美以及伊朗等地博物馆中收藏的萨珊波斯金银器图案中，可以看到披着帔帛的波斯女子形象。实际上这种艺术造型与帔帛的风俗可能传自更遥远的古代希腊、罗马文明。宁夏固原发掘的北周李贤墓中出土过一件十分珍贵的外来鎏金银胡瓶。它是一件具有典型希腊文化风格的文物，其制作年代在公元5—6世纪。壶身上的图案表现了一个非常经典的希腊特洛伊神话：帕里斯裁决金苹果以及帕里斯拐走海伦的故事。图案上面就有披着巾帔的妇女形象。有人认为这个银壶的制作者可能是希腊裔社区里的希腊工匠，然后银壶便经过中亚商路进入了中国西北地区，并通过朝贡使团或者商队进入李贤的府邸之中。它正好给我们印证了帔帛的原始起源和传播路线。

帔帛进入中原，可能是伴随着佛教的东渐而来。所以现在可以见到的早期帔帛人物形象都出现在佛教的壁画与雕塑中，如新疆克孜尔石窟、敦煌莫高窟等处。莫高窟228窟中属于北魏时期的壁画上，出现过带有长长的帔帛的女供养人，在莫高窟285窟的西魏壁画中也出现了帔帛的女子，说明帔帛在南北朝时期时已经进入了中华。但是在南方出土的南朝陶俑身上还见不到帔帛的出现，似乎当时帔帛的使用并不普遍。到了唐代，由于唐政府的势力一直达到中亚一带，保证了陆上丝绸之路的畅通，西方文化经由西域迅速地传入中原。帔帛这种带有异族风味的衣着便很快地流行开来。在唐代的各种文物中都能见到它的影子。形式多样，精美异常。从西部的敦煌莫高窟壁画到东方的山西唐墓陶俑，从初唐的《步辇图》、永泰公主墓壁画到中晚唐的《捣练图》《簪花仕女图》。至于西安、洛阳等中心地区出土的大量唐代女陶俑、三彩俑，更是人人都披着长长短短、宽宽窄窄的各色帔帛（图98）。它们大多是一条绢帛，宽度与今天的围巾相似。也有些再缘上花边、绣上花或加缀饰物。据说，唐玄宗在正月十日宫中大宴时，撒出大量锦缎做的荔枝，叫宫人们争抢。谁抢得多，就赏给谁红绸帔和绿晕衫。帔帛的受人喜爱，由此也略见一斑。

图 98 唐三彩女侍俑

半臂，也是唐代女装中经常可以见到的新衣着。它是袖口仅到上臂的对襟上衣。领口宽大，可以裸露出胸部。没有扣襻，只是在胸前用缝在衣襟上的带子系住。半臂的下摆长及腰部，可以束在裙内，也可以将半臂罩在裙子外面，有些像今天的短风衣。唐永泰公主墓中壁画上有一组多姿多彩的宫女队伍。其中一个头梳螺髻的女子在衣裙外罩了一件半臂。这件半臂腰身窄小，短袖显得很宽松。她的双手举起一幅宽宽的帔帛，正在向肩上披放。神态十分生动。

在三国时期，已经出现了类似的半袖上衣。当时可能还不太流行。并且不被当时的礼仪观念接收。据《宋书·礼仪志》中记载：魏明帝曹睿曾经穿薄绸的半袖上衣，戴着绣花帽子去上朝。以正直能谏著称的大臣杨阜见到后，马上质问他："您这种服装是哪家礼法规定的？"显然，这时还把半臂看作是奇装异服，为礼法所不容。以后南北朝时期，半臂才逐渐进入人们的生活。我们在河南邓县出土的南朝墓砖画像上，已经见到了穿着半臂的人物。

到了隋代，半臂已经流行开来。在陕西关中地区的隋墓中就出土过穿着半臂的陶俑。在唐代，半臂更加普及，不仅男女都可以穿用，而且进入了宫廷常服的行列。上面说的永泰公主墓壁画中的大批侍女，大多在衫、裙外面加穿一件半臂。此外，陕西省乾县唐章怀太子墓中壁画、陕西省礼泉县唐阿史那贞墓中壁画、陕西省西安羊头镇唐李爽墓中壁画等处，也有大量穿半臂的侍女画像（图99）。在各地出土的唐代女陶俑上，穿着半臂的更是随处可见。例如陕西省西安王家坟唐墓中的女坐俑，身着小袖长衫，锦半臂；陕西省西安唐鲜于庭诲墓中的女立俑，穿着半臂和帔帛。新疆吐鲁番阿斯塔那的唐代张礼臣墓中，曾出土一件帛画。画上的女子身穿窄袖上衣，曳地宽长裙，外面罩有卷草纹锦半臂，肩披帔帛，给我们留下了一幅唐代半臂衣装的完整画像。近来，在阿斯塔那的唐代墓葬中，还出土了保存得非常好的女俑，她身上的衣服是用真的绸缎制作的，其中就有一件真正的锦缎半臂。

图99 唐执失奉节墓中壁画女子

从有关半臂的图像和出土实物上可以看出，唐代妇女的半臂一般是用质量比较好的锦缎制作的，既华贵美丽，又保暖舒适。《新唐书·地理志》中曾经记载当时扬州进贡的物品中有一种"半臂锦"，应该是专门供制作半臂使用的。唐玄宗时，曾命令皇甫询在益州督造"半臂子"。这可能也是专供宫中制作半臂的高级纺织品。唐代著名诗人李贺所作的《唐儿歌》中，有"银鸾唉光踏半臂"的句子，描写半臂上有银色的鸾鸟，应该是质料上有银丝绣的鸾鸟纹。

新疆拜城克孜尔石窟等处的壁画和石刻中，有不少半臂的式样。这里有关半臂的考古材料时代早于中原地区，可以通过它推测唐代女装中半臂式样的来源。应该说，唐代女装中的半臂式样在很大程度上受到西域龟兹等地文化习俗的影响。西域地区昼夜温差比较大，半臂这样的服装比较适合当地的气候变化。在克孜尔石窟的龟兹供养人画像上，可以看到他们日常穿的两种半臂式样。一种是圆领对襟，袖口宽大平齐。另一种是翻领对襟，在袖口上另加缀有折裥的花边。将这两种式样与中原地区的文物加以对照，可以看到，它们都曾经在内地流行过。特别是在袖口上加缀折裥缘边的一种更为多见。唐代时，人们常把这种半臂穿在宽大的礼服外边作为装饰品。由于礼服常是很宽松博大的，外面罩上半臂显得不大协调，穿上时也不大方便。于是，人们就把这种带有折裥的袖口缘边制作成单独一条，缝缀在礼服衣袖的中部，使它变成了一种衣饰，颇为新奇美观。早在洛阳龙门石窟宾阳洞的皇后礼佛图中，有些供养人就穿了有这种饰物的衣服。此外，在湖北省武昌何家垅出土的唐代女陶俑身上，在江苏省南京的南唐李昪墓中女俑身上，也有这种半臂的袖饰。在一些唐代的女舞俑上，这种折裥衣袖还专门加以艺术夸张，形成一个宽大的舞袖，具有强烈的装饰效果。

唐代前期是女服中半臂式样的兴盛时期。到唐代中期以后，这种状况便有了显著的改变。半臂在女子服装中逐渐减少，主要原因可能是唐代前期流行的女装与中、后期流行的女装有明显的不同。前期的女装大多上身窄小，紧贴身体，袖子又细又窄，便于套上半臂。而中期以后，女装就逐渐向宽松肥大转变。半臂也就与之不大适应了（图100）。

唐代妇女喜欢穿窄瘦上衣的风气，可能仍然是北朝胡服流行的余韵，同时有西域以及境外风俗的影响。北朝胡服的实用性，使它的一些特点一直在北方的服装中保存下来。隋唐时期空前兴盛的中西交往，使得西域、中亚、南亚甚至欧洲流行的各种服饰进入中原，并且受到中原人士的欣赏和模仿。又兴起了新的一轮胡服流行热潮。由于这次的胡服热不是由政府强行规定形成的，没有掺杂任何民族压迫的政治目的，而纯粹是社会自发的一种追求时髦、追求美的消费倾向。就使得这次胡服流行发展得既迅速又深入，给华夏衣冠带来了全新的面貌。

这时的胡服主要是翻领、对襟、窄袖的直统长袍，或者圆领的窄袖长衫，下身穿长裤，足蹬靴鞋，腰束革带。这种腰带上缀有花饰，并且还挂上佩刀、砺石、契苾真、针筒、火石袋等日用工具，是游牧民族惯用的。在陕西省乾县唐永泰公主墓

图 100 新疆吐鲁番阿斯塔那唐墓出土女劳作俑

中壁画的宫女图中，在陕西省西安唐韦洞墓、韦顼墓等处的石刻、壁画上也有描绘得很精致的胡服女子画像。韦洞墓中石棺线刻上有一个穿胡服的侍女，身穿圆领窄袖长衫，袖口上还缀有锦制的宽边。腰间紧束革带。衣衫长至小腿，露出下身的条纹紧口裤和脚上的六合皮靴。另一个侍女身穿大翻领中掩襟长袍，束带，内穿紧口裤和长靴。韦顼墓中的胡服侍女石刻画，除去穿了翻领长袍、条纹裤、锦靴以外，还戴有浑脱帽。甚至在新疆吐鲁番阿斯塔那唐墓中出土的绢画上也有穿着这种胡服的女子像（图 101）。

图 101 新疆吐鲁番阿斯塔那唐墓壁画中的胡服女子

　　胡服，主要是指北方及西域地区各民族的服装式样，以长袍为主。这与这些民族主要从事野外游牧有关。例如今天藏族仍然普遍穿着的藏袍、蒙古族的蒙古袍，都是能遮掩全身，防止冬季野外的寒冷与夏季遍野的蚊虫，主要强调了实用功能。一般来说，袍服的裁剪式样上没有明显的男女区别，顶多只是女装的颜色、花饰多一些。所以在中原的胡服热中，也隐含着女子穿男装的风气。

　　男女有别，是中国传统礼教的一个重点。在以往的汉族服饰中表现非常明显。女子穿男装，可以看作是女子地位有所提高，礼教的束缚有所减弱的结果。早在南北朝时期，平民男女就都爱穿裤褶服，使男女衣着之间没有什么明显的区别。隋唐时期，裤褶不大流行了，继之而起的是男女都穿圆领襕衫以及翻领长袍的风气。男女的服装式样上又没有什么大区别了。如果这种装束的女子再戴上幞头，就与男子完全一样了。一些性格爽朗开放的女性往往喜爱装扮成男子。

　　这种女扮男装的习尚在初唐已经出现。《新唐书·五行志》中记载：唐高宗年间，有一次在宫中举行宴会，太平公主穿上紫色的襕衫，束玉带，佩挂蹀躞七事，头戴黑纱幞头，在高宗面前献舞。这套服装就是完整的男子衣着了。太平公主的举止逗得高宗哈哈大笑，问太平公主："女子不能作武官，你为什么偏偏喜欢穿这种衣服呢？"《新唐书·李石传》中说，在禁中有两件同样的金乌锦袍，是唐玄宗与杨贵妃在游温泉时穿的。当时在宫廷中有一种宫女，专门负责在帝王后妃的身边侍从，传递言语，名叫裹头内人。她们都穿着男子的服装。在永泰公主墓壁画的宫女队伍中，左边最后的一个人，身穿翻领窄袖长袍，腰束革带，头戴幞头，足蹬皮靴。可能就是这种"裹头内人"。上述唐武惠妃墓中石椁画上也有多位如此穿着的宫女。类似的女子男装还可见于韦洞墓中的石刻线画中。似乎宫廷与贵族家中都有穿着男服的侍女存在。在洛阳博物馆收藏有一具唐代打马球的女俑。她身穿翻领窄袖长袍，腰间束带，头戴幞头，脚上是一双长统马靴。她骑在飞奔的骏马上，右手挥动球杆作击球状。马球是唐代非常盛行的大型运动。宫廷中、都市里都修有马球场。在西安曾经出土过标志马球场的石刻。妇女能在这些公开的娱乐场所中竞技奔驰，说明她们不仅在服装上与男人一般打扮，在社会地位上也有极大的提高。唐代文明的开放气概与兴盛景象，在这里也可以表现出来。

　　唐代以前的文物中，很少见到女子戴帽子的情况。而在唐代妇女欣赏胡服，争穿胡服的时尚里，女子戴胡帽的现象大量出现。这也是从男子流行胡帽发展过来的。初唐时期，被称作浑脱帽的胡人毡帽风行一时。当时的重臣赵国公长孙无忌喜欢戴浑脱帽，并且自己亲手用羊毛制作。当时的人称之为"赵公浑脱"。这种浑脱帽可能就是完全用动物毛擀制成的毡帽。这时最典型的一种胡帽就是诗人张祜所称的"卷檐虚帽"。这种帽子是顶部又尖又细，底边向上翻卷的毡帽。根据世界各地的考古资料，可以知道古代在欧亚大陆北方游牧的各个民族，例如中国北方的斯基泰人、匈奴人，西北的月氏人、粟特人等都戴着形状类似的毡帽。在唐代三彩俑中有一类胡人的形象大量出现。这些胡人俑有的牵着骆驼，有的牵马，有的演奏音乐。在陕西省、河南省、甘肃省等地的唐代墓葬中都有这类胡人俑的出土发现。这些胡人的头上都戴着这种毡帽。可能制作陶俑的工匠们就是把这种毡帽当作表现胡人的特征，也说明了毡帽与胡人的密切关系。

在外来胡帽的基础上，唐代妇女经过巧妙的构思与加工，创造出了大量美观新奇的胡帽样式。在陕西省礼泉的唐代李贞墓中，出土了女子骑马俑，她戴的帽子是将顶部尖细的卷檐帽加以修改，把帽子下沿裁剪成优雅的曲线，形成了一个云头形的帽檐。此外，当时吐蕃流行的一种皮帽也给唐代妇女以启发。吐蕃的皮帽有一个向前方弯曲的扁圆形帽顶，有些像鹅冠，下沿露出衬里的皮毛边缘。吐蕃帽也有用毡子制作的，它的下沿是两个可以上下翻的护耳。中原妇女们改用锦缎和毛皮作为原料，巧妙地裁剪、缝制出这些西域式样的帽子。但气派要华贵许多。还有一些帽子完全用织锦来缝制。例如新疆吐鲁番阿斯塔那唐墓出土绢画上女乐人戴的帽子，陕西省西安韦顼墓中石椁上线刻画中女子的帽子，它们看上去就是用锦缎制作的。而韦顼墓中石椁上线刻画中的另一位女子，戴着一顶鹅冠状的胡帽。它用锦缎做面，皮毛做里。帽子的下沿还用皮毛做成卷云纹状，戴上它显得十分秀丽妩媚。与用毛擀制不同，除用锦缎缝制外，中原可能还采用纺织成形的方法。唐代诗人刘言史有诗"织成番帽虚顶尖"，大概就是说有直接织成的胡帽。

胡帽在唐代前期一直存在，在开元、天宝这一极盛时期最为流行。《新唐书·车服志》中记载："宫人从驾，皆胡帽乘马，海内效之。"便具体地反映出当时的社会风貌。由中央宫廷时兴起来的胡帽风气遍及全国各地，是盛唐时期文化风貌的一个突出特征，也可以借以判断有关文物图像的时代。

从广义上讲，唐代初期妇女沿袭北朝习俗，经常戴用的幂䍦也是一种胡帽。幂䍦是一种从头顶直垂到脚下的纱网，可以把全身都罩在里面。有些像一个大罩袍。北周时期朝廷规定妇女外出时要戴上幂䍦。这是一种将男女严格区分开，甚至不许妇女一点肌肤外露出来的衣物。中国礼教虽然历来主张"男女授受不亲"，但是也没有偏执到这种地步。可见幂䍦不是中国的土产。《大唐新语》一书中也说：幂䍦是"发自戎夷"，就是说来自西北的少数民族。实际上它的来源可能更为遥远。至今土耳其、伊朗、阿富汗等中亚国家的妇女仍然戴着长长的面纱和厚头巾。北非、西亚阿拉伯各国信奉伊斯兰教的民族中，妇女也必须戴面纱遮掩脸部，全身也要遮掩严密。这是这些地区流传已久的风俗。隋唐文献中记载西域与中亚各国的风俗时，特别提到附国、吐谷浑国等地居民"或戴幂䍦"。这些地方就是今天的哈萨克斯坦、阿富汗、巴基斯坦一带。这些

图 102 新疆吐鲁番出土唐代《树下人物图》中的戴幂䍦女子

地区处于内陆地区，干旱少雨，风沙极大。幂䍦可能是当地为了防御风沙与日晒创造出来的衣物。后来才逐渐加入了宗教礼法内容。在南北朝时期，随着西方与中原交往的增多，这种衣物才传入中原。

什么外来事物到了中国，都要被中国人依照自己的文化意识与实际环境来改造一番。这也是中国文化的一大特色。有些改造是加强它的装饰意义。像隋代的秦王

杨俊，就很喜欢设计和制造一些新奇的产品。他曾经为妃子制作了嵌满珍珠宝石的华丽幂羃，结果是这件衣物重得人都经不住，必须骑着马，靠马来驮起它。贵族们喜欢追踪时髦。当时，这种在幂羃上镶嵌宝石的做法可能不止这一件。

还有些人在利用与发挥幂羃的实用效果，甚至用于军事伪装。幂羃的流行，给当时阴谋兵变的人"瞒天过海"提供了极好的伪装手段。据史载，隋代的杨谅和唐代的李密曾经先后采用过类似的手法，就是让一些士兵戴上幂羃，装成妇女潜入敌人城中。门卫当然不会想到"掀起你的盖头来"去分辨一下真伪。结果让这些士兵进入城里，里应外合，一举夺取了城池。这种妙用可是幂羃的创造者怎么也想不到的。后来，由于内地没有那么大的风沙，幂羃的长度可能逐渐变短，不再遮掩下身。新疆吐鲁番出土过一件唐代的《树下人物图》（图102），上面一个妇女戴的幂羃下缘只垂到胸前，而且中间有一个洞，脸还可以露出来，不知这个洞上是不是罩上了细纱。

唐高宗时，汉族对幂羃的改造达到了一个新的阶段。在它的基础上，创造了一种长度减少到只能遮掩面部的帷帽。很明显，中原一般风沙不大，气温又比西北要热，没有必要再把全身遮掩得严严实实。帷帽的主体是一种叫席帽的凉帽，用竹篾、芦苇等编织而成。它有一圈宽宽的帽沿，在帽沿外边加缀上一圈薄薄的纱网，长度与脖颈相齐。这就成了帷帽。根据唐人王睿《炙毂子录》一书的记载，席帽原来是西北羌人的发明，是用羊毛毡片缝制的，在秦汉时期引入中原，改为用席片制作。而后唐文人马缟的《中华古今注》中介绍，帷帽只用藤条和席片做骨架，上面还要绷上缯帛的面子。晚唐时期又有人把油

图103 新疆吐鲁番阿斯塔那唐墓出土骑马女子陶俑

布缝在帷帽上,可以防雨。由此可见,帷帽的作用与外形都有些像现在仍然使用的草帽、斗笠。帷帽加上纱网,主要适应外出行走时防日晒、挡尘土、遮风沙的需要。对于外出旅行的妇女,应该是必备之物。在传世的唐代画卷《关山行旅图》和敦煌莫高窟的唐代壁画中,都发现了这种戴帷帽的女子形象。最可贵的是在新疆吐鲁番阿斯塔那的唐墓中出土过一座完整的女子骑马俑。她头上戴着一顶帷帽,连下垂的纱网都保存得完好无损,给我们留下了逼真的唐代帷帽式样(图103)。

帷帽的纱网短了,可能只遮掩住脸的上半部。并且在帽子前面的纱网中间还开了一道缝,可以把脸前的纱网撩开或者挽到帽顶上,便于观看周围的事物。这种使用方便的新帽式出现以后,幂䍦的礼法地位就受到了强烈的冲击。随着社会风气日益开放,妇女们也就越来越蔑视各种礼法约束。唐高宗在咸亨二年(671)的诏书中还曾经指责:百官士族的家属怎么能在大路上毫不遮掩地走呢?近来妇女都不用幂䍦,改用帷帽,也不坐车,改坐担子。人人仿效,形成了风俗。这样做太轻率无礼了。这里说的担子,就是两个人抬的竹轿,类似今天四川的滑竿。坐它时,全身毫无遮掩,不像坐车可以用帘子挡上。但时至唐玄宗年间,官府就正式规定:妇女戴帽子要露出脸来,不许遮挡。从而把女子遮脸的风俗完全转变过来了。

实际上,这不仅是幂䍦的变化。唐代的各种衣着都在出现有史以来最惊人的改变。拿现在的话说就是极大的开放。尤其是在对女性身体的开放观念上,密封遮掩成为过去,袒胸露乳成为时尚。从唐代早期开始,贵妇人中间已经在流行袒露胸部的上衣了。唐永泰公主墓中壁画上绘制的宫廷女官们,上衣衣领都低至胸部,丰腴的颈项与乳房上部都露在外面。陕西唐代李重润墓中石椁上的宫装女子像,身穿宽领短衫,领口开敞,并且还刻画出了外露的乳峰形状。这种绘画形体的表现在中国以前的历代绘画雕塑中是从未有过的。这些实证与敦煌莫高窟45窟中的半裸体彩塑菩萨、壁画中的半裸体飞天等都是古代中国艺术作品中比较少见的人体美术写实作品。这里面既有从南亚传来的佛教艺术造型影响,也有西域民族艺术中古希腊、罗马文化因素的影响。唐人张彦远著《历代名画记》中记载的隋代名画家尉迟跋质那、初唐名画家尉迟乙僧、康萨陀等,都是来自西域的画师。如尉迟跋质那、尉迟乙僧父子,是于阗国人,善画外国人物与佛像、菩萨。《历代名画记》中称他们"用笔紧劲,如屈铁盘丝"。正是类似李重润墓中石椁上面人物绘画的线条特征。又如隋代画家天竺僧昙摩拙义，是来自印度的佛像画家。他们带来的绘画表现形式自然与中国传统绘画不同。写实人体就是其中之一。众所周知，由于中国在很早就形成了宗法礼教思想，人性的自由发展被严密地抑制住，人体艺术一直受到否定与禁锢，从而造成一些扭曲变态的审美心理。但是，在开放的唐代，这种最顽固的禁锢也被冲破了，从而造就了在艺术史上最为辉煌的唐代造型艺术

图 104　唐代石刻线画中的线鞋

盛况。唐代石窟造像与墓中壁画、画像石刻等就是其生动的体现。

　　唐代前期，妇女们的足衣，除去传统的布袜以外，以线鞋和靴履为主。线鞋采用麻绳编织而成，鞋底用丝线编成鞋帮，做工非常精致。在新疆吐鲁番阿斯塔那唐代墓群中，发现了多件线鞋的实物。辽宁省博物馆也收藏有唐代的线鞋。敦煌莫高窟147窟壁画中，有描画得十分清晰的线鞋式样。这些文物都向我们展示了唐代多种多样的足衣。《旧唐书·舆服志》中记载，唐初武德年间，妇女穿履，又有线靴。开元以来，妇女习惯穿线鞋，因为它轻巧易行。侍女们才穿履。但是我们在文物图像中见到的，却常常是侍女穿线鞋。像初唐画家阎立本的《步辇图》上，宫女们都穿着轻便的线鞋。西安唐韦顼墓中石椁上的多位线刻女子画像中，可以看到一位侍女足穿鞋面画着花纹的线鞋（图 104）。这种花纹应该是在表现这双鞋是用织有花纹的锦缎缝制。它比起只用线编织的线鞋来更加华丽高贵。从唐代的画像上看，有时还要在鞋上面装饰上金银珠玉等，那就是帝王官僚眷属的专利了。

　　从唐代的图画作品中可以看到，皮靴也是当时女子经常穿的一种足衣。它常常与襕衫、长袍等一同穿用。随着唐代初期胡服的日益流行，妇女穿靴子的越来越多。除了完全用皮革做的靴子以外，当时还常用锦缎做靴面，式样却仍然仿照皮靴。锦缎靴上可以缀加各种装饰，非常受贵族妇女的欢迎。有一种将皮革切割成各个部位的小片，然后缝合起来的靴子，叫作"六合靴"。它的制作方法与今天的皮靴制作方法已经十分接近了。由于受胡人靴子式样的影响，这时的皮靴与线鞋都是

底薄头尖，小巧精致，与以往汉族传统的圆头厚底的履、舄等完全不同了。中唐时期的大诗人白居易在《上阳白发人》一诗中描写一位穿着旧日服装的老宫女时说："小头鞋履窄衣裳，青黛点眉眉细长。外人不见见应笑，天宝末年时世妆。"诗中描写的这套衣裳就是唐代前期妇女服装发展到极致时的一个生动写照。

女子在小腿上束着膝裤，作为一种当时的内衣。它有些像古代的无裆裤，但是很短，只有从膝盖到足踝这一段，相比起来，更像今天的高筒袜。唐人传奇中记载，杨贵妃穿过一种绣有莲花的丝膝裤。唐玄宗见了，开玩笑说，有这么白的藕，自然要开出莲花了，这是房中的玩笑。看来膝裤是在睡觉时也要穿着的，平时则是为穿裙子配套用。

安史之乱，是唐代国运走下坡路的转折点。随着胡人叛乱对中原造成的破坏越来越严重，中原汉人对胡人的憎恶日益增加，对于胡人服装的态度也有了明显的改变。固守汉族传统文化的思想重新占了上风。于是，在盛唐末期已经出现的比较肥大的妇女服装式样逐渐受到人们的青睐。在中晚唐时期，女装的发展趋向是越来越肥大宽松。白居易在《和梦游春诗一百韵》中写道："风流薄梳洗，时世宽妆束。"这正是这种时尚的概括反映。

与白居易同时的又一大诗人元稹，曾经在给白居易的信中说：近来的妇女，衣服又长又宽，颜色的搭配也十分奇特，艳丽之极。说明女装加肥的趋势正是在唐宪宗时期（806—820）后开始显露出来的，而在唐文宗时期（827—840），由于皇帝的提倡而急速普及开来。

在唐代各君主中，唐文宗是一个饱读诗书、受传统儒家思想影响较深的皇帝。在他即位之初，就曾传谕各个公主在会见时不要多插钗、梳子等头饰，不要穿短而窄的衣服。明确表示了他提倡俭朴、排斥胡服的心理。由此开始，女装变得越来越宽松肥大，风靡全社会，形成了一种新的奢侈浪费。可见人的贪欲无穷，上层社会妇女追求新奇华丽，制造时髦的风气是怎么限制也限制不住的。唐文宗只好吞下自己造成的苦果，再次加以干预，甚至拿自己的女儿作为杀一儆百的对象。据文献记载，唐开成四年（839）正月，唐文宗在咸泰殿的观灯盛会中，看见女儿延安公主身穿衣裙过于宽大的服装，就当众将她呵斥下去，并且以她服装逾越了礼仪制度的罪名，罚了她丈夫窦浣的两个月薪俸。但是这样做能否制止住服装宽大的趋势呢？

图 105 宋人摹唐代画家张萱《捣练图》

从唐代文物所反映的情况看来，恐怕收效甚微。

　　这时妇女时装的宽松与肥大，主要表现在衣袖与裙子两个部位上。中唐时期的女裙比起初唐来要宽出将近一倍，衣袖则可能宽出二至三倍。到了晚唐时期，妇女宽袖对襟衫的衣袖宽度几乎与身长相等，可以拖到地面，差不多是初唐女装衣袖宽度的十倍。将初唐的图画人物与中晚唐的仕女图画相比较，就可以明显地看出这种变化。

　　在现存故宫博物院的宋人摹唐代画家张萱《捣练图》上，描绘了一批正在

图 106 唐张萱《虢国夫人游春图》

加工丝织品和缝制衣衫的妇女形象（图 105）。她们身穿的对襟衫子袖子宽松，裙子就更为肥大。具有美丽花纹的长裙，上端束到乳房上面，下摆拖到地上，把胸部以下的身体全部罩在里面。使原本就十分健壮的妇女形象更显得丰硕健美。类似的捣练图还有在西安发现的石刻线画。张萱的另一幅名作《虢国夫人游春图》中也描绘出了同样的衣裙（图 106）。特别是在另一位画家周昉的《簪花仕女图》与

图107 唐周昉《簪花仕女图》

《执扇仕女图》中，贵族妇女的服装达到了极度绮丽奢华的程度。这些美丽的仕女，神态雍容，身体上扑了白粉，使肌肤显得晶莹似玉。头上梳起高高的发髻，插上发笄，戴上大朵的牡丹花。手臂上戴着连成一排的金环跳脱。身上穿着锦绣丝织品制作的长裙。裙子上端用锦带束在胸前，宽大的裙裾拖曳在地上。上身里面不穿内衣，仅外着一件薄薄的透明纱衣。颈部与胸、臂的大部分都裸露在外（图107）。正像唐代诗人描写的"绮罗纤缕见肌肤"。纱衣袖子宽肥，垂及地面。在肩部还披着彩色的织锦帔帛。整套衣饰给人一种充盈着华贵气质，又充满女性魅力的深刻印象。

这种服装，可能是中国古代社会中妇女人体美所能达到的最大表现程度。唐人诗歌中对这种衣饰曾经大加赞美。例如周濆的诗句"日高邻女笑相逢，慢束罗裙半露胸"，施肩吾的诗句"长留白雪占胸前"，方干的诗句"粉胸半掩疑晴雪"等等。然而，它也被宋代以下的道学先生痛斥为"淫佚之行"，没有能够继续存留下去。成了封建社会中"前不见古人，后不见来者"的一段绝唱。

唐代后期，妇女衣装宽大的势头未减。汉族传统服装的风格在逐渐加强。敦煌莫高窟中保留了大量晚唐时期的女供养人像，很多都是穿着宽袖大裙的汉族传统服装。例如莫高窟9窟、144窟、156窟等处的女供养人像，穿着直领大袖衫，束到胸部的长裙，帔帛，着笏头履，显得稳重而雍容。

因为汉族裙裳的兴起，妇女穿裤子的习惯又有所减弱。在唐代早期的石窟壁画、石刻造像等造型艺术品中，经常可以见到身着宽松长裤的女子。这些裤子中，有扎紧裤口的灯笼裤，也有撒开裤脚的大口裤。后一种裤子曾经随着舞剧《丝路花雨》的演出轰动一时。有人半开玩笑地说它是古代的喇叭裤。而在唐代后期的美术作品中，我们就很少能看到穿裤子的妇女了。肥大的长裙几乎统治了全部时装。在

图 108 新疆吐鲁番阿斯塔那北区 39 号墓出土唐代锦履

《虢国夫人游春图》中，我们看到，甚至骑在马上的妇女也是穿着宽大的长裙子。这样，作为与裙裳配套的内衣，女子的膝裤更加流行。但是遗憾的是我们还没有找到唐代文物中的实证。只是在明代的春宫画《胜蓬莱》中，可以见到一种当时的膝裤形状，与文献中的描写相同。唐代的膝裤可能与它相差不会太远。

与此同时，穿靴子的风气也随之明显减弱。各种汉族式样的屐、履又复兴起来。其中最常见的是唐文宗规定给一般士人、平民妇女穿的高头履和平头小花草履。当时履头的式样很多，有尖的、方的、圆的、多重花瓣形的、多层的等等。这些履头的形状大多可以在敦煌莫高窟中唐代壁画的丰富内容中见到。这时制作鞋履的技术有所提高，与汉晋南北朝时整体织造的做法大不相同，采用将锦缎裁剪成各个部件后缝合的做法。新疆吐鲁番曾经出土过一双唐代的高头锦履（图 108）。腹帮使用变体宝相花锦缝成。履的前端采用红地花鸟纹锦，衬里用六色条纹花鸟流云纹锦缝制，式样精巧舒适，色泽绚丽美观。在敦煌壁画中，还可以见到一种与今天的中式布鞋式样很接近的履。它的鞋头没有高起的装饰物，可能就是唐人所谓的平头履了。

在贵妃的盛装中，装饰精美、厚重的高头履是不可缺少的。有些履头竟达到

20至30厘米的高度。宋代还有文人记载，唐代文德皇后的履是用红色的羽毛织成，履的前后都用金叶子裁成云纹形状作为装饰。鞋头高三寸多，上面缀有两颗大珍珠。这样一双华履，它的价值就不是常人能够想象的了。

此外，唐代妇女还很爱穿蒲草编织的草履。南方吴越地区制造的尖头蒲草履，精细得如同绫罗绸缎缝制，非常受人们欢迎。这是历代没有见过的新产品。唐文宗因为它极为浪费人工，曾经禁止妇女使用，但是并没有被认真执行。蒲履一直流行到五代时期，当时的诗人刘克明有诗赞美它："吴江江上白蒲春，越女初挑一样新，才自绣窗离玉指，便随罗袜步香尘。"

这种蒲草履曾在新疆吐鲁番阿斯塔那的唐代墓葬中发现过。大概当时这里也出产蒲草。出土的实物编织得十分精致，履帮比较浅，方口，尖形的履首向上翘起。形成一个圆形上卷的鞋头装饰。制作的工艺非常考究，使它看上去像一双精皮制品。在鞋里衬有锦里，穿起来既轻便又舒适。这种鞋型在陕西等地出土的唐代女陶俑的脚上经常出现，该是当时很流行的时装鞋了。

南方的妇女，还保留着穿木屐或皮屐的习惯。虽然现在还没有在文物中见到穿木屐、皮屐的妇女形象，但是在文献中仍有所表现。唐代诗人崔涯，经常沉溺于秦楼楚馆之中，与妓女们打得火热，并且常常给她们写诗，开玩笑。一次，他调笑一个妓女，写诗说她"更着一双皮屐子，纥梯纥榻出门前"。纥梯纥榻就是拖鞋走路踢里踏拉的声音。听起来倒是声情并茂。

在中晚唐时期，贵族妇女们穿男装的状况仍然存在，尤其是在宫廷中，有时还纵容妇女穿男子服装。唐书中记载，唐武宗的妃子王才人，身材与唐武宗很相似。唐武宗便命令她穿上与自己衣着相同的服装。远远看去，两个人都不易区分开。在外出打猎时，来奏事的大臣往往把王才人误当作唐武宗，逗得唐武宗非常开心。敦煌莫高窟17窟的北壁上有一幅晚唐时期的近侍女子肖像。这个女子的头上梳着向两侧下垂的鬟髻，表示是一位年轻的女童，但是身上穿的却是圆领的开衩长衫，腰束锦带，完全是一派男子装束。看来在民间也不乏女子着男装的习惯。唐代画家张萱的名作《虢国夫人游春图》中一共画了9位出行的贵族女子，但其中有5个人都穿着男式的圆领袍衫，下身穿长裤与靴子。其中有的头戴幞头，俨然一个男子模样；有的梳着发髻。张萱是晚唐时期的画家，他的画虽然是在表现唐玄宗时期的事情，但是如果当时没有类似服装仍然存在，恐怕他也不能把这些服装画得如此逼真吧。

当然，衣袖比较窄的服装比较便于日常劳作，所以妇女平常穿的服装中袖子不会那样宽大，这在唐代文物中也有不少反映。

汉族传统衣冠的兴起，在很大程度上排斥了外来服装的影响。唐代后期，还能对内地服装有些影响的其他民族服装，要数西北的回鹘族衣装式样。回鹘，是今天的维吾尔族前身，他们的上层女子服装非常华丽，式样比较新颖，在与之接壤的西北一带非常流行，并曾影响到中原地区。回鹘服有长长的袍子，它具有弯曲的圆形翻领，窄袖口，宽下摆，衣身宽大，拖曳到地面。回鹘服大多采用厚实的织锦制成。色彩偏于暖调，特别是喜爱采用红色的衣料。这是内陆居民比较喜欢的颜色。在袍子的袖口与领子上面还要加缀上用金线编织的花边。纹样大多是凤凰衔着折枝花。穿着这种服装时，通常将头发挽上去梳成锥形的高发髻，在发髻上戴一个桃子形状的金冠，人们把这种发式叫作"回鹘髻"。穿回鹘装时，脚上常穿翘云头的锦鞋，这种锦鞋的实物在新疆吐鲁番阿斯塔那的唐墓中曾经有过发现。而身穿回鹘盛装的女子形象有甘肃省安西榆林窟10窟甬道壁画中的曹议金夫人李氏像，莫高窟61窟北宋女供养人像等。有人认为，这种回鹘装是综合了希腊、波斯与中国服饰文化因子的产物。

对照唐代安史之乱前后明显不同的服饰倾向，我们可以看到，唐代前期，服饰兼收并蓄，具有显著的胡化倾向。而在唐代后期，却大多返回到传统的汉族衣着，逐渐排斥了许多外来服饰的影响。这个变化的产生与中国历史上产生过的几次重大服装变革一样，都是由于社会的变革，特别是民族意识与民族关系的变革所造成的。正像我们一再强调的那样，中国服装的历史，不仅仅是生产技术发展的历史，更是思想意识、民族关系与社会政治的发展变革历史。

在唐代安史之乱前，唐政府具有开拓者的气魄，对外交往十分发达。它不但拥有广阔的西部疆域，而且被中亚各国奉为"天可汗"，成为周边国家的盟主。唐朝的军队一直驻守到今天的伊朗、阿富汗一带。丝绸之路的贸易量增大。中亚各国的人士也频繁来到中原。加上李唐皇族与突厥等西方部族有着比较密切的血缘关系。这些直接促进了胡服热的兴起。唐代前期生产发展，国家富强。到了开元年间，达到斗米四钱，仓廪充满，天下太平，百姓乐业，行万里路不用带武器的极盛时期。文化在吸收外来文化因子的基础上高度发达。歌舞升平，华夷并举，多彩的服饰正是这一盛世蓬勃向上的象征。

而在把持北方兵权的胡人将领安禄山、史思明等领兵叛乱后，一个富裕安乐的社会顿时陷入水深火热之中。叛军的烧杀抢掠、官军的肆意征调，使人民遭受了深重的苦难。为了战胜叛军，唐政府不但调回了安西等地的驻军，而且借用了中亚的大食、回鹘、拔汗那等族的军队来内地平息叛乱。造成河西空虚，吐蕃便乘虚而入，占领了河西地区。唐代与西方交往的陆上丝绸之路被截断，中西往来数量骤减。根据历史文献记载，安史之乱以前，每年有十几个外国使团来中国。但是在叛乱以后近百年间，却极少见有中亚国家的使者来朝贡了。这样，西来的服装式样对中国服装的影响自然会逐渐消失了。

更重要的是，北方胡人的叛乱，对中原进行了野蛮的杀戮与破坏，自然激起汉族人民的强烈反抗。借来平叛的回鹘、大食等军队，同样在中原肆意抢掠，加剧了汉族的排外心理。这种心理的表现之一，就是对外来事物予以排斥。服装式样是首当其冲的改革对象。唐代文献中记载，安史之乱发生后，很多汉族人就认为社会上喜欢奏胡乐、跳胡旋舞、吃胡食、穿胡服等风气统统是胡人叛乱的征兆。因此，传统汉族服装的地位重新重要起来。造成了唐代晚期服装的新面貌。

垂髻浓妆

"当窗理云鬓，对镜帖花黄。"

这是著名的北朝乐府歌词《木兰辞》中描写女英雄木兰回到家中后，脱下战袍，重着女装的情景。由此可见，发式与化妆，是古代女子区别于男子的重要修饰手段。在前面叙述秦汉时期的女子服装时，已经提到了那时的发式与化妆情况。而随着经济的发达，唐代妇女，尤其是上层社会的妇女，对于美化自己更下功夫，不但服装的式样花色层出不穷，而且对于面部还要进行认真的化妆与修饰，使得美容品作为服饰的一个重要组成部分进入日常生活中。这些情形在古代文献与考古文物发现中有着大量可靠的反映。所以，我们在这里把它也作为人体包装——服装的一个有机部分加以介绍。

唐代妇女的面部化妆与以前的化妆相比，有了更多的内容。它一般包括七个方面：一、施铅粉，二、抹胭脂，三、涂鹅黄，四、画黛眉，五、点口脂，六、画面靥，七、贴花钿。这些步骤中可以说包含了当代美容化妆的全部内容。所使用的化妆品，除去以前已有使用的白粉、胭脂、花黄、眉炭等之外，还增添了斜红、花钿等新的式样。

施粉是非常普遍的，从唐代壁画上就可以看出很多妇女的面部、肩部都被涂成雪白，表现当时妇女施粉的风气。有学者甚至认为这是受到希腊文化的影响，但是却忽略了施粉是中国古代历史悠久的装饰手段。不用说汉代如此，就是孔老夫子也说过"绘事后素"这样的话。抹胭脂不用多说了。涂鹅黄则是在女子的前额上涂上黄粉，这是从南北朝兴起的风气。北朝文人庾信的诗中有"额角轻黄细安"的句子。看来在北朝女子是将黄粉一直涂到额角上去。而唐代诗人袁郊的诗句"半额微黄金缕衣"却表现出唐代的女子虽然仍然涂鹅黄，但是已经不是把额头全部涂满，黄颜色也浅得多了。在新疆吐鲁番唐代墓葬中出土的绢画上有几位涂了黄粉化妆的女子。她们的化妆只是在额头正中央涂一个黄色的圆晕。这种化妆的方法与北朝相比，就有了很大的改变，显得更柔媚，而不是过分生硬了。敦煌壁画中有一幅《乐廷瓌夫人行香图》，上面描绘的贵妇人与侍女都在脸部进行了化妆（图109）。

关于花钿的起源，有一个很奇妙的传说。南北朝时，有一次南方过节日，宫中欢宴庆贺。宋武帝的女儿寿阳公主喝醉了酒，就势躺在含章殿的屋檐下面睡着了。有一朵梅花随风飘落，正好落在她的额头上，给她的皮肤上染上了一朵梅花的印痕，怎么擦也擦不掉，过了三天才洗下去。宫女们觉得新奇好看，便纷纷学着样子，在额上也画一朵梅花。日日沿袭下来，就形成了花钿这种化妆形式。到了唐代，文人段公路又记录了另一个有关花钿的传说。据说武则天掌权时，命令女官上官婉儿代她执掌文书，在召见群臣时，上官婉儿就躲在武则天的床帐后进行记录。有一次宰相奏事，上官婉儿偷偷多看了几眼，被武则天发觉了。退朝后，武则天大怒，把一把小刀扎在上官婉儿的额头上，还不许她拔出来。上官婉儿极其聪明，赶快作了一首《乞拔刀子诗》，引起武则天的怜悯，才让她取下刀子来。以后，上官

图 109 敦煌壁画《乐廷瓌夫人行香图》

婉儿为了遮掩额头上的刀痕，就在上面贴了花钿。后宫中看到了，也跟着贴起来，逐渐形成了风气。现代著名文学家郭沫若在写话剧《武则天》时，就采用这一传说，让武则天给上官婉儿的额头上刺了一朵梅花。至于这些传说是真是假，今天已经无法辨别了。总之，花钿是从宫廷中兴起来，该是不会错的。

唐代的花钿有很多种形状，有学者总结了唐代绘画作品中能看到的花钿形状，有桃形、梅花形、宝相花形、月形、圆形、三角形、石榴花形、三叶形等30多种。这些花钿有时是用颜料直接画在脸上，更多的是先制成花样，用时贴在脸上。当时人们用纸、鱼鳞片、金箔、丝绸、茶油花饼等多种材料制作花钿，然后用鱼鳔胶或者呵胶粘贴在额头上。呵胶是一种用口呵气就可以软化的物质，使用起来很方便。当然脸上贴了花钿后感觉不会舒服，但为了时尚，妇女们一向是能忍受这点不便的。

花钿的颜色主要有红、黄、绿等几种。其中红色是最常见的。初唐时期的莫高窟壁画中、新疆吐鲁番阿斯塔那唐墓出土绢画上，以及其他初唐文物上表现出的花钿，大都是红色的。而中晚唐时期诗人的咏唱中，却主要提到绿色的"翠钿"与黄色的花钿。像杜牧的诗句"春阴扑翠钿"，温庭筠的词"眉间翠钿深""扑蕊添黄子"，成彦雄的词"鹅黄翦出小花钿"等。晚唐画家周昉的《簪花仕女图》中，雍容华贵的少妇们脸上贴的也是黄色的花钿。由此看来，花钿的流行色也随着时代变迁而不断改变。可能在中、晚唐时期更流行绿色与黄色的花钿。

用胭脂点在面颊上的圆点，叫作妆靥。这是与花钿互相配合的化妆手段。唐代文人段成式的《酉阳杂俎》一书中介绍了妆靥的起源。据说妆靥产生于三国时期的吴国。吴太子孙和的宠妃邓夫人十分得宠。不料有一次孙和在酒后乘兴挥舞如意做戏，失手误伤了邓夫人的面颊，立刻血流不止。这一下子可把孙和吓坏了，马上叫太医配药医治。太医说：如果用白獭的骨髓与玉屑、琥珀屑配成药膏涂抹，就可以不留下伤痕。孙和听了，马上叫人悬赏百两黄金，买到白獭骨髓，制药给邓夫人疗伤。不料由于配药时用的琥珀多了一些，伤好以后，给脸上留下了一个小红点。但是这个红点却给美人增添了无限的娇媚。于是贵族妇女们纷纷仿效，用红丹在自己脸上留下一个小红点。这就是流行到唐代的妆靥。

这种说法十分富有浪漫色彩。但是它可能只是文人加工的逸事。实际上，早在

图 110　唐代女子发髻式样

汉代已经有了在脸上点红点的化妆方式。汉代文人繁钦的《弭愁赋》中有这样的句子："点圜的之荧荧，映双辅而相望。"意思是"点在脸上的圆点一闪一闪，在两面的脸颊上互相辉映"。说明汉代已经有了妆靥。

在新疆吐鲁番唐墓中出土的绢画上，还可以看到一种特殊的装饰，就是在女子的眼角两旁各画一道竖着的弯弯新月。它叫作"斜红"。唐代诗人罗虬在诗中描述"一抹浓红傍脸斜"，就是指的这种妆容。在陕西省西安郭杜镇出土的唐执失奉节墓中壁画舞女脸上、新疆吐鲁番阿斯塔那唐墓出土彩绘陶女俑脸上等处也画有这种妆，可见是唐代很普及的化妆手段。它也可以先制成花子，然后再贴到脸上。

最能显示时代特征的要数唐代妇女的发髻式样。当时的发式之丰富，形状之奇特，流行变化之迅速都是前所未有的。根据唐人段成式的介绍，唐高祖宫中有半翻髻、反绾髻、乐游髻等流行式样。唐玄宗时，宫中又有双环望仙髻、回鹘髻、愁来髻等样式。唐德宗贞元年间（785—805），宫中又创造出归顺髻、闹扫妆髻。在长安城中还流行过盘桓髻、惊鹄髻、抛家髻、倭堕髻等。段成式列举的这些发髻名称是为了说明时尚流行中隐含的局势变化征候，所以并不能完全反映当时发髻的全貌。但是已经如此丰富。其他文献中记载的，还有同心髻、交心髻、凤髻、侧髻、反绾乐游髻、乌蛮髻、丛梳百叶髻、飞髻、宝髻、囚髻等等。这些发髻中，除去名义过于空泛，无法对照核实的，大多可以从遗存至今的唐代图画、陶俑、石刻线画、造像等艺术品中找到对应的式样（图110）。

在传为唐代画家阎立本所作的《步辇图》中，抬着唐太宗步辇的宫女们，都向上拢起头发，将它向两侧分开，做成几层又低又平的波浪形发髻。这大概就是上面说的半翻髻。陕西省乾县的唐永泰公主陵墓中壁画上，宫女的发髻式样众多。有些是把头发隆起在头顶上，盘成螺蛳壳一样的尖髻，不知它是否就是盘桓髻，或者是螺髻。有些是把头发向上梳起，做成左右分开，像张开的两只鸟翼一样的发髻，可能就是惊鹄髻。还有一种发髻，是在头顶上将头发盘成一个圆圆的高髻，一侧向下反转，有人也叫它半翻髻。在陕西省西安出土的唐李爽墓壁画中，描绘有一种发式，它是将头发绕成两个下垂的空心发环，这也许就是所说的双环望仙髻。类似的发髻式样在湖北省武昌唐墓陶俑中也可以看到。

初唐时期的发髻一般都缠得比较紧，高高地立在头顶上。唐玄宗前后，出现了所谓的蝉翼髻，即将鬓角处的头发向外梳开，形成极薄极开散的一层，然后在头顶上做成一个高髻。这时还有在头顶上盘成的球形双髻，扁形的斜髻，也有把头发向左右梳开，在耳边束成两个水滴形的垂髻。最为流行、在唐代艺术品中见的最多的是一种倭堕髻。它是把头发从两鬓梳向脑后，然后向上掠起，在头顶上挽成一个或两个向额前方低下来的发髻。在盛唐时期的各地唐墓中出土的女陶俑大多做成这种发式。我们知道，在唐代，日本国曾经派遣大批遣唐使与留学生来大唐交流学习，把唐朝的政治制度、文化宗教等引入日本。很多唐代的生活用品被带到日本去使用。近年曾发现过多件日本遣唐使者与留学生的墓志，如震惊日本社会的井真成墓志，就是一件唐开元年间来大唐出使的日本贵族官员墓志。他在出使唐朝时因病死在长安，被朝廷赠官礼葬。这件墓志现在被西北大学历史博物馆收藏，是唐代中日交流的重要实证。因此，日本文化中保留了很多唐代文化的影响。至今日本妇女穿和服时梳的发式还是沿袭唐代倭堕髻的式样，与唐代绘画、陶俑上所见到的妇女发式相映成趣。

在上面提到过的唐武惠妃石椁画上，女官、女侍们的发式应该是唐玄宗时期流行的式样，与上面的介绍十分相符。她们的浓发大多梳理成向后颈下披的松散垂髻，头顶上竖起一缕上翘的头发，整个造型类似一只孔雀。也有的头顶还带有凤冠。另一类发式则梳理成外表圆润的整体发髻，或在前额盘成两个小型的圆髻。还有的就是把头发向左右梳开，在耳边束成两个垂髻。如果细看，这些发髻的具体梳法与造型还存在着很多细节上的差异。可以说是无一雷同。想必当时宫廷中的妇女们为了争宠斗艳，会挖空心思创造各种新奇的发髻梳理方式，从而影响社会民间的流行发式。在唐代墓葬中，盛行陪葬数量不等的三彩陶俑，因此给我们留下了大量唐代侍女、奴仆的形象。而这些陶俑的发式，则与其所制作时代的流行发式基本相同，可以反映出唐代全社会女性的梳妆风气。

中、晚唐时，唐代妇女的发髻也出现了多种新兴的式样。唐德宗贞元末年，京城长安中流行起堕马髻，它是把头发挽到头顶上做成一簇大髻后，使它偏向一侧。晚唐画家张萱的《虢国夫人游春图》中就出现了这种发髻。当时还流行闹扫妆髻，它是一种非常繁缛的发式，要在头顶上做出多重发髻。在陕西省西安路家湾唐柳昱墓中出土的女俑头上，可以看到闹扫妆髻的原型。还有丛髻，它是在头上做出一排多个发髻的发式。年轻的侍女们，经常把头发向左右分开，梳成两个下垂的鬟髻。这些发式，可以在西安郭家滩唐张堪贡墓等处出土的女陶俑上见到。

从文物图像中看，晚唐的妇女大多喜欢梳浓厚高大的发髻。这时高髻的梳理与汉、晋时期的高髻有所不同，不是将头发全拢到头顶上。而是梳头时要在两鬓以及脑后拢出厚而且下垂的发缕，然后再在头顶上盘高髻。好像是吸收了盛唐时期倭堕髻的一些特征。请看《簪花仕女图》中的妇女发髻，它不但高大无比，而且还在发髻上插了大朵的牡丹花和钗、步摇、笄等多件金饰，是当时发髻的极好代表。周昉画的另一张作品《执扇仕女图》中，还在妇女的发髻上加上了花冠形状的饰物，更增加了发髻的高大与装饰效果。在江苏省南京出土的南唐李昪墓中陶俑，在头顶上梳的发髻又圆又直，高高耸起，活像戴了一顶高高的圆筒帽。这些实物向我们展示的唐代高髻风气，真是发展到了令人咋舌的地步。

当然，一般妇女的头发长度不足以满足挽成这种高发髻的要求，所以假发非常流行。或者在头发中加垫上木头做的假冠、发垫等，把发髻衬高。唐玄宗的宠妃杨玉环就喜爱用假发髻，当时叫它义髻。杨玉环还爱穿黄色的长裙。一时贵妇们纷纷效仿。安史之乱时，民间流行一首歌谣："义冠抛河里，黄裙逐水流。"就是讽刺叛军打来时，宫中一片混乱，宫人四处逃亡的末日场面。

在新疆吐鲁番阿斯塔那唐墓中曾经出土一种用木头与织锦制作的假髻，由于当地气候干旱，发髻保存得很好。它可以罩在头顶上，用铜钗和头发固定在一起。看上去使发髻高出许多。

唐代后期，妇女在头上戴的饰物越来越多。贵族妇女经常是珠翠满头。头饰多使用金银、珍珠、宝石、玳瑁、珊瑚、象牙、玉、骨角等珍贵材料制作。类型有梳子、篦子、簪、钗、步摇、搔头、金银宝钿等。白居易作诗云"金钗十二行"，形容当时女子头上的钗簪之多。段成式有诗形容妇女的头饰"出意挑鬟一尺长，金为钿鸟簇钗梁"。现在存留的唐代钗簪，确实有在钗梁上嵌上花鸟形状的纹饰。例如在瑞典斯德哥

图 111 浙江长兴下莘桥出土的唐代金钗

尔摩的C.Kempe手中就收藏了一支唐代的银钗。上面有精美的鸟纹。近年在江苏省镇江、河南省洛阳杏园出土的唐代金钗上也有花鸟纹饰（图 111）。在陕西省西安、广东省广州等地的唐代墓葬中也曾发现多种簪、钗、步摇等金银饰物。它们都打造得十分精细美观。显示了当时高度发达的手工业水平。可见当时随着社会经济的发展，妇女首饰制作与贸易也成了一个重要的经济生产方面。唐代后期，贵族妇女们在头上戴花树。它也是一种比较大的花钗。上面的花饰更多，往往做成一式两件，对称地戴在头两侧。

而在妇女发髻上插梳子作为装饰，也是中、晚唐时兴起的风气。张萱画的《捣练图》中，妇女们戴小梳子的式样就有好几种。有的是在发髻前方插一把，有的是在发髻中间插三把，有的是在头顶的前部一上、一下地相对插入两把梳子，还有插上好多把梳子的。诗人元稹的《恨妆成》一诗中有"满头行小梳，当面施圆靥"的句子，就是在描述这种装饰头面的习惯。在敦煌莫高窟的晚唐壁画中，我们也可以

图 112 唐代墓葬中出土的金梳背和角梳

见到在头发中插上小梳子的妇女形象。这时的梳子，装饰也十分华丽。唐墓中出土的梳子，有用牛角做成的，上面装饰有金质的梳背，梳背上打凿出精细的花鸟纹样（图 112）。它已经不只是用来梳理头发的工具，而是一种华贵的装饰品了。

晚唐时期对于眉毛的描画也有其独特之处。从唐代中期开始，就时兴起又短又宽的桂叶眉。元稹有诗云"莫画长眉画短眉"。细长的弯月形眉毛在那时已经不流行了。在《簪花仕女图》上，仕女的眉毛都画成既短又阔，末端向上扬起，形状像一片桂叶，有些甚至像蚕蛾的翅膀，所以人们又叫它蛾眉。听起来美妙动听，世代相传也拿它作为女子的代称，可是实际看上去却未必合乎今人的胃口。画眉的时候，还要将黛色向着眼睑逐渐渲染开，上浓下浅，类似今天人们化妆时涂的眼影。元和年间及其后来，又流行开八字宫眉，当时的诗人称作"双眉画作八字低"。以往画成向上扬起的眉梢又转向下垂了。巧得很，大唐帝国也正在逐渐走下坡路。这种画眉，也就被后人看作是一种征兆了。

传统复起

显赫一时的大唐王朝灭亡后，历史进入了历经50年分裂与战乱的五代十国时期。由于当时的各国诸侯多是唐代晚期的藩镇将领和地方官员，政治制度沿袭唐代。所以这个时期的服饰基本上是在沿袭唐代的制度，保存了唐代后期服装的特点。南方诸国，由于政局与中原国家比较起来相对稳定，经济也比较富庶。所以在衣冠服饰方面有所发展与创新。据说是南唐著名画家顾宏中画的《韩熙载夜宴图》就向我们展示了当时官僚家庭中丰富多彩的服装式样（图113）。

关于这张画，还有一个有趣的传说。据说韩熙载是当时南唐的宰相，他看到北方的军事威胁越来越大，而李后主却沉溺于酒色，不图大业，感到国家前途渺茫，就肆意放荡，夜夜招来宾客宴饮。李后主听了后很好奇，就派宫廷画家顾宏中去参加夜宴。顾宏中回来后凭记忆画出这幅画给李后主看。所以，这幅类似新闻照片的画不但真实地描绘了韩熙载等人的相貌与心态，还逼真地表现了当时的场景、衣物，给我们留下了可靠的五代十国时期服饰资料。

图113 五代《韩熙载夜宴图》

在画卷中，夜宴的主人韩熙载在休息时头上戴着高顶四方乌纱帽，身上穿一件对襟的白色长衫。衣领完全敞开，袒胸露腹，显得非常随意。他的脚上穿着白布袜子与圆头的蒲鞋。而在前面欣赏歌舞时，他又在白长衫的外面加上一件黑色的交领长袍。在他自己击鼓作乐时，改穿了一件浅棕色的交领缺骻长袍。

韩熙载所戴的高顶四方帽，显得十分独特，它在当时很有名气，叫作"韩君轻格"。应该是轻便易用。当时的文人都喜欢戴这种帽子。画面上除韩熙载外的男宾们，大多穿圆领襕衫，头戴黑色短翅幞头，腰束革带，足着黑皮靴，是一套标准的官常服。它的式样与唐代官服基本相同。其中一位坐在卧榻上的客人身穿红袍，按照唐代官服的服色规定，他可能身份比较高。而其他客人都穿着绿袍。与韩熙载相比，他们的神态就拘谨多了。这可能也是官服的拘束吧。在美国克利夫兰艺术博物馆所藏五代画家周文矩所作的《文苑图》上，这种官员衣着有着更加完整的体现

图 114 五代周文矩绘《文苑图》

（图 114），幞头有着小型的椭圆形硬翅，圆领襕衫在前身偏右处开直襟。足穿尖头软靴，腰束革带。有一个官员的革带上还嵌有玉銙。

相形之下，图画中数十名妇女的衣饰就显得十分艳丽多彩了。她们所穿的衣服式样给人总的印象是细巧修长。上衣贴身，为窄袖的交领短衫或窄袖的直领短衫，下面配着较宽松的束腰曳地长裙。也有穿着男式缺骻圆领长袍的侍女，似乎还保留着唐代女子男装的余韵。但是从画面上看来，这些女子服装使用的材料十分考究。颜色和花纹的搭配是十分丰富的。有白衣白裙、绿衣红裙、粉衣绿裙、青衣白裙、绿袍白腰裌等多种样式。衣料的花纹有飞鸟、团花、几何格子纹等。这些妇女的衣裙大多用丝带束紧，长余的部分垂在身前，好像两条飘带。在她们的肩臂上往往披一条窄窄的长帔帛，显得飘逸游动、富于变化。与唐代妇女的帔帛相比，五代时期的帔帛比较狭窄，但是明显加长。根据人物身高的比例来看，这时妇女的帔帛可能达到三四米长。在美国克利夫兰艺术博物馆所藏五代画家周文矩所作的《宫中图》上，我们同样可以看到这样的帔帛，由于过长，有的妇女还把它在肩上缠绕一个圈后再披在身后。

《韩熙载夜宴图》上，有几个侍女和舞女的衣着别具特色。一个是跳六幺舞的舞女，她穿着紧身窄袖的缺骻长袍，腰间用革带束有一件腰裌。这是一种护在腰间的短衣，在五代和宋代很是流行。另一个执扇的小侍女，背向观众，显示出她所穿的缺骻窄袖袍上面精致的对鹅团花图案。她同样也是在腰间用革带束有腰裌。画面上的众多妇女，所梳理的发式也是多种多样，但显然是以在头顶上高高盘起的高髻为主，显然，唐代那种下垂的倭堕髻已经不再时兴了。

比起唐代末期的女装来，这时的女装袖子显得十分瘦窄，袖口紧缩，裙子也显得修长而不过分宽大。甚至连画面上的女子身段也显得匀称而且苗条，面容清秀，与唐代绘画中丰硕圆润的女子形象截然不同。显然到了五代时期，特别是在南方地区，社会上的审美观点已经有了改变。

我们再来看一看当时其他地区的服装情况。四川省成都的前蜀王建墓中曾经出土一具精致的石棺。它上面有一批栩栩如生的乐伎雕刻。这些乐伎雕刻的服装上表现出较多的唐代风格。她们的衣裙式样也很精美，上襦衣袖宽松，尤其是袖口相当宽大。衣袖的上端缀有由半臂简化而成的折褶花边。腰系长裙。裙子的上端也系得

图 115 五代冯晖墓中出土彩绘砖雕人物　　　　图 116 五代王处直墓中出土石雕人物

很高。她们梳的发髻式样繁多，有堕马髻、双丫髻、高髻、偏梳髻等等，看上去基本与唐代陶俑的各类发式相似。但是我们也可以在上面见到一些新的变化，例如有些女子的肩上披了一种云肩。这是一种新的装饰衣物，它的四角做成如意云形，叫作四合如意云肩。

　　1992年，陕西省彬县前家嘴村发掘了一座五代时期的将领——朔方军节度使冯晖墓葬。墓中砖雕、壁画上仍保留着唐代富丽的绘画风格。但是侍女的衣着已有所变化，外穿宽松的对襟长衫，内着长裙，头梳巾帛扎束的高髻（图 115）。而在河北省近年新发现的五代王处直墓中，出土了一批精美的汉白玉描彩浮雕。有几幅浮雕上刻绘了运用各种乐器奏乐的乐师行列与侍女行列，人物众多，服饰华丽。其中的侍女们所穿服装与发式看上去就与唐代后期的服装发式没有多大的区别，也是身着宽松的大袖长衫与肥大的裙子。裙子高高地束在胸部，肩披帔帛。而男子乐师就是穿着圆领襕衫，头戴硬翅幞头。其墓中壁画上的侍女，头戴鲜花，发鬓插着小梳子，额头贴着花钿，体态丰腴，长裙曳地，一派大唐气象。看来似乎在北方保留的唐代遗风更多一些（图116）。

在偏于西北的甘肃省敦煌、榆林等石窟中，有不少绘于五代时期的壁画，其中妇女的衣饰都十分繁缛华丽。安西榆林窟中的五代女供养人图上，有8位盛装的贵妇人。她们的衣裙与晚唐时期的贵妇人服装，如《簪花仕女图》等人物的服装颇为相似。红色的对襟上衣上绣满了各种花鸟纹饰。在外衣里面，还穿有三四层薄薄的纱内衣。长裙的上端一直系到

图117 敦煌莫高窟61窟五代壁画中的回鹘装女供养人

胸部。胸前还束着绣花的抹胸。下面穿着宽大的曳地长裙，裙裾拖在身后有几尺长。肩头披有绣花的帔帛。她们的妆容看起来比唐代的妇女还要精致考究，她们的首饰比唐代的妇女更加繁多。在脖颈上戴有三四重宝石、珍珠项链。头上戴着金花与金叶、金凤等花饰。发髻上插了有6把以上的象牙、玉石梳篦，还有4支金笄、4支银钗。在她们的脸上，贴了花钿、斜红，有点靥等多种化妆。珠光宝气，眉黛妆红，在历代的妇女形象中可以算是外形修饰的冠军了。与此相同的盛妆妇女还可以在敦煌莫高窟61窟的五代壁画中见到。在莫高窟61窟中，还可以见到五代壁画中出现的身穿回鹘服装、梳回鹘发髻的女子（图117）。敦煌莫高窟98窟中，绘有当时敦煌统治者曹议金的回鹘夫人甘州回鹘公主的形象。她身穿织锦长袍，头戴桃形回鹘冠。唐代晚期穿回鹘服装的习尚，到了这里，可以说是日暮时分天边留下的最后几缕晚霞了。

在甘肃省安西榆林窟中，有五代时期的壁画曹议金行香图，上面描绘了当时的敦煌归义军节度使曹议金的形象。他身穿一件大红圆领宽袖袍衫，腰系革带，足着

图 118 甘肃榆林窟壁画《曹义金行香图》

黑靴。头上戴的幞头已经将软翅改作了硬翅。硬翅大约有一尺长短，末端为圆形，向两边平举。幞头的外形方正，可能也已经使用了硬胎（图 118）。这是对唐代服制所作的改革。这样不断地加以修改与革新，使得唐代流行的幞头传到宋代时便形成了一种新的面貌。而曹义金身边的侍卫则是身穿圆领的缺胯短衫，白色窄腿裤子。脚上蹬麻鞋，头戴圆顶无翅的软幞头。他们身上穿的短衫长度仅到达膝盖，两侧开有胯缝。这可能是当时的军服或是下层人民所穿的常服。它适合服役劳作时的需要。也是在唐代服装的基础上加以改进的式样。在敦煌莫高窟 61 窟的《五台山图》、98 窟的《法华经变》壁画中，也有不少穿类似缺胯衫的人物。

　　宋代统一了中原大部，结束了五代十国的分裂状态。这时，除了北方的辽国与西夏两个外部威胁以外，基本上还可以算是一个暂时安定的承平时期。各种制度逐渐恢复，官员的衣冠服饰也在沿承了晚唐五代制度的基础上重新加以确定。宋太祖建隆二年（961），博士聂崇义向皇帝呈递上了他编纂的《三礼图》，请求重新制定服装制度。这种建议应该与宋朝皇帝偃武兴文，规范等级尊卑，加强帝制的意愿相符。故经过皇帝亲自认定，宋王朝重新颁布了自己的官员服饰制度。

　　说是新的制度，实际上与唐代的官员服装并没有什么特别大的区别，同样是将官服分为祭服、朝服与常服三种。祭服的式样与唐代相同，只是把等级限制略作降低。如唐代的五旒冕只限于三品官员使用，而在宋代降低到五品。北宋初期，朝服的式样同样沿袭唐代的官服，仅仅是将进贤冠的梁数有所增加，最高有五梁冠，最低有二梁冠。在元丰二年（1079），宋神宗决定废除隋唐以来依照官员品级确定冠绶的做法，而根据所任官职决定服饰，从而将官职分为 7 级，冠绶也随之分为 7

等。第一等包括亲王、使相、三师三公等官员，他们的冠绶是貂蝉笼巾七梁冠、天下乐晕锦绶带。第二等是枢密使、太子太保等官员，他们戴七梁冠，佩杂花晕锦绶带。第三等是左右仆射至龙图阁直学士等官员，他们戴六梁冠，佩方胜宜男锦绶。第四等是左右散骑常侍至殿中监、少府监等官员，他们戴五梁冠，佩翠毛锦绶。第五等的官员戴四梁冠，佩四雕锦绶。第六等戴三梁冠，佩黄狮子锦绶。第七等戴二梁冠，佩方胜练鹊锦绶。从宋代初年开始，凡是穿朝服时，必须要在脖子上套一个上圆下方、好像后代儿童脖子上戴的璎珞锁片似的饰物，叫作方心曲领。这种饰物在宋代的一些绘画中有所表现。不知道这是不是在表示皇帝要把百官也紧紧地锁住，直到明代官服中，还继承着这种传统。

这样，在宋代的逐渐修正下，朝服制度就彻底脱离了唐代的窠臼，形成了自己的一些特色。

宋代常服，是当时官员们日常穿的服装。它又叫公服、从省服。本质上也是襕衫式样，看起来它基本上是沿袭了唐代常服的式样，但是也进行了一些改进，如将原来细窄的袖子改成宽袖，将衣身放长，几乎达到地面。这些改进在一定程度上是减弱了原来胡服式样的影响，恢复了汉族服装的特色。官员常服有几个基本成分，包括圆领、大袖、下裾上接有一段横襕的襕衫，革带，幞头，黑色皮靴或者皮制的黑履等。宋代的常服与唐代常服一样，也是通过服装的颜色来区别等级高下的。三品以上的官员服装用紫色。三品至五品的服装是红色。六品至七品的服装是绿色。八品至九品的服装是青色。在宋神宗元丰年后，更改为四品以上的服装是紫色。六品以上的服装是红色。七品至九品的服装是绿色。自然，黄色是皇帝专有的服色。

凡是能够穿紫色与红色服装的官员，有资格佩带鱼袋。这种制度是在唐代制定的。唐代官员出入皇宫中，都要使用一种三寸长短的铜鱼符作为通行证。这种鱼符从中央分作两片，中间铸有官名。把它做成鲤鱼形，隐含着李（鲤）氏王朝的意思。为此，武则天在改号大周时，就曾经把鱼符改为龟符。由于龟属于古代神四象中的北方神玄武，所以用它来隐喻武氏。武则天退位，改回唐朝时，龟符又改回了鱼符。为了随身携带鱼符，唐代五品以上的官员都在腰带上挂一个锦绣的鱼袋，把鱼符装在里面。

赵宋王朝建立后，自然要废除鱼符，但是却将鱼袋保留了下来。用金、银饰品加以装饰，分为金鱼袋与银鱼袋两种。亲王还有一种特赐的玉鱼袋。穿公服时，要将鱼袋悬挂在腰间的革带上，用来区别身份贵贱。当时能够被授予金、银鱼袋是非常值得夸耀的荣誉。官员在写自己的履历时还要特别说明一下。如果官职低但是又有特殊情况需要佩带鱼袋时，必须先借用紫色或者红色的公服，称为"借紫金鱼袋"或者"借绯银鱼袋"的官员。

这些都是比较高级官员的衣饰。而低级的流外官吏们，公服就显得简陋一些了。他们的公服不仅饰物较少，而且衣袖也又窄又细，衫袍的下裾也比较短。

宋代官服中最有特色，也最有创新的是官员们头上戴的幞头。虽然幞头在隋唐时期就已经产生，而且相当普及，但是早期的幞头，基本上都是用一块巾帕缠系而成，往往因人而异，没有形成一种固定的式样。而后才逐渐定型，成为常见的头衣。据北京房山云居寺的石经题记记载，唐代中晚期时蓟州城中还有专门制作幞头出售的商店，类似今天的帽店。到了宋代，幞头成为男子的主要头衣，上自帝王，下至百官，除了盛大的祭祀、朝会等典礼以外，一般场合下都戴幞头。这时的幞头已经有了自己固定的形状，大多是硬胎硬脚，纯粹成了一种帽子。宋代文人孟元老的《东京梦华录》以及《梦粱录》等宋代笔记中记录，在宋代南北各大城市的街坊商肆中，都有现成的幞头出售。有些摊贩还以修理幞头为生。这时有人用藤条编成框架，绷上纱罗后，再涂上漆，做成硬胎幞头。也有些人用漆纱直接做成幞头。还有用各种彩纱制作的幞头。形状基本上是分为前后两部分，前面顶部与头顶齐平，后边顶部高起，以便容纳发髻。使用硬胎后，就可以在上面加缀各种花饰。如有名的"生色销金花样幞头"是用金线在幞头上盘出各种花样，五彩缤纷，金碧辉煌，富家子弟经常戴用。

幞头后面的两条巾端，习惯叫作"脚"。唐代时一般是让它自然垂下，或者束紧在幞头顶端。晚唐五代时，由于出现硬胎幞头，不必再用"脚"来把幞头固定在头上。一些藩镇就开始使用硬脚幞头。硬脚是在幞头的脚内加上纱衬、铁丝或者竹篾，使它成为一种固定的形状。具体可以分成直脚、曲脚、交脚、朝天脚、顺风脚等很多种。它们在宋代的文物中大多可以见到。最常见的是直脚，它像两根直尺一样平伸在脑后。最早出现时还比较短，总共只有一尺左右长。像前面提到的五代曹义金像中的幞头就是如此。宋人画的司马光像中，头上幞头的硬脚也不过左右各一尺长。而后来就越伸越长。南薰殿旧藏的宋太祖赵匡胤像，所戴幞头的脚左右各伸长达二尺以上（图119）。据说最长的硬脚可以达到将近一丈。朱熹曾经叹息说："不知几时展得如此长。"幞头直脚的伸长，据说是为了让大臣们在朝廷上站班时互相保持一定距离，避免交头接耳，互通消息。由此看来，帝王们对于臣下的防范实在是无微不至了。

图 119 宋太祖赵匡胤画像

上海博物馆所藏的南宋绘画《迎銮图》，描绘了南宋绍兴十二年（1142）宋使曹勋从金朝迎接客死异乡的宋徽宗、郑皇后及宋高宗生母韦太后棺椁南归的盛大场面。画面上描绘了近百名南宋官员、侍卫的形象。可以看到，他们都是头戴长脚幞头，身穿各色圆领襕衫，腰束革带，足着线鞋。值得注意的是大多数官员的襕衫袖子都比较细窄，不是文献记载的大袖公服式样。只有骑在马上的正使穿着与众不同的宽袖圆领袍服，与文献记载的公服相同。扶护与抬着灵柩的人员也都穿着宽袖圆领长衫，统一头戴类似唐代武弁大冠那样的纱帽，足着线鞋。或许可能是专门规定的丧服。侍从两旁的衙役们，头戴交脚幞头。从宋代的图画、石刻、雕塑等艺术品来看，公差皂隶这一阶层的人一般戴的都是这种向上弯起的交脚或曲脚幞头。在近代发掘的宋代强氏墓壁画、河南省禹县白沙宋墓壁画以及宋代画家张择端所作的传世珍品《清明上河图》等画面中，都可以见到戴这种幞头的侍从、公人等形象。除此之外，还有一种新式的"黑漆圆顶幞头"，这类幞头没有脚，将幞头外层的中央剖开，形成一道缺口，顶部作圆形。这种幞头在小官吏、公差中很流行。宋代画家画的《文姬归汉图》中就有这种幞头的式样。

宋代在冠服制度上非常注重保持旧的传统，而且进一步地明确等级界限。比起唐代来，官员服装中用于标志其身份等级的装饰物明显增多。革带上的饰物也在这时加入了等级标志的行列。早在隋唐时期，人们已经在革带上安装雕花的饰件 —— 带銙。到了宋代，官方对带銙的式样、质料与数目等加以具体规定，形成了一套区别官品的等级制度。如帝王的革带叫作排方玉带，是把四个方形的玉饰、五个圆形的玉饰嵌在腰带上。三品以上的王公大臣也使用玉带。四品的官员使用金饰革带。五品、六品的官员使用装镀金的银饰革带。七品官员使用银饰革带。八品、九品官员使用黑银饰革带。其余的流外小官吏们使用黑银饰或犀角饰的革带。一般的文人与市民就只能使用铁角饰物装饰腰带了。革带上的花饰还有很多花样，它也是根据官职的不同而改变，如有金球路、荔枝、师蛮、宝藏、金涂天王、八仙等等。根据南宋岳珂的《愧郯录》书中记载，有27种不同的花纹名称。随着时代的变化，这些花纹的变化也很大。后代已经无法详细地了解它们的本来式样了。近年来，在一些宋、元时期的遗址中，曾经发现一些精致的玉、银等质料的带銙，给我们留下了具体的实物说明。如1972年在陕西省扶风柳家村的宋代窖藏中出土了9件银制的带銙，上面有浮雕的婴孩游戏图案；还有在江苏省苏州吴门桥元墓中出土的全套玉带銙等。中国国家博物馆藏南宋绘画《中兴四将图》上，四名奋勇抗金的大将张俊、韩世忠、岳飞与刘光世，各随一名侍卫，并排站立。韩世忠腰间束了一条绢带。岳飞的双手交叉在腹前，无法看到腰带。张俊与刘光世的腰带还能清晰地看到，上面都装饰了带銙。它们的花纹、形状不同。张俊的带銙是椭圆形的，刘光世的带銙是长方形的。

宋代服装中变化最大的是人们日常穿用的衣裳式样。它向我们展现了一种与唐代完全不同的社会文化风貌。这和宋代社会与唐代完全不同的文化精神背景具有极其密切的关系。

宋王朝自从它建立以来，就缺乏新兴的刚健活力，在攻打辽国的战争中多次失利，最后只得签订了耻辱的澶渊之盟，向辽国纳贡求和。每年，宋国都要向辽国交纳白银10万两、绢20万匹，以及其他礼品。这种沉重的经济负担无情地压在了人民头上，不仅影响了宋国的经济发展，而且使宋代的统治者们从根本上失去了唐代帝王那种开拓进取、气吞江海的豪迈精神，转成拘谨守业、保持传统的田舍翁心态了。直至南宋灭亡，300余年间，宋朝始终处于在强敌侵略下被动挨打的局面。而宋代统治者转而大力发展经济，放松限制，也促进了多种经营和手工业的发展，商业兴盛超过前世，金融活动也大肆开展。有人甚至认为当时出现了早期资本主义经济的萌芽。

在社会统治的思想意识方面，儒学及其变种——理学占有绝对的优势地位。宋太祖是靠兵变起家的，深知唐末藩镇割据的危害。他统一天下以后，先"杯酒释兵权"，解除了功臣指挥军队的权力，然后大力提倡儒学，重文轻武，尊孔复古。由程颢、程颐奠基，由朱熹集大成的宋代理学就在这种条件下应运而生。程朱理学将儒教中的保守落后因素做了充分的发挥，把封建礼教的伦理纲常奉为至高无上，提倡孝道尊君，愚弄平民百姓要遵守本分，安贫守贱，不得犯上。从而被宋以下的各代统治者封为御用哲学。在中国封建社会衰亡的全过程中，程朱理学一直在起着忠实卫道士和思想刽子手的作用。

在程朱理学"存天理，灭人欲"的鼓吹之下，封建统治者有了尽量压低人民物质条件的借口。宋代帝王在大力搜刮民财享用的同时，却多次宣布要平民服饰"务从简朴"，"不得奢僭"。宋真宗曾禁止百姓穿销金织物和织缬等高级衣料。宋高宗甚至禁止百姓妇女戴用金翠首饰。理学思想自然对此极力迎合。社会舆论与社会的审美情趣在这种形势下也偏向于主张服饰要简朴洁净，不要标新立异，不要奢侈华贵。这样，就造成了宋代社会服装那种素净质朴、简单传统、陈陈相因、日益世俗化的面貌。现藏故宫博物院的北宋名画《清明上河图》，是一幅极其生动的北宋民俗写照（图120）。它以宏大的场面、众多的人物，表现出北宋盛世时都城汴梁的春季景象。由于画卷上各色人物具备，它简直是一场生动的宋代服装展览了。由于官员与差役们的衣着在前面已经谈了，这里主要看一下画面上平民百姓的服装。

画卷上的人物有数百个，农工士商、百行百业无不具备。概括起来，却可以像鲁迅先生在他的小说《孔乙己》中写的那样，分为"长衫帮"与"短衣帮"两大类。官吏、商贾、文人与富庶的市民都穿交领长袍或者圆领襕衫，头戴巾子或幞头，下身穿长裤，足蹬靴、履。衣袖的宽窄不一，但是都比较适中，没有像唐代胡服那样细窄的袖子，也没有像晚唐那样宽大的袍袖。衣身都比较宽松，显然是汉族传统服装的影响在起主导作用。例如几位长衫客，都是穿着交领长衫，头戴幞头或纱帽。

图 120 宋张择端《清明上河图》

一位骑马的老者，左右有衙役护卫，应该是官员身份。他穿着一件圆领的窄袖长袍，可能就是官府襕衫式样。因为是出行，他戴了一顶帽檐长长的笠帽。由于衣服的质料与色彩在画面上无法表示出来，无法进一步区分，这些衣衫的外形式样总体显得变化不大。

虽然宋代标榜简朴，但是手工业与商业还是比较发达的。从纺织技术上看，当时已经能够生产出色彩与纹样都十分丰富的丝织品。从河南、河北到江苏、四川等地都有自己著名的丝织品种。尤其是供给皇帝与高官贵族们使用的丝织品，织造上更为华丽。根据记载，仅四川官府的锦院中织出的锦缎就有八达晕锦、盘球锦、葵花锦、翠地狮子锦、天下乐锦、雪雁锦、春采如意牡丹锦、真红大百花孔雀锦等上百种花色品种（图 121）。从宋代墓葬中出土的松、竹梅缎，可以看出其纹样十分精美。而宋代的印染技术已经能生产出将泥金、描金、印金、贴金和敷彩相结合的高级印花织品。宋代的缂丝与刺绣技术同样是十分高超的。在江西省德安与福建省福州的南宋墓中出土过精美的宋代纺织品，足以证明这一点。

1974 年，在福州浮村发掘了宋朝宗室赵与骏与其夫人黄升、继室李氏的合葬

图 121 在新疆、青海交界地出土的宋代灵鹫球纹锦袍

墓。墓中随葬的服饰细细清理出来后，总共达354件之多。这些衣服的面料，几乎包含了宋代的所有高级丝织品，如绫、罗、绸、缎、纱、绢、绮、绉等等。丝织品之制作精细无比，一件最轻薄的牡丹花深烟色罗背心仅重16.7克。令人叹为观止。制作工艺上，具有印金、贴金、泥金、刺绣、彩绘、提花等大量高端技艺。可以制作出十多种复杂的花纹（图122）。布局自然匀称，富有层次感。

这样精致美丽的纺织品，制作出来的衣服必然非常好看。宋代的世俗社会中，并不乏追求华服美衣的人物。尽管帝王们多次限制平民使用华贵的衣料，但

图 122　福建南宋黄升墓中出土的印花裙

是各种精美的丝织品仍然被民间大量使用。《水浒传》虽然是明朝人写的小说，但其中描写的人物衣着可能还有宋代的影子。例如说柴进身穿"一领紫绣团胸绣花袍……足穿一双金线抹绿皂朝靴"。燕顺在清风山为王，穿一领枣红苎丝衲袄。林冲当教头时穿的是一领单绿罗团花战袍。由此可见，宋代社会中对于服装的质料、色彩与纹饰还是很注重的。《清明上河图》中人物的各种服装，原来也该是五颜六色、华彩缤纷的。

相比之下，穿着短衫的各种劳动者就随便得多，他们衣着式样的变化也比较大。从担夫、小贩到农民、船家，大多数是上身穿短襦或短衫，下身穿裤，头戴巾帕，赤脚穿麻鞋、草鞋。这些襦衫的长短不一，有些长及膝部，有些短才过腰。他们衣裳的袖口、裤腿都比较紧窄，这是为了便于劳作。画面上的不少人正在做活，为了行动方便，他们挽起袖子，或者把裤腿在膝下束紧。更为常见的是把上衣挽到腰间，或者把衣衫的下摆提起来掖在腰带中。有些在腿上扎着裹腿，可能是走长路的人。有的人只在上身穿一件对襟半臂。更有趣的是一些担夫身穿一种由前后两个布片连成的两当式背心，简单原始。这种背心直至近代还可以在北方的农村中见到。甚至有的人不穿裤子，只穿一件短衫，赤裸着双腿。

这些劳动者的衣着在当时应该是颇具代表性的，反映了下层平民的日常服装。《水浒传》中是这样描写石碣村阮氏三雄的衣着的：阮小二"头戴一顶破头巾，身穿一领破衣服，赤着双脚"；阮小七"身上穿个棋子布背心，腰系着一条生布裙"；阮小五"斜戴着一顶破头巾，鬓边插朵石榴花，披着一领旧布衫，……里面匾扎起裤子，上面围着一条间道棋子布手巾"。而《金瓶梅》中描述土作头儿侯林儿的衣服是"青高装帽子，勒着手帕，倒披紫袄，白布裤子，精着两条腿，靸着蒲鞋"。这些文学描述与宋代绘画中的形象是多么的一致啊！

再回到《清明上河图》上来。里面的儿童大多穿短衫长裤。妇女则穿着长衫、对襟的长背子与裙子等。有些外出的妇女身穿长袍，头戴帷帽。

如果结合宋代文献中对于各色人等衣装的描述，我们就能对画面上的人物身份

图 123 宋《卖浆图》

了解得更清楚了。《东京梦华录》中记载：当时卖香的人戴帽，披背子。当铺的管事穿长衫，束牛角带，不戴帽子。酒店里的送酒妇女，腰系青花布手巾，头梳高髻。秀才儒生穿一件黑背子，外面套一件紫道袍，头戴乌纱巾，足蹬黑皮靴。卖干果的小孩子穿白短衫，系青花手巾的缠白布行滕，穿黑衲袄。细细对照，你就可以在《清明上河图》中找出这些具体的人物来。

黑龙江博物馆收藏有一幅南宋时期的《卖浆图》，上面生动地描绘了几个提篮叫卖的民间小贩（图123）。这些地地道道的下层劳动者，身穿交领短衫，头戴扎成幞头式样的薄巾，下身穿长裤。袖子高高挽起，在互相交换茶汤品尝。充满了平民生活气息。他们有的穿着尖头的线鞋，有的穿着更为简陋的麻鞋或草鞋。可见其贫穷生活的艰难。黑龙江博物馆收藏的另一幅南宋画作《蚕织图》上，采摘运输桑叶的农夫大多赤着脚，无鞋可穿，应该是当时贫苦人民劳作时的常态。

不仅有古人绘画的形象记录，尤为幸运的是，我们可以在近代的考古发掘中多次发现宋代衣装的实物证据。在江苏省金坛的南宋周瑀墓中，发现了30多件保存完好的衣物。墓主周瑀是一个太学生，死时年仅20多岁。他的衣物正符合当时对一般文人市民所穿衣装的规定。这些衣服包括对襟宽袖的短上衣、丝绵袄、长背子、交领单衫、圆领单衫，用有折枝花纹的绮制作的裙、合裆裤与开裆裤、裤袜、漆纱幞头、蔽膝，以及用有菱纹的绮制作的丝履等（图124）。其中合裆裤是将前后两幅的裤腿缝合，然后在上面横接一个裤腰，另接三角形的裤裆，在右侧开缝束带。这种剪裁方法是以前没有见过的。它说明当时合裆的裤子已经非常流行了。

在宋代，由于幞头变成了文武百官的官服成分。平民便很少使用它了。这时的文人士大夫中又流行起古代的幅巾。人们充分发挥想象力，创造出多种巾帕包头的式样。文献中记载有程子巾、华阳巾、山谷巾、高士巾、逍遥巾、仙桃巾、唐巾、云巾等等。它们或者是以人物命名，或者是以材料与外形命名。在现在能看到的宋代绘画中，可以找到近百种不同的巾子式样。其中最有名的是著名文人苏轼首创的"东坡巾"。它是一个高高的方形乌纱帽筒，外侧有低矮的上折檐。在宋代画家李公麟画的《维摩演教图》、宋人作《洛阳耆英会图》以及故宫博物院旧藏的苏轼像中都可以见到头戴东坡巾的士人。

图 124 江苏南宋周瑀墓中出土纱交领单衫

　　到了南宋，戴巾的风气更加普遍，就连朝廷的将官们也包巾帛。清宫南薰殿旧藏《历代名臣像》中的岳飞，就是头束幅巾、身穿圆领襕衫的儒将形象。这一形象可能是沿袭南宋绘画中的岳飞形象模式。与中国国家博物馆藏南宋绘画《中兴四将图》中的岳飞衣着近同。宋代文人笔记中记载：当时从公卿百官到皂隶夫役，全都戴头巾，穿紫衫，没有什么明显的区别了。宋代末年，有人曾经想取消巾子，恢复冠帽，竟然不能实行。由此可见宋代巾子流行的盛况了。

　　直至今天，我们还常把唐诗宋词、唐宋八大家挂在口边。可见宋代是封建士大夫文化最为发达的一个时期。宋代形成了一个具有较高文化修养的庞大文人阶层。在他们中间普遍存在着返璞归真、崇尚自然的哲学思想。从北宋开始盛行的山水花鸟画中，表现出一种散淡清雅、平和闲逸的艺术气氛，充分体现出在当时哲学思想指导下形成的审美情趣。与这种情趣相协调，宋代文人喜欢穿宽松朴素的便装。著名文人朱熹给自己设计过一种家常服装。上衣是宽袖直领的对襟短襦，用黑色的绢包上衣边，长度仅到膝上。下身穿黄色的裙子，腰间束一条缘上黑边的白绢带。足蹬方履。如果是接见客人，再束上一条大带。这种便装充分保留了中国古代传统服装的特点，简单典雅，很适合士大夫们既好古又追求闲逸的心理，所以曾流行一时。周瑀墓中出土的对襟衫与折枝花裙就可以组成一套这种便装。一些表现南宋文人闲逸生活和寄情方外思想的画作上，也可以看到这类松散的便装。例如故宫博物院收藏的南宋《槐荫消夏图》上，一位美髯文士袒胸赤脚，在卧榻上悠然酣睡。他穿的就是一件黑绢包边的宽松短衫和一条裙子。

为当时士大夫阶层普遍穿用的，还有宽大的长袍，称之为直裰、直缝或者道袍。这种长袍，背面由左右两个衣片缝合而成，中间的衣缝从上到下是一条直线，所以得名直裰或直缝。宋人评话《错斩崔宁》中便说道："那崔宁，头戴万字头巾，身穿直缝宽衫。"它大多用素纱、素绢、麻布或者棉布等制作。衣料颜色以黑、白为主，这正是宋代官方规定平民百姓可以使用的颜色。宋代文人叶梦得的《石林燕语》中记录当时："举人听服皂（即黑色），公吏、工商、技术通服皂白。"在描写宋代生活的小说《水浒》中，写花和尚鲁智深身穿皂布直裰，系鸦青绦。武松扮作行者以后，一身打扮是"皂直裰好似乌云遮体，杂色绦如同花蟒缠身"。说明直裰也是宋代僧人普遍穿着的衣服，替代了南北朝隋唐僧人日常穿着的僧祇支。直至今天，僧人的日常衣着还是这般式样。而作为僧人礼服的袈裟，则是一幅披裹在身上的宽幅布帛，是源自故天竺日常衣着的外来服装因素。

背子花冠

男士服装大致看过，我们再来看一看宋代妇女的衣装、发式。与上面说的宋代服装大趋势一样，宋代妇女的服装式样也是相对简单的，整体变化不是很大。作为中国传统服装特色的一些基本特点，如直领、宽袖、裙裳、右衽等始终保留着。通常所穿的上衣有襦、袄、衫、背子、半臂、背心等等。在现存的宋代图像中出现的宋代下层劳动妇女往往上身穿襦袄，下身穿裙或长裤。贵族妇女则把襦袄当作内衣，外穿较长的薄衫，或者外罩背子。宋代的女襦与前人相比，腰身、袖口都比较宽松，颜色也比较清淡，讲究素雅。服装专家在考察福州南宋黄升墓出土的衣物时，就发现这些衣物质料的色彩都偏于素淡。由于印染的技术有所发展，衣料多采用变化较多的间色染成，如淡绿色、粉紫色、银灰色、葱白色、天青色等。不断发达的丝织业，使得纱、罗、绢、绫等丝织品仍然成为主要的衣料来源。这时的丝织品可能质量更加精细。宋代诗人描写的"薄罗衫子薄罗裙""藕丝衫未成"等等，都是在表现丝织品的精致。贵妇人多采用的是织锦衣料与绣花锦缎衣料，工艺考究，但色调仍然是以素雅与质朴为主。不知道是由于审美习尚的变化还是由于宋代社会儒家理学思想的压抑，从宋代思想史角度去看，更可能是朱熹理学思想提倡的"存天理，灭人欲"在抑制奢华方面所起的巨大影响。

背子是在宋代新出现的服装式样。女子穿用得最多。男人也时有穿用。但男人一般是不能将背子作为正式服装在公开场合穿的，一般是将背子穿在里面，外面再罩上袍衫。如果在家中时，临时仓促，穿背子出来见客，也必须在上面束一条帛带，同时必须戴帽。不戴帽就是失礼了。只有帝王的仪仗侍卫才有时在外面穿背子。而妇女们则不同。她们的背子完全是穿在外面，作为常服使用。《宋史·舆服志》中规定：皇后在受册封后，回来拜谒家庙时，便要改穿背子。《谈记》一书中记载：宋代皇后和皇太后在饮宴时仅穿黄背子衣。一般妇女也是把背子作为比长袍、衫裙略差一等的礼节服装来穿用。这可能是因为宋代男女地位上的差异，女子作为内眷，不宜随便外出，所以背子这种家居的便装就成了她们的常服，甚至是礼服。而男子则不能将这种便服作为礼服使用。

背子是在前代的半臂和中单等便服基础上发展起来的。半臂原来是武士穿的一种服装，没有袖子，直领对襟，罩在甲衣上。中单是右衽的斜领内衣。背子吸收了它们各自的特点。宋代男子的背子因此也有直领、斜领等式样。专门与公服相配的背子则是圆领。背子一般比较长，袖子也显得细长。但是它们有一个共同的特点，即前后衣裾不缝合，两侧衣衩缝一直开到腋下。由于两侧开衩，所以必须在腰间束帛或者系带。在江苏省金坛发掘的宋代周瑀墓中，出土了7件直领开衩的长背子，福建省福州宋代黄升墓中也出土了妇女背子。给我们保留了宋代背子的实际式样。

妇女穿的背子，据说最早是被婢女们创造出来的。因为它两侧开衩，行走、侍役时比较方便。这种制作简单、行动方便的衣服逐渐被上层士女所接受。从福建省福州宋代黄升墓中出土的妇女背子实物来看，当时女子的背子均为对襟直领，领口与衣襟用同一条宽边一直缘下来，两侧的衣衩一直开到腋下。袖子比较宽，长度大

图 125 山西太原晋祠圣母殿中的宋代彩塑宫女　　图 126 河南偃师酒流沟宋墓出土砖刻厨娘画像

约与两手平齐。有人讲宋代妇女的背子袖宽时可以超过衫子的宽度。宋代女子穿背
子时常不系腰带，衣襟敞开，显得十分潇洒。山西省太原晋祠圣母殿中的宋代彩塑
宫女，是造型极为精彩逼真的艺术佳品，栩栩如生。她们身着窄袖短衫，腰系长
裙，肩披彩帛（图 125）。有些宫女身上还加有一件背子。山西晋城二仙观内的仙
姑塑像，也身着背子。河南省方城县出土过宋代的石雕妇女像，也是穿着这样的背
子。可见当时妇女大多如此装束。

　　在河南省禹县白沙宋墓的壁画上以及传世宋代画卷《瑶台步月图》《太平街景
图》《浴婴图》等画面上，有很多穿着背子的不同阶层妇女形象。一般来说，身份
低下的妇女，如侍女、佣人等，穿的背子比较短。河南省偃师酒流沟宋墓中出土
了一组正在温酒、做鱼的厨娘砖画（图 126）。这些厨娘上身穿的背子比较短，长
仅过臀，袖口瘦窄，十分适宜操作。可见不同阶级的衣着区别之大。劳动者的耕作
需求与贵族富翁的享乐舒适更是有天壤之别。

在酒流沟宋墓中出土的厨娘砖画上，还有一位正在举手束紧头上发冠的女子。她的身上穿有一件特殊的女子内衣。这就是一条上及胸部的织锦裹肚，又称"抱肚"。它应该是宋代女子经常使用的衣饰。宋人评话《碾玉观音》中讲，咸安郡王韩世忠外出时，见到路边一个女孩子身上系了一条绣得十分精致的裹肚，便要虞侯把她要到府中来做刺绣养娘，专门为府中刺绣衣物。由于她与碾玉匠人崔宁私奔，从而引起了一场人鬼相恋的悲剧。这个故事，反映出当时裹肚是十分普遍的衣物，而且上面要精心地绣出各种花样，是绣女们施展手艺的好地方。

宋代女子的下衣主要是裙子。它们大多用罗纱制作，上面加以刺绣与彩画。福建省福州的宋代黄升墓中，出土大量丝织品。上面纺织出，或者绣出多种精美的图案花纹，如牡丹、四季花、动物、卷草、云朵、人物、几何图案等，其中尤以狮子滚绣球花纹最为生动。据记载，当时的贵族妇女还会在裙子上缀加珍珠作为装饰。宋人诗词中形容为"珠裙褶褶轻垂地"。与多用间色的上衣比起来，裙子的颜色显得纯正鲜艳。如采用红、蓝、黄、绿、青、白等。宋代文人诗词中有很多形容女裙颜色的佳句，如"草色连天绿如裙""榴花不似舞裙红""揉蓝衫子杏黄裙""主人白发青裙袂"等。上层社会的妇女，喜欢使用郁金香草染在裙子的布料上，使裙子既有郁金香草的颜色，又带着阵阵香气。正像诗人所咏叹的，是"六幅双裙染郁金"。

上面这句诗告诉我们，宋代的女裙一般用6幅衣料，比较宽肥。据说最多的可以达到12幅，还要在上面做出大量细细的折裥。所谓"裙儿细裥如眉皱"。福建省福州宋代黄升墓中出土的女裙上有60多个折裥。地位更高的贵妇裙子上的折裥肯定要比这件裙子更多。宋人对之有"百迭""千褶"等称呼。后代的百褶裙就沿用了这类式样。折裥繁多，虽然费工费料，价格不菲，但突出的是华贵精致，自然会受到贵妇人的青睐，流传长久。这类妇女的百褶裙，直至清代还有流行。

由于裙子又宽又长，束裙的绢带也垂得很长，加上采用多种材料，如帛、丝织带子、丝绦等，并且编成各种花结，使它也成为重要的装饰品。宋人诗词中经常赞美女子的长裙带。如"绣罗裙上双鸾带""莫怪绣带长"等。

此外，宋代女子在外出时，为了骑牲口方便，会穿一种前后开衩的"旋裙"。这种裙子首先风行在京都女伎中，后来被一般士人仿效，成为一种流行时装。在中国古代社会中，似乎妇女的时髦服装总是由宫廷和妓院两个地方首先创造出来，然后影响世俗社会，形成流行风气。宋代以后，对于宫廷中的封闭禁锢越来越厉害，这种时髦风气的发源地就只有妓院一家了。

最后，我们再把福州宋代黄升墓中出土的全套宋代女子服装详细介绍一下，通过它，看看宋代女子完整的着装情况。

黄升是一个年仅17岁的士人家庭女子。出土时，身上衣着基本完好，保持了下葬时穿着的原状。她的头发梳成高髻，上面插3支金、银钗，4个角篦。脖颈上带了由绣花绶带穿着的凤纹金坠。胸前系心形的鎏金镂孔银香熏。上身穿直领对襟的宽袖长袍，应该是一件礼服。礼服里面一层层套了8件单衫与夹衫，以及背心与抹胸等内衣。下身穿了11件衣物，从外到内依次是百褶裙、围裙、开裆裙裤、开片裤、围肚兜、卫生带等。脚上缠裹脚布，外套丝袜，穿平底翘首丝鞋。这些服装的功能，就是以现在的眼光去评价，也是十分完备的。

宋代妇女的发式与冠髻等首饰很有特色。整体来看，它们继承了晚唐五代的遗风，以高髻为主。南唐皇帝李后主的宫妃们曾经创造了一种化妆式样，是在高高的发髻上插嵌上各式的金玉首饰，然后在发鬟上插上花朵。它曾经流行一时。后蜀的妇女们也喜欢用大量的假发在头上盘出高髻来，称作朝天髻。梳这种高髻时要把头发全部梳到头顶上去，使面部显得整齐干净。宋代妇女的高髻也是如此，一般要达到一尺左右。宋人有"门前一尺春风髻"的诗句来形容它。山西省太原晋祠圣母殿中的宋代彩塑宫女，姿态端庄，动作逼真，有的在洒扫殿堂，有的在服侍饮食，全部脱胎于日常生活中的现实妇女形象。她们中除去少数人是身穿男子袍服，头戴冠帽以外，大多数是梳着高髻。其中有朝天髻，有分成左右两半的双高髻，有外面包着巾帛的包髻等。四川省大足石窟中有一座生动的宋代雕像——养鸡女。她的头上也是梳成一个醒目的高髻。可见高髻一直流行到普通的下层劳动妇女中来。

梳理高髻，一般都要加上假发，有时还要用假发编成各式各样的假髻，使用时就直接套在头上，当时叫它"特髻冠子"，也叫"假髻"。在汴梁、临安等大城市中，有专门生产这类商品的店铺。这种刻意修饰的化妆与宋王朝曾经提倡的俭朴风尚不相符，所以朝廷多次予以干预禁止。《宋史·舆服志》中记载：北宋端拱二年（989），曾经禁止妇女使用假髻和戴高冠。皇祐元年（1049），曾限定妇女的冠子不许高过四寸。但是这种长期形成的风气并不是一纸禁令就能改变的。直到南宋时期，诗人陆游的《入蜀记》中仍记载当时四川的青年未嫁女子发髻可以高到二尺，还在发髻上插六支银钗和巴掌大的象牙梳子，反映出高髻之风越来越盛。

不梳高髻的女子，还有其他很多种发式可供选择。如大盘髻、小盘髻，我们可以在宋代画家的作品《听阮图》中见到它们。又如大而扁的卧髻，也叫"盘福龙"，见于宋人《妃子浴儿图》。还有横梳的云髻，宋人《裁衣图》《瑶台步月图》中的妇女梳理的大约就是这种横髻。

宋代文人范成大有诗："白头老媪簪红花，黑头女娘三髻丫。"在上述的《听阮图》中就有头上梳三个丫角的女孩子们。此外，少女还经常会把头发盘在头顶上形成螺蛳样的圆髻，或者梳成中空的环形发髻。正如宋代诗人黄庭坚所说的："学绾双鬟年纪小。"在传世的《八十七神仙卷》和南宋人所作的《林下月明图》中，就可以看到这种鬟髻的式样。我们在宋代文人的诗歌与文章中，还可以看到"芭蕉""龙蕊""盘龙""懒梳"等多种发髻式样的名称，从这些名称中也可以想见它们的美丽。

发髻高大，上面的首饰也必定华丽繁多。钗、簪等饰物大多用金银制作，头部都要做成各种花鸟形状，还要嵌上各种珍珠宝石。《梦粱录》一书中记载当时的妇女首饰名目有"飞鸾走凤""七宝珠翠""花朵冠梳"等。《东京梦华录》一书里说宫中的侍女们"皆真珠钗插吊朵玲珑簇罗头面"。《金瓶梅》中谈到春梅作了守备夫人时，描写她"戴着满头珠翠、金凤头面、钗梳、胡珠环子"。大约金银珠翠做的头饰只有官员家属才能使用。宋景祐元年（1034），朝廷曾经规定，命妇可以戴金首饰，不是命妇的普通人家女子不许用金器，也不能用珍珠装饰首饰、项链和衣服等。南宋时，也曾多次下令禁止民间使用珠翠金银等制作首饰，甚至把宫中的金银首饰等拿到大街上公开焚化，以告诫世人。

即使这样，使用金银首饰的风气还是不可能完全禁止。1985年，湖北蕲春罗州城遗址发现了一个南宋金银器窖藏。出土了各类金饰和金牌、金箔等近50件。其中包括了宋代金银首饰的主要品类，包括金花筒簪6只、金缠丝钗2对、金步摇1只、缠丝花纹金镯1副、金耳环1副、金竹节耳环1副、金荔枝耳环2副、金累丝瓶莲耳环1副、金蜂赶花耳环1副、金瓶莲鸳鸯耳环1副、盆莲小景儿耳环1副。

图 127 南薰殿藏《历代帝后图》中的宋代花冠

都是制作精巧的华美艺术装饰品。例如金步摇，在钗头的龙首上接出一只凤凰，凤凰的口中衔着一串花果枝，向后弯曲托举起凤凰。枝条上依次錾出桃子、石榴、荔枝、甜瓜和橘子，似乎是寓意丰收甜美。这种步摇的造型可能是宋代的典型式样，在江西永新的北宋刘沆墓中，曾出土一件银镶水晶步摇，四川阆中双龙镇宋墓也出土过一对金步摇。银花筒钗，出自德阳清真寺发现的宋代窖藏。在四川德安桃源山的南宋周氏墓葬中、湖南临澧柏枝乡的南宋窖藏中也都出土过金银簪子。耳环虽小，却显示出精细的制作工艺，从上面列举的蕲春罗州城遗址出土多件耳环的命名上，就可以看到它们主要的纹饰。例如金瓶莲鸳鸯耳环，花瓶的造型采取宝瓶的样子，瓶子的颈部束有丝帛，长带飘垂，瓶身上有三道缠枝卷草纹，下部是一圈仰莲，花瓶的圈足下面悬挂了一个小环，环里有一朵并蒂莲，并蒂莲下系有一个比翼鸳鸯坠子。小小的一个耳环上，竟然錾刻出如此之多的纹饰。其工艺之精巧确实令人赞叹。在浙江建德下王村宋墓出土了一副金菊花耳环，湖州三天门南宋墓出土了一副金梅花带坠耳环。湖南常德桃源株木桥村万家嘴宋墓出土了一副金荔枝耳环。这些近来的考古发现，说明宋代妇女使用金饰的风气还是始终存在的。

上面说过宋朝官方禁止民间使用金银首饰，由于官方如此严禁，宋代妇女的主要装饰就转为花冠与梳子。从敦煌莫高窟的晚唐壁画中可以看到，当时妇女已经在头上插多把小梳子了。北宋时的妇女将这种习尚发展成"冠梳"。它首先在宫中流传，然后逐渐普及到民间。"冠梳"是一种用漆纱与金银珠玉等饰物制成的高冠。最大的可以达到三尺左右的高度。在清宫所藏《历代帝后图》中的宋神宗皇后图中，可以看到后妃们戴的龙凤珠翠冠梳。它是由漆纱做成主体高冠，两侧有博鬓垂肩。冠上缀加金银珠玉等饰物。在冠上要插上多把白色的角质长梳，四周插有簪钗。博鬓是一条长舌形状的装饰物，顶部装饰有金雀、金花等。前额部分的头发外露，上面插白色的小梳子。梳子多为双数，上下两把梳齿相对插在头上（图127）。

后妃们在盛大的典礼中戴珠冠，它是由金银花饰、珠宝等镶嵌而成。所用的珍珠往往上千颗。宋仁宗曾经为此而斥责张贵妃："满头白粉粉的，亦是以珠饰首过多之故。"这类珍贵的珠冠，正见于台北故宫博物院所藏南宋绘本《宋仁宗皇后像》。画中仁宗皇后头戴精工细作的黄金凤冠，上面嵌满珍珠，脖颈上还戴着珍珠项链。两旁的侍从女官，头戴幞头，上面也装饰着各种金银珠宝花饰。还可以参见清宫南薰殿藏的《历代帝后图》中宋神宗皇后戴的龙凤珠翠冠。那确实是珠光宝气，华美非凡。

平民百姓却只能用鲜花与假花编的花冠来装饰自己。宋代的花冠以花多取胜，多采用桃、杏、梅、菊、荷花等真花。假花则使用绢罗、通草、玳瑁等材料制作。有些还把各种花朵簇集到一起，叫作"一年景"。当时汴梁市面上就有许多专门经营花冠的商店与专门修理花冠的手艺人。根据宋人笔记中记载，当时的花冠有旋心冠子、玉版冠子、宝相冠子、软条冠子、茅山冠子、楚州冠子、金线冠子、杨花冠子等许多名目。宋代妇女戴花冠是非常普遍的。河南省禹县白沙、偃师，山西省壶关、长治等地的宋代墓葬壁画中都有头戴花冠的女子形象。上述《历代帝后图》中，宋神宗皇后侍女的花冠看上去是由近百朵各色鲜花组成，十分精致美观。而下层劳动妇女有时只在发髻的根部插一圈花饰，洛阳邙山宋墓壁画中就有这样的花饰式样。

女子的化妆、画眉等面部修饰应该一直延续下来。但是贴花钿之类的化妆可能不大时兴，尚无有关的文物表现。宋代词人晏几道的一首《蝶恋花》中曾经歌唱了宋代女子的形象，称"碾玉钗头双凤小，倒晕工夫，画得宫眉巧。嫩麹罗裙胜碧草。鸳鸯绣字春衫好"。寥寥数语，却生动细致地把宋代妇女的衣饰化妆从头到脚描述出来了，正与上面介绍过的出土文物相应相符。

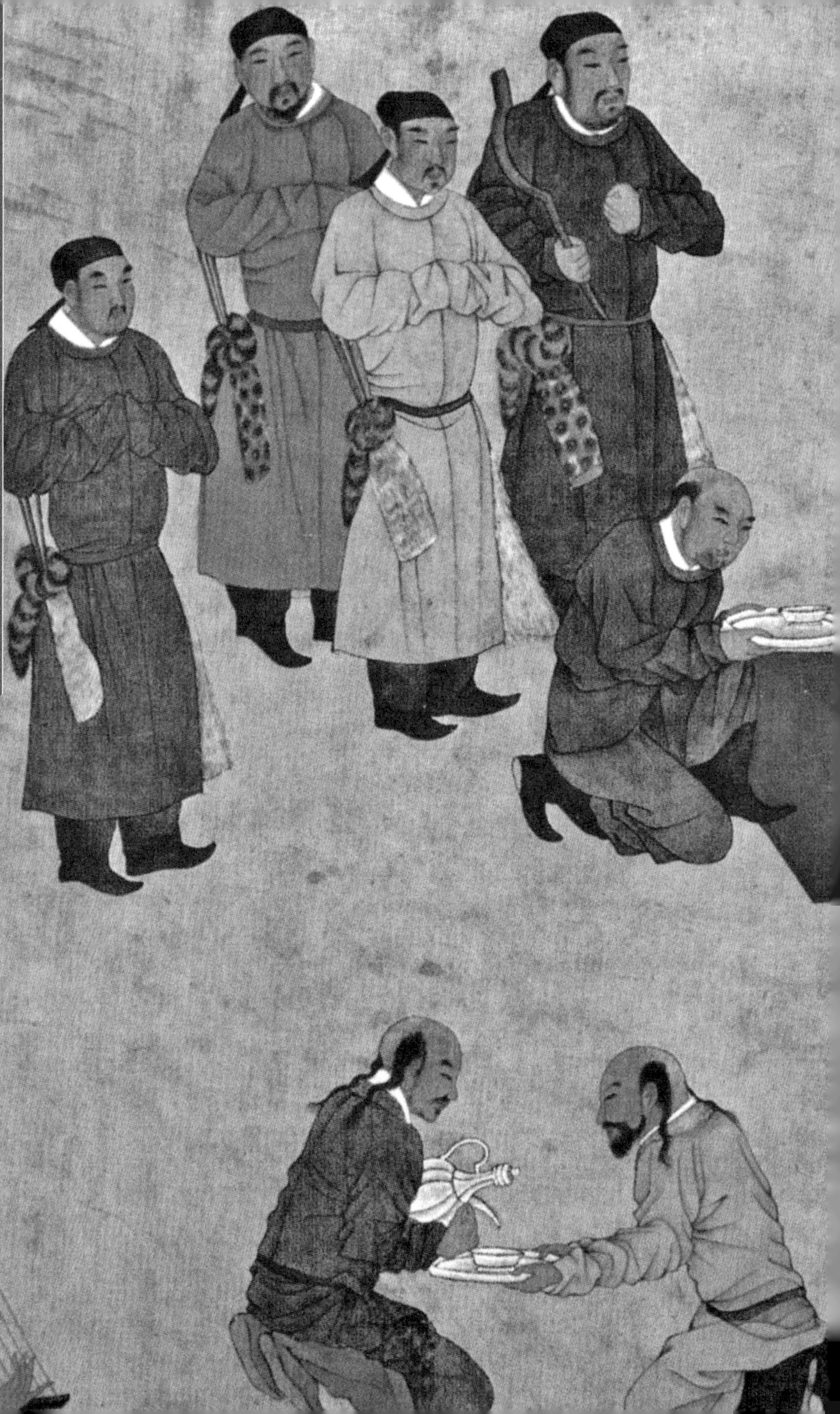

北方秋色

辽金西夏

北宋的疆域远远不及盛唐的辽阔，北方边境后退到河北北部到陕甘北部一线。在原来的唐代北方区域，兴起了两个强大的少数民族政权：辽与西夏。以后，兴起于黑龙江一带的金国又消灭了辽，成为宋在北方的劲敌，并且将北宋灭亡，使南宋领地退缩到江淮以南。南宋时期，蒙古族在北方草原崛起，并且逐渐消灭了西夏与金，最终消灭了南宋，建立了蒙古族统治的大帝国 ——元。这段历史时期中，各个民族的文化与习俗，包括服装习俗，在中原大地上互相影响，展现了一幅新的画面。

辽，是契丹民族在五代时期建立的国家，占有今河北、山西北部以及辽宁、吉林、黑龙江、内蒙古等地。宋辽之间，既存在着尖锐的国家民族矛盾，又存在着经济文化上的广泛交流。汉族文化与汉人的服饰给了契丹民族重大影响。同样，契丹的一些文化习俗，也由民间传播到宋朝境内，使汉族服装中带上了北方民族的痕迹。

辽国官员的服饰制度，就受到了汉文化的熏陶。辽国在五代时并吞了后晋，便将后晋的文物、衣冠、甲仗等掠夺而去，用它建立了仿效汉族的国家制度，选用汉人官员。这是为了便于统治新占领的汉族土地与居民。当时规定太后与北班契丹臣子穿用契丹本族的服饰，而国王与南班汉族官员穿用汉服。汉服，实际上就是后晋的官服。它的式样基本上是沿循唐代的官员常服，即身穿圆领襕衫，腰系玉带，足蹬黑靴。到了辽代乾亨年间（979—982），又进一步规定，北班官员在行大礼时也要穿汉服。这说明汉族官员服装制度的影响更加深入。

1992年，在内蒙古阿鲁科尔沁旗罕苏木苏木发掘的辽代贵族耶律羽之墓中，出土有一件薄铜片裁剪錾刻而成的武士形象，正面鎏金，他身披铠甲，头戴战盔。铠甲包括护胸裲裆甲、护臂甲和保护下身的长长甲裙（图128）。在内蒙古巴林右旗岗根苏木床金沟5号辽墓中，保存了一批精美的彩色壁画。在其前室东壁和西壁的南段壁龛中绘有两尊武士，左右相对。有学者认为它是门神。这两尊武士所穿的铠甲式样和耶律羽之墓中出土的武士铜饰片形象基本相同。应该是辽国武将通用的戎装。这套铠甲，与宋代军队武将的铠甲式样基本相同，看来是接收了宋代戎装的制式。而宋代军队武将的这种戎装可以上溯到南北朝时期甚至更早，是中原武将的传统铠甲式样。早在北魏的宁懋石室画像中，我们就可以看到与此基本相似的武士铠甲形象了。

作为游牧民族，契丹人的传统服装以适应草原生活的长袍为主。平日里男女都穿着同样式样的袍子。它的式样一般是圆领，窄袖，紧身，下摆大约与小腿相等。左衽，即衣襟向左面掩上，是它与传统汉族服装的最大区别。根据《辽史》中的记载，皇帝在大的祭祀活动中，要穿白色的绫袍，戴金冠，束红色的腰带。腰带上还要挂着鱼状的装饰。皇后穿络缝红袍。臣子们穿身材细窄的锦袍。在辽宁省法库县叶茂台辽墓中出土了辽代的锦袍。它是用棕黄色的罗纱面料制成，在上面平绣了丰富的五

图 128 耶律羽之墓中出土铜武士饰片

彩花纹。如领口有两条龙纹，肩部、腹部、腰部绣着身骑凤凰的簪花仙人与桃花、蓼花、蝴蝶、水鸟等。这些图案基本是来源于中原的汉族文化艺术，说明当时辽国境内的衣着装饰仍在受到汉族文化的影响。一般臣民的长袍显得比较朴素，没有这样多的花纹，颜色也比较灰暗，大多选用暗蓝、深褐、赭石、铜绿等比较耐脏的中间色调。这可能与契丹人一直过游牧生活，在草原野地到处奔波，而不大讲求洗涤卫生的习惯有关。

在传世的契丹画家胡瓌的作品《卓歇图》中，将当时契丹人的民族服装描绘得十分详细（图 129 ）。这幅长卷让我们看到一些契丹贵族在外出狩猎时，结束狩猎，在野外休息与宴乐的情景。画上的男子们身穿圆领的窄袖长袍，袍身长度与小腿肚相齐。长袍的圆领中，露出半圆形的白色领口，可以说明袍子里面穿着内衣。下身穿着套裤，足蹬高腰皮靴。腰间束带，挂着箭囊、刀与豹尾等物品。有些人物的长袍衣襟翻起，露出里子上的毛皮。看来这些长袍都是裘皮制作的。这些衣物既显示

图 129　契丹画家胡瓌的《卓歇图》

图 130　内蒙古奈曼旗辽陈国公主墓出土银靴

了唐代中原服装的影响，又保留了契丹服装适宜射猎的特点。在宋代画家绘制的契丹人物《还猎图》中、吉林省哲里木盟库伦旗、辽宁省康营子等辽墓的墓室壁画中、故宫博物院藏辽代画家程汲之的《便桥会盟图》中，都可以看到类似的服装。库伦旗辽墓壁画中的契丹男子，将长袍掖在腰间，露出裤子，手执马鞭，足蹬长靴，更显示出草原牧民的粗犷剽悍。靴子是契丹服装的必配。1986 年，内蒙古奈曼旗青龙山镇发现了辽代陈国公主墓。墓中出土了一双鎏金银靴（图 130）。尖头短靿，上面錾刻鎏金花纹。它与内蒙古赤峰市阿鲁科尔沁旗宝山一号辽墓壁画等处绘出的契丹人物所穿靴子外形基本一致，应该是契丹靴子的写真。

女子们则身穿左衽的交领长袍，袖子细窄，袍子比较长，衣裾曳地。袍子的左右两侧开衩。长袍内穿有白色的交领内衣。下身在袍内穿裙，腰间束着锦带。锦带在前面打结后，余下的两端长长地拖在身前（图131）。内蒙古赤峰阿鲁科尔沁旗宝山1号辽墓中画了两个契丹族女仆，其中一个就是这种装束，而另一个则穿男式的左衽短袍，下面穿裤子，与男子十分相像。北京市昌平南口陈庄村出土过一个辽代女陶俑，她身穿一件圆领、窄袖的袍衫，外套一件齐腰短袄，两手对插在袖口中，足蹬圆头鞋。内蒙古巴林左旗白音乌拉苏木白音罕山的辽墓中，出土了一座青砂岩雕刻而成的契丹女侍俑。她身穿一件左衽交

图 131 内蒙古库伦旗 2 号墓壁画上的契丹妇女

领长袍，衣袖细窄，腰间扎有一条宽带，在前面束结。长长的宽带两端垂在腹前。整套衣物显得十分简朴清雅，而左衽长袍则明确表现出契丹民族的不同特色。在多地发现的辽墓壁画中都出现有类似的女装，说明它是辽代十分普及的女装式样。

辽代的巾帽制度与其他民族有显著的不同。《辽史》中记载，除了皇帝与有一定级别的官员可以戴冠、巾之外，其他人一律不许私自戴帽。无论盛夏还是严冬，中小官员与平民百姓都只能光着头顶。所以，我们在表现辽代人物的画面上，看到只有少数地位较高的贵族头戴黑巾，而其余的人都光着头。贵族们在冬天戴一种毡笠。这是契丹人特有的帽子，用毡子与皮毛制成，上面还装饰着金色的花饰。辽代陈国公主墓中其驸马萧绍矩与之合葬。墓中出土有一件可能属于萧绍矩的金冠帽，用镂花金片制作，主体是一个椭圆形的高帽，两侧附有长长的耳翼，帽顶装饰有一座坐佛像。这种帽子可能就是当时贵族头衣的仿制品。

契丹人的发式十分特殊，汉人称之为"髡发"，认为它像古代罪犯的发式。实

际上，北方游牧民族已经持续使用这种发式达 1000 多年。在《后汉书》中就对这种发式作了详细的记述。辽代的各种图画中绘出了"髡发"的具体式样。它是将头顶的头发全部剃光，只在两鬓或者前额部分留下少许头发，各垂成一缕。也有一些人在额前蓄留一排短发，或者在耳边披散一些鬓发。还有的是在头部的左右各留一绺头发，经过整理，做成种种形状后，让它下垂在肩上来。2000 年，在内蒙古巴林左旗白音乌拉苏木白音罕山的一座辽墓中出土了一座青砂岩雕刻而成的契丹侍从像。这个男仆头顶剃光，额头前面留有整齐的短发，两缕长发从耳前鬓角垂下，耳戴圆形耳环，身穿窄袖圆领长袍，腰束绢带。1991 年，在内蒙古敖汉旗喇嘛沟的一座辽代墓葬中，发现一幅《出猎图》，画面上五个手持弓箭、乐器、战靴，臂架猎鹰的侍从，全部是将头顶剃光，在四周留有短发，并在鬓前或脑后留一缕长发。这些发式就是典型的契丹人"髡发"。而在 1954 年内蒙古赤峰市大营子的辽国驸马墓中，曾出土一件人头形鎏金银饰件。刻绘了一个满腮胡须，英武逼人的契丹人形象。他头顶的头发只是剪短，没有剃光，只是在鬓角与脑后各留有两缕长发垂下。类似的发式出现在内蒙古赤峰市阿鲁科尔沁旗宝山一号、二号辽墓壁画中。这两座墓葬属于辽代早期，墓葬的墓道与墓室中保存了大量精彩的壁画。上面绘制了大量侍卫、仆从等男性人物。他们的发式就都是不剃光头顶，只把头发剪短，披在头上，另外在鬓角前留两缕长发。看来契丹男人的发式也有多种变化，并不一律把头顶剃光。或许辽代早期时还不把头顶剃光，后来才兴起这种风习。但它们都属于披发的形式，这与中原汉族蓄发梳髻的做法有着根本的不同，也是两种文化的明显区别。

与中原妇女比起来，契丹妇女的发式非常简单，一般是披发、梳辫子，或梳成高髻、螺髻、双髻等。士族人家的女孩子小时候也像男子一样髡发，出嫁时才把头发留起来。她们的发髻上一般不加任何冠饰，通常只勒上一条锦带。身份高一些的老年妇女头戴黑纱巾子。有人在上面嵌一些玉饰，称作"玉逍遥"。同在上述内蒙古巴林左旗白音乌拉苏木白音罕山的辽墓中，还出土了一座青砂岩雕刻而成的契丹女侍俑。她的头发在脑后梳成一条大辫子，从后面向额前盘绕一周，并且在额头正中束有一个大花结。这种式样很像藏族妇女至今还在采用的日常发式。

与中原贵族一样，契丹上层社会中也流行佩戴各种金银珠宝饰物。辽代陈国公主墓中出土了大量精美华贵的饰物。例如一件由122颗小珍珠、2件琥珀龙形饰件和42件金饰片组成的头饰。做工精巧，龙纹极其生动，翘首扬尾，腹部下面接刻一朵飞云，下穿金丝连缀金饰片等。龙首连接金丝穿上小珍珠形成的长链。整个造型和谐美观。另外一对琥珀珍珠耳坠也是采用同样的制作方法，用细金丝穿缀而成。琥珀挂件刻成摩羯形小船，上面还刻有桅杆、鱼篓、划船捕鱼的人物等。从辽代壁画和陪葬俑等文物上看，契丹妇女佩戴耳坠是很普遍的。在辽宁建平张家堡辽墓、锦州张扛村一号辽墓、内蒙古察右前旗豪欠营二号辽墓等处都出土过各种式样的耳坠。内蒙古阿鲁科尔沁旗罕苏木的辽代重臣耶律羽之墓中出土过三件摩羯纹的金耳坠，做工包括焊接、錾刻、打磨、锤打等多种技艺，十分精巧。陈国公主墓中，还出土了黄金镂花薄片缀接成的香囊。类似香囊还见于内蒙古哲里木盟库伦旗一号辽墓中的壁画出行图上，画中的女主人就佩戴一个黄色葫芦状香囊。陈国公主墓中出土的还有多件金镯，錾花金指套，交颈鸿雁、鸳鸯玉佩件，双鱼玉佩件，组合动物玉佩，龙凤玉佩，胡人驯狮纹琥珀配件等极其精致的装饰物，充分展现了辽国贵族奢华的生活方式与贵族妇女佩饰的实际状况。内蒙古赤峰市还曾经在当地征集到一件凤形鎏金银钗。钗首饰一只展翅欲飞的凤凰，站立在团花牡丹之上。造型别致精巧，是辽代头饰中的精品。这些饰品的纹样、制作工艺都反映出中原文化的影响，甚至可能就是中原工匠制作的。

中原的丝织品在北方也十分流行。1989年，在内蒙古巴林右旗辽代庆州释迦佛舍利塔的塔刹相轮中发现了276件辽代供养人安放的丝织品，大多保存完好，色泽鲜艳，让我们看到辽代纺织印染刺绣技术的精湛成果。其中一件蓝色梅花蜂蝶罗地绣巾，采用平针绣法，主题图案是梅花、蜂、蝶等，还有山峦出云、柳枝以及联珠纹等花饰。同出一件红罗地绣经袱，用平针绣法绣出联珠纹、蓝白色装饰带、骑马人物以及犀角、双钱、法轮、珊瑚、磬等法宝纹样。骑马人物戴皮帽，穿窄袖袍，足蹬皮靴，双手各架一只海东青，是契丹猎手架鹰出猎的反映。表现了浓厚的契丹民族特色。这证明中原丝织品曾大量流入辽国，成为重要的服装原料。而中原的刺绣技艺也同时传入了北方。由此可见，人们物质需求的影响力远远超越了民族国家之间的隔离与对立。贸易交流始终是各民族之间联系的重要纽带。

契丹民族的特色服装也曾经影响过宋朝境内的汉族衣着式样。尤其是这些服装比较适宜骑马时穿，容易被与辽国相邻的北方居民接受。宋代统治者对此十分反感，曾经多次发布诏书，禁止百姓穿契丹服装、戴毡笠以及骑乘鞍辔，甚至连妇女服装采用铜绿、兔褐等颜色的面料也不允许。其中被禁止得最厉害的，就是被称作钓墪服的袜裤式衣装。

短襦长裤，历来是北方民族服装的特点。中原地区从唐代后期以来，已经将这种服装排除出了汉族服装式样。但是，由于它有相对便利的实用性，在下层百姓中仍有不少人穿用这种衣服。在宋代时，民间的裁缝们受到契丹衣着的一些影响，曾经创造出一种新的妇女服装——钓墪服，一时很是流行。今日仍保存在故宫博物院中的宋人画卷《杂剧人物图》中，有一位正在演出的女角，身上穿的正是这种钓墪服。它以短小便捷见长。上身是对襟窄袖的短袄，下身穿长裤，膝下套长布袜。袜子的上端系在膝盖下弯处，足踝上还要系带。脚上穿弯头短筒布靴。明显是一身练武的短打扮。明清小说中经常提到跑江湖卖解的女杂耍演员一身短打，称之为"跑解马的打扮"，可能就与钓墪服相差不远。这种服装与男装相似，而且具有契丹民族的服装色彩。这样，在传统礼教空前强大的宋代自然不会有它的容身之地。宋代朝廷曾经多次下令禁止汉族妇女穿钓墪服。大约是杂剧演员演出中有所需要，得以法外施恩，继续穿用。我们也侥幸得以了解到钓墪服的原来面目。

此外，我们在辽代墓葬的壁画中还见到大量穿类似中原服装的人物，例如河北省宣化辽墓壁画《备经图》《点茶图》等画中人物。他们穿圆领袍服，戴幞头，只是下身穿长裤，足蹬皮靴，表现了一些游牧民族的特色。这些可能是在辽国生活的汉族居民，在很大程度上还保留着汉族的衣着习惯。

位于西北的西夏王朝，是党项族建立的地方政权，统治地域包括今天的陕西、甘肃北部、内蒙古西部与宁夏等地。西夏人的衣着与中原衣着比较接近。大概是因为西夏与宋朝之间的文化贸易往来更密切一些吧。西夏国自称与宋朝是甥舅关系。每逢过年过节时，宋朝必定派出使臣前往西夏，携带去大批礼品，如锦绣绸缎、服装金银、茶叶食品等。这些交往会使西夏的文化习俗深受宋朝影响。他们衣着中的民族特色也就不是那么明显了。在甘肃省的敦煌莫高窟壁画、安西榆林窟壁画中都保留着一些属于西夏时期的供养人画像，通过它们可以了解到西夏的服装式样（图132）。西夏男子主要穿圆领窄袖的袍服，也有交领的长袍，衣襟右衽，与唐朝流行的服装很相似。女子身穿交领长背子，内系细裥百褶裙，足着尖头弓鞋。敦煌莫高窟409窟中的西夏王妃画像，身着大翻领的对襟宽松长袍，下裾曳地，袖口紧窄，包着手腕。衣服的彩饰鲜艳繁多，具有明显的西域胡服风格。

党项族人的头部衣饰与中原的汉族具有明显的差别。党项男子经常戴圆箍形的毡帽，或者戴一种底部小、顶部大、向后方斜披的冠。也有的男子戴一种高高的圆筒形毡帽。毡帽下面的四周有一圈向上翻的短檐。帽子后面缀有垂下的绸飘带。如果不是顶部呈尖形，就很像宋人戴的东坡巾了。盛装的党项妇女往往在头上戴一个桃形的金花冠。例如敦煌莫高窟409窟的供养人王妃、安

图 132　甘肃榆林窟壁画中的西夏女子

西榆林窟的女供养人等形象。这种金冠与唐代末期风行的回纥冠十分相像，可能也是沿袭西域回纥服饰的影响。

女真人建立的金国，在灭亡辽国以后，自原始的渔猎部落社会一跃而成为北方强国，统治了已经进入封建社会的大批北方各族居民。统治的需要迫使它承继了辽国的官吏体系与礼仪制度。根据《金史·熙宗本纪》记载，金天眷二年（1139），百官朝参时，开始使用统一的朝服。天眷三年（1140），就正式颁布了冠服制度。将皇帝、皇后与百官的礼服、朝服等服饰式样都做了明确的规定。皇统七年（1147），又规定了臣子的祭祀礼服。大定三年（1163），规定了臣子的公服式样，从而形成了一套完整的服饰制度。

金国的冠服制度，更多的是吸收了唐、宋王朝汉族官员的服饰成分，但比较简单朴素。皇帝的祭祀礼服仅为通天冠与绛纱袍。朝服是淡黄长袍，腰束乌犀带。官员的朝服是红色的大袖罗衣与红罗裙，戴进贤冠。公服则为圆领襕衫。服色分为

紫、红、绿等三种。五品以上的官员穿紫袍，六品、七品的官员穿红袍，八品、九品的官员穿绿袍。这些规定，都是效仿宋朝汉族官员服装制度的。

　　女真人有一种风俗，即人死后实行火葬。尤其是贵族死后，大多不用棺椁，焚尸存灰，甚至连其生前使用的鞍马衣物与奴婢也一同焚烧。这种葬俗使得金代一般人的服饰实物很少能保存下来。不过在近年，也难得地获得了一些金代服装的实物遗存。例如1988年在黑龙江发掘出的一座金代贵族墓葬中出土的服装饰物。但是在介绍这批出土文物之前，我们先借助传世的一些有限的图画及记载来看一看金国的服装情况。

　　金人的服装与契丹人的服装相似，外面穿圆领的窄袖左衽长袍，下身穿裤子与长筒皮靴，腰束革带，头戴皮帽或缠罗巾。比起契丹人来，他们的袍子显得更短一些。河南省焦作的金代墓葬中出土过穿着女真袍服的陶俑，可以反映金国服装的一种式样。从金代画家张瑀的《文姬归汉图》等画面上看，他们袍子的边缘都露出里子上的皮毛（图133）。说明女真民族的服装大多用皮毛制作。曾出使金国的宋朝使臣洪皓在《松漠纪闻》一书中的记载："北方苦寒，故多衣皮。"金国富贵人家的

图133 金代张瑀《文姬归汉图》局部

袍子多用貂鼠、青鼠、狐狸、貉子等珍贵皮毛或者羊羔皮制作。这是由于北方寒冷，皮衣保暖性良好的缘故。而穷人只能穿獐、鹿、麂、狗、猫甚至鱼、蛇等动物外皮制作的皮衣了。随着金国与中原交往的增多，女真人也逐渐用绢、帛、织锦等丝织品制作衣服。富人可以穿丝绸、纱罗、织锦以及白细布的服装。穷人仍然以皮衣为主，顶多在夏天穿件粗布衣服。

　　金人的服装色彩比较单调。他们最多采用的是白色，此外，多选择与周围环境色相近的颜色，如黑、绿、蓝等。衣服上的花纹也主要是一些鸟、熊、

鹿、花卉以及山林等图案。有人认为，这是由于女真人以狩猎为生，这些服装色彩与花纹是他们生活的表现，同时也有在狩猎时隐蔽与伪装的作用。

女真民族的发式具有自己独特的风格。男子是将头前部的头发剃光，其余的编成辫子，垂在身后，而且往往把带色的丝带、布条等编入辫子，作为装饰。这与后来的清朝满族发式是一脉相承的。妇女也编辫子，但是不剃去顶部的头发。年纪大一些的妇女就把发辫盘成发髻。在金国逐渐南下，受到越来越多的汉族影响后，妇女戴头巾的增多，戴花冠等头饰的现象也有所出现。

与历代的女装相比，女真妇女的服装是最简单的。女真民族还处于原始狩猎阶段时，不论男女，都穿着相同式样的兽皮长袍。灭辽以后，才逐渐向中原汉族的女装式样靠拢。从传世的图画、陶俑等艺术品上看，金国的青年妇女上身穿一种叫作团衫的长衫，它交领、窄袖、左衽。衣裾前可齐地，后可拖在地上一尺多长。下身还穿有六个折裥的裙子。这些服装的色彩一般采用黑、紫、绀等深重的颜色。金国妇女中有一种比较新颖的特殊裙子式样，就是用布帛裹上细铁丝做成裙圈，衬在裙内。然后再在外面罩上一条单裙，使它成为一个蓬起的喇叭形。在河南省焦作金墓中出土的女陶俑就穿着这样一条喇叭裙。这种式样是在中国服装史上前所未有的。它使我们联想到在欧洲宫廷流行一时的带有裙撑的曳地长裙，不同的只是那种裙子中的骨架采用鲸鱼骨制作而已。这种风气是不是受到金代这种裙子的影响，还是很值得研究探索的。

已经聘定待嫁的女子，可以穿背子。这种背子的色彩非常鲜艳。一般用红色或银褐色的锦缎制作，上面绣金色的花纹。它的式样与宋人的背子相似。只是更长一些，后摆可以拖地。金人的贵族妇女还要戴"云肩"。这是一种用锦缎绣成的菱形披肩。四周裁成如意云纹的形状。有些还在边缘上缀有流苏。是一种具有游牧民族特色的精美装饰品。它在后代的妇女衣装中一直保存下来，成为中国贵族女装的一个重要组成部分。

金国上层的服饰早期还比较简朴。至天眷二年（1139）才确定了官员的朝服。由于金代统治者与中原汉族在经济文化上的交往日益频繁，金国的上层贵族们在服装穿着上也接收了越来越多的汉族文化传统。使用的服装材质也包含了大量的中原丝绸等纺织品。这里就要提到1988年在黑龙江省阿城巨源乡城子村西发掘出的一座金代齐国王石椁墓。这是比较罕见的保存完好的女真贵族墓葬。在墓中的一具朱漆木棺内葬有男女二人，所着衣裳冠履带等衣物均保存较好。主体均为丝织品。其种类包括金锦、彩纹地金锦、绢、暗花罗、绫、纱等。衣物有幞头、冠、袍、带、短衣、蔽膝、抱肚、裙、吊敦、袜、鞋、靴等。这些衣物的式样与材质反映出明显的中原汉族服装影响。制作这些服装的织造装饰工艺种类繁多，工艺精巧，具体技法有织金、织纹、暗花、针绣、盘绣、结系、印金、敷彩、剪接、编绣、钉缀等。此外，还出土了墓主人身上佩戴的各种佩饰、随葬的日常用具等，其材质有珍珠、玉、金、银、象牙、角料、玳瑁、玛瑙、松石、藤、木皮革和铁。佩饰花样精美，此外还出土了白色或褐色的香粉、沉香木、蒲絮等。

例如墓中男主人所戴的皂罗垂脚幞头，就是一件明显出自中原汉族制度的头衣。它以皂色罗缝制成一个半圆形的巾帽，前额的正面折叠缝出开口的三角形褶，后边交叉叠角，上面平顶，缀有窄条丝带作为垂脚。金代文献记载，官员的常服中包括幞头，多称为"巾"，女真语称"踏鸥"。在这件幞头后面下缘的左右两侧，装饰有两件白玉雕刻的装饰物 —— 纳言。宋代的大臣冠与皇帝、皇后的冕、冠后面都装饰有这种"纳言"。可见金国也学习采用了宋朝的官员服饰。这两件白玉纳言雕刻成振翅的天鹅形状，在天鹅的嘴中还衔着莲花，雕工精美，是珍贵的玉雕文物。男主人所穿的两件金锦蔽膝，应该是来自中原礼服的服装成分。上面讲过，早在商周时期，中原就有了蔽膝（韠韨）的存在。后来韠韨一直是帝王及官员礼服的重要组成部分。宋辽金时期，宋代礼服中仍有蔽膝。金国官员穿着蔽膝应该是受到宋朝礼仪制度的影响。但由于北方寒冷，金人又以骑射为生，它可能更强调了御寒和保暖的功能。

男主人身穿的紫地金锦襕袍，盘领、窄袖、左衽，则是一件保持女真人服装特征的袍服。女主人的外衣中，也包括紫地云鹤纹金锦绵袍与绿地忍冬云纹夔龙金锦绵袍等华美的袍服。同样是左衽、窄袖的宽大袍服。

上面提到的钓墪服，也在这座金墓中找到了实物存在。钓墪服，又称吊敦。是一种连着布袜的套裤，分为左右两条，套在腿部。男女所穿的吊敦有所不同。男子的吊敦不连袜子，只是两条裤腿，上口敞开，下口缀有一条横套带。上口齐至大腿根部，用带子系紧，下口的带子被蹬在足心，免得裤腿卷带上去。而女子的吊敦下面是筒状的袜子，不开口，穿着时脚一直套下去，类似今天的长筒袜了。这座金墓中的男女主人均穿着用丝绢缝制、中层絮有薄丝绵的吊敦。还有丝绸缝制的禅衣、大口裤、夹袜、抹额、大带、褾裙、团衫、抱肚、绣鞋等内外多层、式样繁多的丝绸服装。例如女子的内层衣裳是直领。窄长袖、短身的素团衫，用轻薄的半透明纱縠缝制。内衬一件黄朵梅暗花罗纱团衣。团衣的下缘仅齐胸部。下身穿褐绿地全枝梅金锦绵褾裙。

这里出土的两件女子抱肚也是很珍贵的服装实物。由于抱肚是贴身的内衣，以前的绘画、雕塑等人物形象上很难见到全貌。而这两件抱肚保存完好，可以看到它是用三幅布料拼接缝成的一个大片，两侧钉缀四副襻带，下缘钉有两副襻带。穿着时将整个布片包裹在胸腹间，接口在背后，用两侧的襻带绕到胸腹前束紧。下缘的襻带则分别穿过大腿内侧结束。这样就把抱肚严密地包裹在身体上了。这种服装也是汉族的传统衣着，早在汉代就有"抱腹"这种衣物名称出现，应该就是宋金抱肚的先源。

墓中女主人作为上层贵妇，不仅衣着质料锦绣华贵，还佩戴有一些精美贵重的饰物，如金珰珥、红玛瑙项链、穿有绿松石蟾蜍吊坠的香盒等。就拿她头上的一顶花珠冠来说，就使用了珍珠500多颗。它先用铁丝编织成一个蜂窝状的六角形丝网作为骨架，上面以皂色罗纱盘成细绦小菊花形状后编出三层覆莲瓣纹作底，再在这些莲瓣上装饰珍珠，冠后还缀有两枚白玉雕刻的练鹊纳言，并垂有长长的绢带。想来当年这顶珠冠一定是华彩缤纷，光耀四座的。《金史·舆服志》里面记载过：皇后的礼服中有"花珠冠"。可能就是指的这种女子冠帽。金国所在地区历来以出产珍珠闻名，称作"北珠"或者"东珠"，"美者大如弹子，小者如梧子，皆出辽东海汉中"。据《东京梦华录》记载，连宋朝帝王的皇冠也是用北珠装饰编结的。

根据出土纺织品的特点分析，这些丝绸应该是来自南方的宋朝产品。其主要来源是宋朝给金国贡纳的岁币。史书记载金太宗时，宋朝每年要向金国纳岁币丝绢三十万匹，至宋绍熙年间，还要每年纳绢二十万匹。金国用这些绢帛赏赐给文武百官，也用它支付官员的年俸。这座墓的墓主齐国王完颜晏官至太尉，年俸丝帛380匹。足够他们享用如此丰富精美的衣着。而随着南北贸易交通的发展，北方民间使用南方丝帛制品的情况也不是多么困难的事情了。

草原风貌

一代天骄成吉思汗的蒙古铁骑扫荡了亚洲北方，甚至征服了欧洲东部，从而建立起幅员辽阔的蒙古帝国。他的子孙们陆续发兵南下，灭金、灭西夏、灭西辽，最后消灭了江南的南宋朝廷。中国历史上出现了一个由蒙古族统治的统一王朝 ——元朝。蒙古民族的服装也就在中原大地上占据了一席之地。

蒙古族也是一个以游牧为主的草原民族。他们的传统服装非常简朴。基本上一年四季都穿着相同的长袍、裤、袄与靴子。这些衣物大多用皮革、毛毡制作，很少使用装饰品。他们男女的袍、袄，在式样上没有太大的区别，也没有贵贱的不同。如果要区分贵贱上下，只是在衣料的质地上有所区别。他们的袍子一般是窄袖紧身，右衽，为了挡风，常采取立领，为了骑马的便利，下摆做得比较宽大，可以遮住鞍座与在马身两侧的双腿。

在陕西省西安的广义园曾经出土过一些元代的男女陶俑。他们全都穿着窄袖的宽大长袍。男子的衣袍下裾与小腿平齐。女子的袍裾曳地，外面罩一件左衽上衣。男子头戴一顶蒙古族特有的圆形笠子帽。这种帽子有一圈宽檐和半球形的圆顶，很像当代士兵戴的钢盔。当时的蒙古族男子常戴这种帽子。山西省赵城县广胜寺中保存有精彩的元代壁画。其中有一幅杂剧的表演场面，上面一些演员便戴着这种笠帽。敦煌莫高窟332窟的元代壁画中也有戴这种笠帽的人物。甘肃省漳县的元代汪世显家族墓葬中出土过一些笠帽实物，一种是在前半边加硬帽檐，后半边加软遮檐的。据说这种帽子是元世祖的皇后给他设计的。元世祖见了很高兴，就命令把它作为正式式样，全国仿效。还有一种就是上面说的四面硬檐的笠帽，帽顶缀有一串玉石珠子。山西省沁水县的元墓中也出土过骑马的陶俑，他们头戴的笠帽也是多种多样，有上述的两种，还有窄檐、上缀红缨的式样。此外，还有四边帽檐向上折起的毡帽。说明当时的帽子在笠帽的基本式样上有着多种变化。

另一类笠帽是四方形的，有人叫它瓦楞帽。是用四个大小相同的梯形毡片缝成帽身，上面再加缝一个帽顶。制成的帽子看上去像一个倒放的斗。在河南省焦作的一座金代墓葬中，出土一组由蒙古人与汉人混合组成的舞乐陶俑。其中的蒙古俑头戴瓦楞帽，身穿窄袖方领短袍（图134）。在现存的元代刻本《事林广记》插图中，

图 134 河南焦作金墓出土舞俑

可以看到有些蒙古族人士戴着这种瓦楞帽。陕西省西安元代段继荣墓中出土的彩绘陶俑也戴着这种瓦楞帽。山西省大同的元冯道真墓中，还出土了用藤皮与草编织的瓦楞帽。看来这种帽子已经流行很广，不论汉人、蒙古人都可以使用了。

值得注意的是，河南省焦作金墓中出土的舞乐俑身穿一件新颖的袍子，它就是在元代时非常流行的"辫线袄子"。这种窄袖的短袍在腰间缝出许多整齐紧密的横向折裥。折裥上还缝有纽扣。在衣衫下部的袍襟上也做出大量细密的折褶。这样制作的衣衫有一定的伸缩性，便于在马上射猎驰骋。所以很受蒙古武士的欢迎。由此流行开来，直至明代前期，帝王与大臣的便服中还保留有这种服式。元刻本《事林广记》的马射总法中，专门绘制出了这种服装的式样。

蒙古族的头发式样很有特色。根据文献记载，蒙古族的男子全留一种叫作"婆焦"的发式。它有些像中国古代小孩子留的三搭头。在宋代画家的作品《村童闹学图》《货郎图》等处可以看到留着三搭头的小孩。这种发式是把头顶中央留一绺头发，两侧各留一绺头发，梳成小辫，其余的地方全剃光。看上去真是童稚可爱。在元代绘画上见到的"婆焦"也是这样。它先在头顶上斜向交叉剃两条直线，把头发分为四部分。脑后的一部分剃光。头顶前部的一部分可以剪齐或者修饰成桃形、尖角形等式样。左右两部分的头发编成发辫，结为环形，从耳旁垂至两肩。清宫所藏的《历代帝王像》中元成宗像画的就是这种发式。另外，男子戴大耳环也是蒙古族特有的装饰习惯。

蒙古人进入中原后，处于统治者的优越地位，沉溺于繁华奢侈的享受之中，生活习俗上受到汉族文化的极大影响。表现在服装上，就是衣着饰物的日趋华丽。蒙古人纷纷学着穿用汉族官员贵族的各种衣饰，甚至连宋朝严禁平民使用的龙凤图案也胡乱使用。蒙古衣装与汉族的服饰因此都在互相交融中产生了各种微妙的变化。例如在陕西省西安出土的元代陶俑，身穿短袍，衣袖细窄，下摆宽大，具有蒙古人衣袍的特点，却又采用了汉族服装中的右衽交领式样。而山西省平遥双林寺中的元代泥塑妇女像，虽然穿的是汉族襦裙，但是衫子大多采用窄袖左衽的蒙古式样，有的还在襦裙外面加套一件半臂。江苏省无锡郊区的一座元代墓葬中出土了一批妇女衣物，它们里面有几件上衣的袖口都十分细窄，另一双绸鞋，鞋头尖翘。这些特点都表现出受到蒙古衣装影响的痕迹。

这种衣装混乱的情况一直持续到元代中叶，元世宗及元英宗时，才下令中书省确定各类官员与人民的服色等级，建立了衣冠服饰制度。并且参考唐宋的官服制度确定了与其大致相似的冕服、朝服、公服式样。但是元代的官制有自己的特点，三公不常设，丞相的人数也不确定，官员因事而设。所以官员的服装也不是很严格。一般一品官员的服装是右衽的团花紫罗服，戴舒脚幞头，束玉带。二品官员的服装是右衽的小团花紫罗服，戴舒脚幞头，束花犀带。三品官员穿散答花紫罗服，束荔枝金带。四、五品官员的服装是小杂花紫罗服，束乌犀带。六、七品官员穿小杂花绯罗服，束乌犀带。八、九品官员的服装是没有花纹的明绿色罗服，束乌犀带。

元代统治者为了巩固自己的统治，对各民族采用分而治之的做法。其手段之一就是把百姓分为四个等级：蒙古人为第一等，色目人（即西亚、中亚与西域各民族）为第二等，以下是汉人（北方的汉族居民）、南人（南宋的居民）。以后，又根据职业将众人分为十等。为了镇压汉族的民族意识，蒙古统治者特别压制与贬低知识分子，将儒列为乞丐与娼妓之间的第九等。说起来，"文化大革命"中的"臭老九"之称还是那时的遗毒。这种政治压迫造成的优势心理使得元代的蒙古人自以为身份高贵，在吸收汉文化的同时仍顽固地保持着蒙古族的传统衣着。质孙服与顾姑冠就是蒙古服装的突出代表。

质孙服是蒙古宫廷大宴时，天子与百官穿的冠服。汉族人称它为一色衣。这是上衣与下裳相连接的一种袍服。衣式比较窄，腰间做出无数细密的折褶。它可以根据其颜色与饰物分成不同的种类。元代来到中国的意大利人马可·波罗在他的《马可·波罗游记》中记载：元朝每年要进行大朝会13次，出席朝会的有爵位官员约12000人，同穿一色的金锦质孙服。皇帝的冬服质孙一共有十一种。每种的颜色、质料与相配的帽子都不相同。仅帽子就有金锦暖帽、七宝重顶冠、红金答子暖帽、白金答子暖帽、银鼠暖帽等。夏服的式样达十五种，帽子有宝顶金凤钹笠、珠子卷云冠、珠缘边钹笠、白藤宝贝帽、金凤顶笠、金凤顶漆纱冠、黄雅库特宝贝带后檐帽、七宝漆纱带后檐帽等，都是镶嵌珠宝的贵重冠帽。百官的质孙分为九种冬服、十四种夏服，也是根据衣料和颜色来区分的。

制作质孙服的衣料要求十分考究。经常使用的衣料有色彩鲜明、花纹富丽的"纳石矢"。它是一种用金线和丝织成的锦缎。上面有各种奇特精美的花纹，灿烂夺目。此外，还采用从西方传入的波斯式金锦、细毛呢，以及贵重的紫貂、银鼠、白狐等皮毛。质孙服上面普遍镶嵌着各种珠宝，最讲究的甚至是用大粒的珍珠缀结而成。就连帽子上镶嵌的宝石也有红宝石、绿宝石、猫儿眼、绿松石以及各种蓝宝石等几十种。《南村辍耕录》中记载：大德年间，有商人卖给官府一块重一两三钱的红宝石，嵌在皇帝一顶帽子上，它的价值相当于中统钞十四万锭。元代的祖母绿宝石，一直到明代还价值连城。一两祖母绿宝石可以卖到四百两黄金。

元代皇帝对于帽子非常重视，凡是工人献给皇帝的每一顶新式样帽子，都不许工人再给别人制作。大德元年（1297），有一个工匠给元成宗做了一顶新式的黑羔皮细花斜帽。元成宗见了，马上下旨说："今后这皮帽子休做与人者，与人呵，你死也。"专制帝王的霸道就是如此蛮横无理。这些新式的帽子也就"锁在深宫无人识"了。

图 135 元皇后画像

图 136 西安元代墓葬出土女陶俑

现在保存在台北故宫博物院的元世祖皇后彻伯尔像，身穿蒙古族的贵妇装束。头上戴着一顶高高上耸、式样奇特的帽子。这叫作顾姑冠。制作顾姑冠要用桦木做骨架，上面包裹着红绢，用金帛做顶。冠顶上用四五尺长的柳枝或铁丝做一个高起的细架，上面包青毡，呈现一种上大下小的长筒形。

顾姑冠随着妇女身份的高低而加缀各种不同的装饰。彻伯尔戴的冠用红、黑两色的织锦制成，顶上缀满珍珠。在耸起的高冠上用珠宝嵌成花饰。左右两侧，还悬挂着大颗珍珠制成的珠宝串（图 135）。在甘肃省安西榆林窟的元代壁画中，也有一些妇女戴着顾姑冠。这些冠的样式比较简单，仅仅在帽圈上缀加一些翠花的饰物，在高冠上缀几颗珠宝。帽子的后面垂下一块绢帛。而一般的蒙古族妇女只是用粗毛织物制作冠帽，顶多在上面插两支野鸡羽毛作为装饰。可见贫富之间的区别还是很明显的。

附带提及，元代民间的广大汉族人民仍然基本保持着宋代的衣冠服饰。这与元代官场盛行蒙古衣着的现象形成明显的对比。幞头、圆领袍衫、襦、裙、背子、冠巾等汉族的传统衣着在元代的美术作品和陶俑雕塑中经常出现（图 136）。山西省右玉宝宁寺藏元代水陆道场画中，描绘了一些元代的读书人。他们大多穿圆领袍衫，腰系革带，头戴幞头，足蹬皮靴，完全是一副宋代官员的打扮。还有些人穿着大袖交领的儒袍，戴巾子。画卷中男女老幼的形象也穿着汉族的短袍、襦衫、长裙等。山西省洪赵广胜寺的元代壁画上，也同样有戴幞头、穿圆领衫的平民男子。他们的衫子比较短，露出小腿，脚上穿靴子。表现出一些蒙古风俗的影响。而同在这些画面上的官吏、武士形象，却都是穿典型的蒙古服装，如戴笠子帽、穿窄袖开衩袍等。显示出蒙汉之间、官民之间的明显区别。

汉族衣冠在元代得以保留这种现象，不是保留简单的风俗习惯，而是保存了汉族的传统文化与民族意识，为推翻元代的统治，驱除蒙古势力做了基础准备。清军入关后，迫不及待地强迫汉族改装易服，并且坚持到清朝末年不予改变。可能就是吸收了元代这一教训吧。

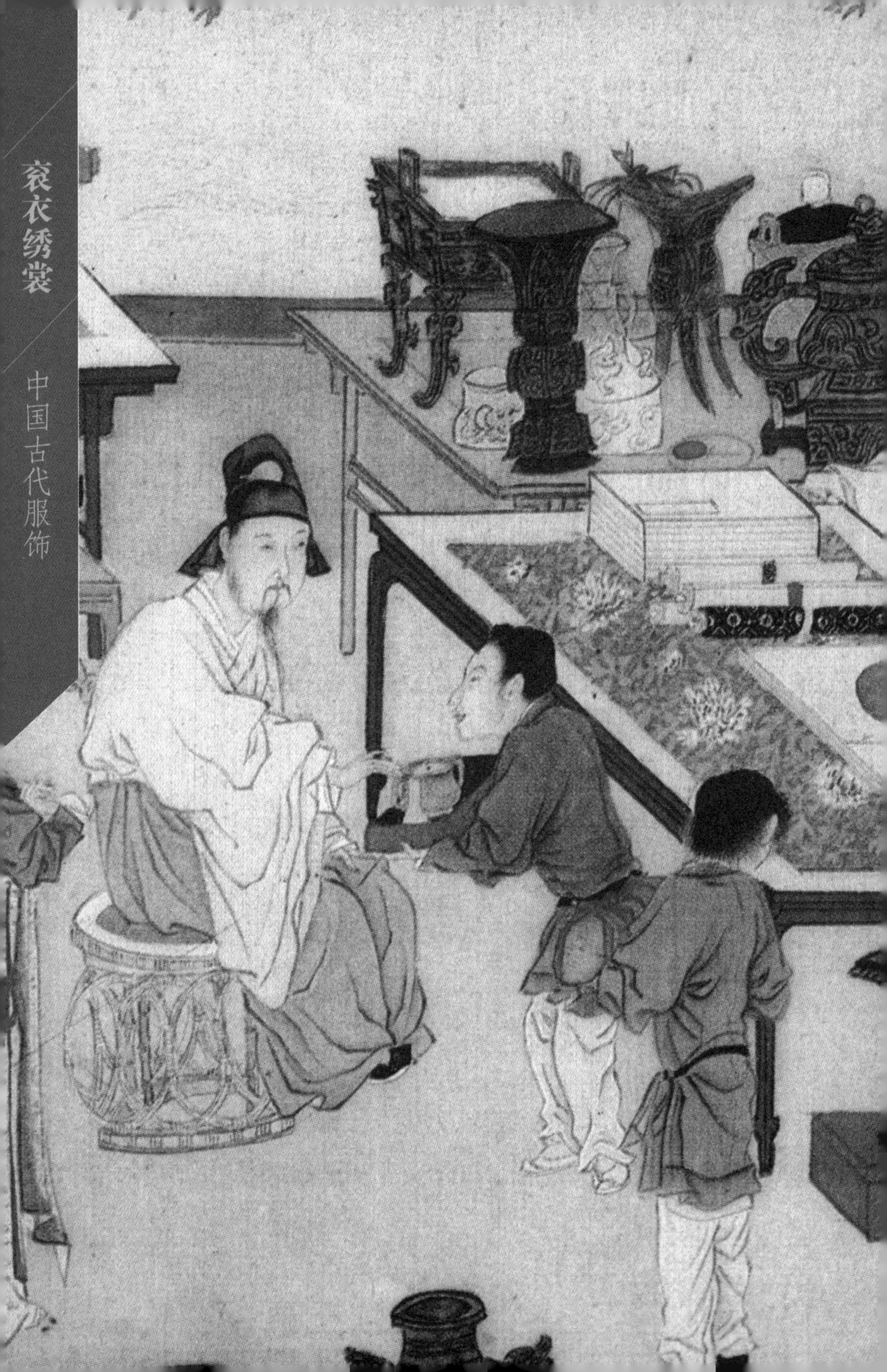

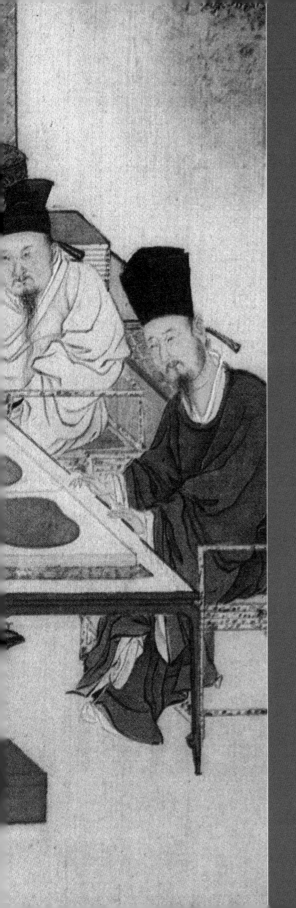

明清衣冠

专制阴影

宋代以来，封建社会开始走向它的末日，预感到危机的到来，中国的封建统治者们日益加强了专制集权，而官僚政治的腐败也越来越厉害。这种情况下的官员服装，自然表现出更加明显的等级色彩与专制气息。明代的官服制度便是其突出的代表。

"大江东去，浪淘尽，千古风流人物。"转瞬间，汹涌澎湃的农民起义浪潮就冲垮了庞大的蒙古帝国。而混入红巾军中的小和尚朱元璋乘机篡夺了起义军的领导权，铲除异己，消灭了陈友谅等割据势力，驱除了蒙古军队，建立他的大明皇朝。这样一个从最底层爬上来的专制统治者，最怕的就是别人把他手中的权力夺过去。所以，朱元璋登基后，集历代专制统治经验之大成，实行了一套有史以来最完备的封建统治制度，滴水不漏地对社会各方面加以强迫性的严厉控制。

为了保证其专制制度的贯彻，明代加强镇压。刑法空前残酷，出现了剥皮、抽肠、挑筋、铲头等种种惨无人道的酷刑。明代皇家的特务机构——锦衣卫与东厂，更是大量屠杀无辜。当时社会上偷偷流传有一首咏布袋和尚的诗："大千世界活莽莽，收拾都将一袋藏。毕竟有收还有放，放宽些子又何妨？"表达出了人民大众在残酷的专制压迫下敢怒不敢言的极度悲愤。

上面说过，中国服饰始终与社会统治、礼仪制度紧密相连，带有浓重的意识形态色彩。衣冠制度自然是专制制度的首要表现。例如清宫旧藏《历代帝王像》中绘制的明代皇帝常服。这件常服，用黄色的绫罗制成，上面绣有团龙纹、翟纹与十二章纹。盘成圆形的飞龙，怒目圆睁，血口大开，给袍服带上了一种充满肃杀之气的威严，表现着皇权的尊贵与恐怖。

在皇帝服装上绣出大型的团龙花纹，是在明代正式形成的礼仪制度（图137）。我们看宋代以前的帝王画像，他们的服装上还没有各种团龙图案和龙纹。被当代人看作是中华民族象征的龙，在上古时期，还只是人们心目中的一种神异动物，带有一定的平民性。它的形象广泛出现在人们的日用品装饰中。唐代的官员墓葬中还出土过金质的龙形饰物。而到了唐、宋时期，龙便逐渐开始被皇家占有，宋代甚至一度严禁民间使用龙纹图案，严禁市民百姓提及龙字。著名的河北省赵州桥，始建于

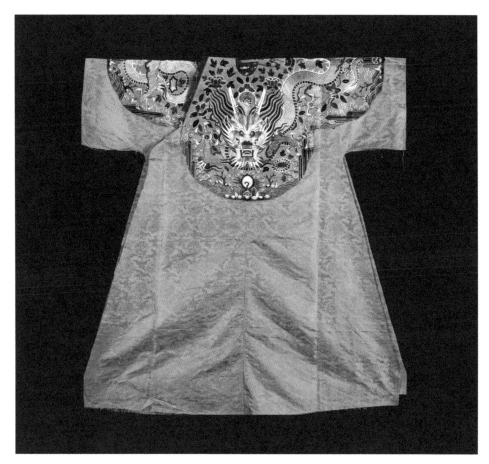

图 137 明代龙袍

隋代，栏杆上原刻有精致的浮雕花纹，其中不少是十分生动的龙纹。而在宋代的禁令之下，这些栏杆都被拆毁，投入河中，直至20世纪50年代才被发掘出来。到了明代，龙更成了帝王独有的徽记，成了彻头彻尾的专制威权的象征。这时龙的形象，与唐、宋以前绘制的龙完全不同，抛弃了朴拙、飞逸等来自民间的特征，变得凶恶残暴。人们把明代的龙称作牛头、蛇身、鹿角、虾眼、狮鼻、驴嘴、猫耳、鹰爪、鱼尾。（似乎这样一个拼凑的怪物才能显示出封建帝王的威严与凶猛。有人还要把它当作民族的象征，岂不怪哉。）

绣龙的帝王常服，是明代皇帝最常穿用的衣着。它由朱元璋在明洪武三年（1370）正式确定，包括织有金线盘龙纹的黄绫圆领窄袖袍、折角向上巾、玉带

图 138 北京定陵出土皇帝金冠

与皮靴。

折角向上巾，是用乌纱制成的。它的外形与软脚幞头相似。20世纪50年代，有人不顾当时的文物保护条件，强制挖掘明陵，给明代文物造成了重大的损失。在保存下来的文物中，有一件用金线编织的皇帝金冠，出土于明万历皇帝与皇后合葬的定陵（图 138）。它也是一种折角向上巾。其前部做成半球形，后部高起，上面做出双龙戏珠的纹饰。冠后面竖起两个窄圆帽翅，显得金光灼烁，华贵不凡。

明世宗嘉靖七年（1528），曾经规定了一种新的皇帝常服，叫作燕弁服。它包括用十二瓣乌纱缝合成的弁帽、黑色的袍服、玉带、白色的袜子与黑色的丝履。在袍服中间，前面绣一个盘龙团纹，后面绣两个盘龙方纹。在领子与袖子上一共绣了五九四十五条龙纹，衣襟上绣了四九三十六条龙纹，合起来是九九之数。腰间的玉带上也缀有九件刻着龙的玉片。让如此之多的龙缠绕起来的皇帝，真是比叶公还要"好龙"了。

面对着这样让人眼花缭乱的"龙"，朝廷上的百官恐怕只能处于飞禽走兽的地位了。实际上，皇帝的心中也是这么想的。早在唐代，据说武则天就让臣子们穿绣有各种动物花纹的衣服，但是我们还没有见到这样的实物证据。而在明朝，各级臣子真是被比喻成各种禽兽了，才好在龙的面前"百兽率舞"。这就是明代官员常服上新出现的等级标志——"补子"。（它可真是专制统治者那阴沉木脑袋中少有的天才主意。）不光可以让飞禽走兽在龙的面前臣服礼拜，还可以让他们上下有序，等级分明。

补子是两块正方形的织锦。上面织有各种动物为主的花纹图案。使用时将它缝在官员的服装上，前后各一块。所以这种官服也叫作"补服"。它为明代以来近600年的官场所沿用，成为封建等级制度最突出的代表。

根据《明会典》和《三才图会》等文献的记载，明太祖洪武二十四年（1391）制定的官员补子图案可以用下面的表格表现出来：

官 阶	补子纹样	
	文 官	武 官
公、侯、伯爵与驸马	麒麟与白泽花纹	
一 品	一只仙鹤	一只狮子
二 品	一只锦鸡	一只狮子
三 品	一只孔雀	一只老虎
四 品	两只云雀	一只豹
五 品	两只白鹇鸟	一只熊
六 品	一只鹭鸶	一只彪
七 品	两只䴙䴘	一只彪
八 品	两只黄鹂	一头犀牛
九 品	两只鹌鹑	一头海马
流外杂品	练鹊	
监察司法官员	獬豸	

近年来，在上海的一些明代墓葬中曾经出土当时官员的补子。例如曾任光禄寺掌醢署监事的潘允征，在他的墓葬中出土了一方织有两只黄鹂的补子，这与他的从八品官职完全相符。在另一座墓葬中还出土了七品官员的䴙䴘补子。1991年，在江西省德安的明代熊氏墓葬中出土了一件练鹊纹样的补子。此外，一些收藏家还保存有明代的狮子、獬豸、仙鹤等纹样的补子。在一些传世的明代官员写真画像上，也可以清楚地看到他们所穿的补服。如明代的孔闻韶像、邢玠夫妇像（图139）、江舜夫像等。这些实物，证实了补服制度始终在被严格地执行着。当然，由于制度本身的弊病，在明代中、后期也出现了一些滥用高级补子的现象。尤其是武职的官员，滥用老虎、豹等补子，最后竟发展到各级武官都使用狮子补子，也无人加以禁止。甚至有的锦衣卫指挥佥事竟然使用只限于亲王使用的麒麟补子。

图139 明人绘邢玠夫妇像

图140 北京南苑苇子坑明代墓葬出土官员补子

这种风气在出土文物中也有所反映（图140）。1997年，江苏省武进横山桥镇的明代王洛家族墓葬中就出土了4件补服，上面有狮子补子与仙鹤补子，比墓志中记载的他们的实际官职要高一些。破坏专制制度的往往就是专制者最为倚重的力量。军人与特务的气焰如此之盛，正是源于明代末期专制统治日益腐败、濒于崩溃，而不得不更加依靠军事镇压与特务统治的政治形势。而这种做法，只能日益激起民间的反抗，将封建王朝的基础越拆越多，直至崩塌。

　　明朝初年，为了消除蒙古统治的影响，首先便重新规定了新的服饰制度。洪武元年（1368），学士陶安等人提议根据汉族以往的传统服制确定皇帝礼服。明太祖认为，在祭祀天地宗庙时，应该穿衮冕；拜祭社稷等场合，可以穿绛纱袍，戴通天冠；其余的各种冕服就不必再继续使用了。而后，经过多次更改补充，最终形成了一套新的服饰制度。将皇帝、后妃、王公大臣的礼服、朝服、公服、常服等都做了具体规定。直至明朝末年，这套规定也没有什么大的改变。其中皇帝的服装包括冕服、通天冠服、皮弁服、武弁服、常服等几种。与前代相比，明代的冕版改为前圆后方，前后各有12条垂旒。上衣为黑色，下裳为黄色，绣有十二章纹。蔽膝改为黄色。足蹬黄袜与有金饰的黄舄。洪武二十六年（1393）又加以修改，将下裳改为深红色，蔽膝与袜、舄也同样改为红色。通天冠服包括：加有金博山和金蝉的通天冠、仿照深衣式样的绛纱长袍、绛纱蔽膝、方心曲领、白袜、赤舄。皮弁服中最特殊的是头上戴的皮弁，它用乌纱拼制，前后各有12条缝，每条缝上缀着12颗五彩玉石。与之相配的是绛纱衣、绛纱蔽膝、白袜、黑舄。而武弁服的弁帽、衣裳、蔽膝等全部用红色的皮革制作。武弁的顶部尖锐，上面有12条缝。每条缝上面也都缀有五彩玉石。比起唐宋时期来，明代皇帝的礼服种类有所减少，这与朱元璋曾提倡简朴也许有一定关系。

　　皇后的服装有礼服与常服。礼服是红色的袆衣，上面绘有深青色的翟鸟，下身系有蔽膝。清宫旧藏《历代帝后像》中的明代孝恪皇后就穿着一件这样的衣服。与此相配，头上戴翡翠圆冠。冠上装饰着九条翠龙、四只金凤、大小珠花各十二树，十二支花钿，还有六扇博鬓。它也叫作凤冠。在北京昌平的明神宗定陵中，发掘出四件保存完好的后妃凤冠，上面由珠翠宝石装点得光彩夺目。这些凤冠的结构非常精巧。先用金属丝编出圆形的框架，然后在它的表面与衬里各罩一层黑纱。冠的下沿用金属丝编出舌头形状的博鬓，左右分开。博鬓上镶嵌有各种珠翠，边缘上缀有下垂的珠串。冠上嵌装各种金饰和珠翠花钿，有九龙四凤、双凤翊龙、六龙九凤、十二龙九凤等多种花样。嵌宝最多的一件凤冠上竟有2000多颗珍珠。件件金碧辉煌，价值连城。

　　洪武三年（1370）规定的皇后常服是：双凤翊龙冠、绣金龙凤纹团衫以及金玉珠宝首饰、金玉带等。洪武四年（1371）改为龙凤珠翠冠、大袖红色上衣、红罗长

裙、红背子。衣服上面都织成金龙凤纹，再加上绣花纹饰。肩上披霞帔。永乐三年
（1405）再次加以更改，头上是皂縠冠，上面有翡翠博山、珍珠和一条金龙；身上
穿黄色上衣、红色的鞠衣、深青色的背子等。鞠衣上面织了金色的云龙纹。背子上
绣有金团龙纹。最后，还要披上深青色的霞帔。霞帔上有金线绣的云龙纹样，顶端
装饰着珠玉的坠子。这一套服装现在还有图样留下来。《历代帝后像》上的明孝文
皇后穿的就是这套常服。

朝服，又叫祭服，是主要的礼仪服装。洪武二十六年（1393）的法令中规定，
文武百官的朝服都改为唐宋式样的有梁冠、红罗上衣、红罗裙与蔽膝等。里面贴身
穿白纱中单衣，足着白袜、黑履，腰系革带，佩绶带。官员的品级高下是通过梁的
数目多少和绶带的纹饰来区别的。可参见下表：

品　级	冠　梁	绶带与革带
一　品	七梁冠	云凤四色锦绶带，束玉带
二　品	六梁冠	云凤四色锦绶带，束犀角带
三　品	五梁冠	云鹤花锦绶带，束金带
四　品	四梁冠	云鹤花锦绶带，束金带
五　品	三梁冠	盘雕花锦绶带，束银带
六品七品	二梁冠	练鹊三色锦绶带，束银带
八品九品	一梁冠	鸂鶒二色锦绶带，束乌角带

在冠的顶部，一般还插有一支弯曲的竹木笔杆，笔杆上端有用丝绒制作的笔
毫。这叫作"立笔"，是仿照汉唐时期的"簪笔"制度确定的。此外，在公、侯、
伯爵以及驸马的梁冠上，还另外加戴了四方形的貂蝉笼巾。这是在乌纱制作的四方
笼巾上嵌附了金质或玳瑁质的蝉，以显示其地位的尊贵。公爵的冠上还要插上雉
尾。现存的明代绘画《范仲淹写真》中套用明代制度，给范仲淹画上了貂蝉笼巾和
七梁冠。它的样式与明代绘画《越中三不朽图赞》中新建伯王阳明的冠一模一样。
甚至连官员用的笏版也有定制，一至五品用象牙版，六至九品用槐木版。

在重大的朝会中，官员要穿公服。它是以盘领右衽的宽袖袍服为主，与展脚硬

幞头配成一套穿用。袍服上的纹样与颜色也因级别高下而不同。一至四品，用绯色的丝罗。一品公服上绣五寸大小的大朵花样。二品公服上绣三寸大小的小朵花样。三品公服上绣二寸大小的散花。四品公服上绣一寸五分大小的小散花。五至七品，用青色的丝罗。五品公服上绣一寸五分大小的小朵花样。六品、七品公服上绣一寸大小的小花。八、九品官员的公服用绿色罗，上面不绣花纹。幞头用漆纱制作，两侧的展脚长一尺二寸。南京博物院中保存有一批明代官员的画像，个个都是穿着这种呆板宽大的公服，头戴漆纱硬幞头，腰缠玉带，足蹬皂靴。例如明人绘制的邢玠夫妇坐像。

到了明世宗嘉靖年间，对于品官的日常服装也进一步加以限定。官员平常要穿深青色的纱罗宽袖大袍。三品以上的官员在衣料上要织出云纹。四品以下的官员衣料不加纹饰。这些袍服要在边缘镶上蓝青色的绸边，并且缀上补子，束素带，穿白靴。与之相配的冠叫作忠靖冠。它用乌纱做成，后面有两个竖立的硬翅，前部用金线压上三道梁。四品以下的官员不能用金线，只是用浅色的丝绦压边。在南京博物院中就收藏着一件江苏省出土的明代忠靖冠。另外，明代还有几种作为特殊恩赏的服装，如蟒服、飞鱼服、斗牛服等，它们不在品官制服中，与皇帝穿的龙袍相似，大多是奖给掌握重权的太监、宰相等人穿用。穿上它，在明代是一种极大的荣宠了。《天水冰山录》中记载，明代权臣严嵩被抄家时，抄出成千上万件衣料，里面有各种蟒纹、飞鱼纹、斗牛纹的衣服和补子。在北京市的苇子坑明墓、南京市的板仓村明墓等处，都发现过明代的蟒服与斗牛服实物。

历史发展到明代，生产技术有了较大进步，纺织等手工业的兴盛就足以证明这一点。但是明代也是专制制度控制最严的时代。所以，朝廷对于服装的限制就非常多。甚至连平民的帽子式样，都由朱元璋亲自加以制定。你说这个皇帝为了掌权有多操心吧。洪武二十三年（1390），朝廷对于衣服长短都下了命令。文职官员的衣服长度要离地一寸，袖长过手，再折回肘部。袖子宽一尺，袖口宽九寸。武官的衣服长度离地五寸。袖长过手七寸，袖宽一尺，袖口仅可以出拳。庶民百姓的衣服，长度离地五寸，袖口宽五寸。军人的衣长离地七寸。为了与仆人、皂隶等加以区别，允许平民在领口上加白绫护领。一个政府将对人民的控制从户口租税一直管到衣服的长短，这在世界历史上也不多见。

由于政府的提倡与儒家文化的重新兴盛，明代继续流行与发展着汉族的传统服装式样。当时的儒士文人，如举人、秀才、贡生、监生们，大都是穿一身蓝色的长袍，也叫"蓝直裰"。这种衣服的衣领与衣襟都镶有黑边，又宽又长。正像当时民谣中唱的那样："二可怪，两只衣袖像布袋。"明代初期曾经规定，平民士人的礼服就是这种宽大的直裰。明代文物中留下了不少直裰的图像与实物。例如传世的绘画《娄东十老图》《顾与治小像》《魏浣初小像卷》《越中三不朽图赞》《王时敏像》等上面都可以见到典型的直裰。文人穿上它，摇摇摆摆，就像《儒林外史》中描写的那样，显得很是飘逸文雅。在江苏省扬州西郊的一座明代墓葬中，出土了一批保存完好的服装。根据同出的墓志记载，这座墓中埋葬了一个叫作火金的秀才。这些供墓主入葬时穿的服装，应该是一个生员的标准装束。其中有圆领右衽的宽袖袍衫。它是用白色的绢布制作，袖口与衣襟上都镶上宽宽的黑边。还有一顶褐色的儒巾。它前后两面是平整的斜坡，顶上合缝，形成一个中式屋顶一样的帽顶，后面垂下两条长长的飘带。此外，还有一双白布底的黑色高筒靴。这些生员的服饰与明代政府规定的生员服装完全一致。它是文士们除去直裰以外经常穿的另外一套服装。

明代各行各业的劳动者衣着，可以在明代万历年间的木刻版画《孔子圣迹图》与绘画《皇都积胜图》中见到。这些图画上的平民，有的赤臂劳作，身上只有一条过膝长的短裤；有的上身只穿一件布背心，下穿短裤，头戴小帽；有的上身穿一件交领窄袖短衫，下穿长裤。他们或者赤脚，或者穿草鞋，完全是为了劳动便利的装束。至于秋冬的衣着，可以从崇祯皇帝在临灭亡前命令王子们改穿的平民服装中了解到。这些改穿的服装有青布棉袄、紫花布合衣、白布裤子、蓝布裙、白布袜和青布鞋，头上戴黑色布巾。当时平民的日常衣着大概就是这些。近来在上海市松江、江苏省镇江、无锡等地的明代墓葬中，多次出土当时的宽袖右衽长袍、窄袖对襟衫等平民衣着，但是多以丝织品为主。自然，这些墓葬的主人应该是有一定财产的富人。从文献记载看，当时的一般平民穿的衣服应该以棉布面料为主。因为在明代，棉花的种植与纺织是相当普及的。元代末年，流落到海南的妇女黄道婆就将棉花的纺织技术带回江南，大力推广，促进了江南的棉花种植与纺织业发展，使得棉布成为更便宜、更普及的衣料。贫穷的平民自然会采用棉布做衣服。这就改变了中国衣料的组成。布（棉布）衣也真正成为平民的象征。

衙门中的皂隶差役也有了独特的制服，一般戴漆布冠，上面插一支孔雀翎毛。身上穿一件青色的布衣，衣服下截缝有密密的折褶。腰间束有红布的织带。地位更低的捕快，则头戴一顶小帽，身穿青衣，外罩一件红布背甲，腰束青丝织带。至于一般的市民，就是再有钱，穿着绫罗绸缎，也只能穿青、黑、褐等深杂色，不能用红、紫、绿等颜色，只是可以在领子上加白绫边，以表示与仆人有别。

元代蒙古服装的一些特色幸运地在明代服装中保留下来。这就是上下连在一起的束腰袍子，类似元代的"辫线袄子"。中国国家博物馆藏《明宪宗行乐图》，里面的宪宗皇帝就穿这种袍子。腰间有褶裥。山东省邹县九龙山明代鲁王墓中曾经出土用织金缎制作的蟒袍，它的腰间有横道线纹装饰，收腰，下面打细密的竖褶，使下裳像裙子的形状。这种式样明代叫作"曳撒"。后来又有叫"程子衣"的，也类似这种式样。明代文人王世贞的《觚不觚录》中记载："腰中间断以一线道横之，下竖褶之，则谓之程子衣。"四川省博物馆中藏的明代陶俑中，就有些穿腰间做出细褶的"辫线袄子"。说明这种式样在当时还是很流行的。

现在可以见到的明人鞋履都比较简单。除去毡靴、锦靴以外，儒生们常穿黑色的重脸鞋。这是一种前脸比较长，起双梁的布鞋，直至现在还有存在。北京人叫它"靸鞋"。平民百姓常穿的鞋有皮靸、皮靴、布鞋等。用麻绳衲底子的布鞋最为多见，一般是圆形的鞋头，敞口。江南一带还流行蒲草编的鞋子。劳动人民劳作时经常穿的草鞋是最便宜轻便的鞋子，都是农民自己用草绳编织而成。据文献记载，还有福字履、尖头弓鞋、雨鞋等名目，那就是城里人的用品了。贵族的鞋履自然要装饰华丽。宫廷中的妇女还有描金靴、凤头鞋、云样鞋等多种花样。这些精致的鞋子鞋面上都有精心绣出的花纹，有些还嵌上珠宝。

在北京定陵中，出土过皇帝穿的毡靴与皇后穿的凤头高底鞋。山东省邹县的明墓中，出土过一双用石头雕刻的凤头鞋，弯曲向上的鞋尖做成一只凤凰的头部，精美异常，可见贵族妇女们日用鞋履的豪华奢侈（图141）。江苏省扬州也出土过明代的尖头鞋，但是不如邹县出土的石鞋那么华丽。这时由于汉族妇女中日益剧烈地推行起一种摧残肉体的恶性装饰手段——缠足。使得妇女的鞋也随之产生了巨大的变化。由于缠足是把足趾的四个小趾向脚心弯过去，形成一个尖尖的粽子形状。

图 141 山东邹县明墓出土石雕凤鞋

所以女子的鞋也就随着做成了前端又尖又小，向上翘起的弓形。有些还用香樟木做成鞋底。一般叫它"弓鞋"。

明代的帽子式样非常多，有关帽子的故事中也有不少有趣的文化政治背景。例如当时盛行的"六合一统帽"与"四方平定巾"（后来省称为"六合帽"和"四方巾"）就是专制皇权的产物。

"六合一统帽"就是一直沿用到民国初年的"瓜皮帽"。它用六块三角形的罗帛拼缝起来，下面加上一个帽圈。制作简单，戴着也方便。据说它是由明太祖朱元璋亲自设计制作的，然后下令让全国老百姓戴。有人认为它是从古代的"皮弁"演变来的。根据文献记载，"六合一统帽"这个名字，是大臣杨维祯为了阿谀奉承朱元璋而提出来的，意思是天下江山一统于朱元璋手中，自然皇帝乐于接受。在明代的绘画中可以看到各阶层的人士都戴着"六合一统帽"，它的流行有多么广泛就不言而喻了。后来，它就成了平民的象征了。《枣林杂记》一书中说：隆庆年间，丁清做了江苏句容县令，他的父亲告诫他说："你们这些戴纱帽的人说好，我不信。当差的说好，我更不信。穿青衿的读书人说好，亦不信。惟瓜皮帽子说好，我就信了。"可见六合帽是社会下层普遍戴的帽子式样。

"四方平定巾"是用黑色罗纱缝制的四方形高顶巾帽。原来叫四角方巾，是民间的老人与儒生常戴的一种巾子。据《七修类稿》记载，还是那个杨维祯，有一次去朝见朱元璋，头上戴的就是这种巾帽，小和尚朱元璋不知是见识少还是随便找话说，问了一句："这巾子叫什么名字？"到底是文人马屁拍得高明，杨维桢马上回答道："这叫四方平定巾。"这个临时杜撰的名字既符合巾帽外形，又投合了皇帝的心意。龙颜大悦，马上命令将它颁行天下。根据记载，洪武三年（1370）二月，朱元璋亲自指定了"四方平定巾"的法定式样，命令天下百姓仿照制作，士人吏民全要按照式样戴用。从明代绘画上看，戴这种"四方平定巾"的人大多是官员、贵族与读书人，身份低下的人是没有资格戴的。明刻本《御世仁风》中画出了一些戴"四方平定巾"的人物。看来在戴这种巾子时，服装可以随便搭配，不像穿其他的成套服装那样有严格的限定。所以它也比较普及，到了明朝末年，从高官贵戚到秀才生员日常就全戴四方巾了。这时的巾子式样已经有了一些改变，有高有低，有方有扁。山西省博物馆收藏的明代陶俑中，就有头戴四方巾的。那个四方巾按比例看，得有一尺多高，所以有人形容戴这种方巾是"头顶一个书橱"，看来也不算太过分。

朱元璋指定的男子头衣还有网巾。关于它也有一个传说。一次，做了皇帝的朱元璋微服出行。途经神乐观，见到一位道士正在灯下编结网巾。不禁好奇地问："这是什么东西啊？"道士回答说："这是网巾。用它裹头，可以让万发俱齐。"这万发俱齐四个字可又触动专制帝王的统治神经了。要是天下万民都能这么整齐地服从他统治，这皇帝不就坐稳了吗。于是朱元璋马上封这个道士为道官，还向他要了13个网巾作样子，让天下百姓仿照制作，不论老少贵贱全要戴上它。从此，明代的百姓头上就全戴上了这个紧箍儿。明代文人吴承恩写《西游记》时，给孙悟空戴了个紧箍儿，大概就是这么得来的灵感吧。

网巾是一件束发的网罩，与今天妇女仍在使用的一些束发丝网相似。大多是用黑色的细绳、马尾、棕丝等制作。网口用纱帛做边，边上缀两个用金、玉、铜等材料制作的小圈。戴时将两边的绳头穿进小圈子内，交叉勒紧，然后在头顶上束结。这样，网子就把头发紧紧地罩住了。它可以单独戴用，也可以衬在冠帽里面用。明代后期进行改进，去掉了边上的纱帛，只用丝网。帝王们还给它起了个吉利的名字，叫"一统山河"，或者叫"一统天和"。反正是要把老百姓都"统"到里面。

明崇祯十年（1637）刻本《天工开物》的插图中，有一些农民、纺织工人、榨油工人、铸造工匠等，他们不戴冠帽，额头上画着清晰的方格网，就是戴的这种网巾。

　　根据记载，明代男子的头衣还有许多种形制。例如平顶巾是吏员皂隶们戴的帽子，唐巾是仿照唐代式样的软幞头。还有后面垂着两扇飞叶的两仪巾，宋代传下来的东坡巾、山谷巾，将唐巾去掉系带的凿子巾，上宽下窄，形状像个万字的万字巾，以及纯阳巾、老人巾等。明代《王时敏像》中，王氏戴着一种叫作"飘飘巾"的巾子。它的帽顶上前后各披着一片平顶，下面是软的巾圈，士大夫与儒生多戴着这种巾帽。在明代文人范濂的《云间据目抄》一书中还记录了很多当时的巾子名称，如桥梁绒线巾、金线巾、忠靖巾、高士巾、马尾罗巾、高淳罗巾等。这些巾子的具体形状，有些可以对照明代绘画加以推测，有些则无法确定了。

　　平民的帽子除六合帽以外，还有软帽、边鼓帽、毡笠、大帽等。士人戴的一种遮阳帽，是尖顶，四周有宽阔的边沿，形状很像斗笠。也有人称它为圆帽。它和元代人戴的盔形圆顶帽很相似。明代万历年间刻本《玉杵记》的插图中，也可以见到戴圆帽的仆从形象。这表现出元代衣帽残存的影响。

　　明代弘治年间刻本《李孝美墨谱》的插图中，有一些伐木制墨的工人，戴着一种元代官吏常戴的方顶笠子帽。它是用细竹篾做骨架，外面罩上漆纱制作的。这种帽子轻便耐久，又叫瓦楞帽。民间有时也用马尾、牛尾来编成瓦楞帽。但是在元代，汉人很少戴这种帽子。所以有人看了这些插图后认为，这些制墨的工人可能是蒙古人官吏，在元代灭亡后被俘虏，迁到南方，成为专门制墨的官奴。这种笠帽也是蒙古服饰的遗风。与之近似的还有军人戴的棕结草帽、皂隶与轿夫戴的毡笠等。河北石家庄毗卢寺中保存有明代的壁画，上面就有几位戴方顶笠帽的人物形象。明朝政府为了区分阶级，规定农夫可以戴斗笠，进城时也可以戴，但是不从事农业的人不许戴。明代版画《孔子圣迹图》中，画了很多的戴斗笠农民。他们戴的斗笠有的中央有尖顶，有的只有四周的宽边沿，中央是一个圆洞，露出发髻上的巾子。明代中叶以来，有不少文人、官僚故作隐居出世姿态，追求田园风味，也纷纷头戴斗笠。这时官方禁止非农民戴斗笠的法令恐怕早就是一纸空文了。

　　再来看看明代妇女的衣装。它基本是沿袭了宋代的女装式样，恢复和发展了汉族的传统衣着。由于儒家思想仍居于社会思想意识的统治地位，所以一般的审美观点仍然以素净雅致作为上品衣着的标准。当时妇女经常穿的衣裳种类有冠、衫、袄、背子、比甲、裙子、膝裤、霞帔等。

明代妇女的服装没有特别突出的变化，是由于皇家对于女装的式样、色彩、质料、尺寸都作了严格的规定。尤其是贵族妇女与平民之间的界限规定得十分明确。贵族命妇的服装分为礼服与常服两种。礼服是在朝拜皇后、祭祀与婚礼等重大场合中穿的，主要由凤冠霞帔、大袖衫与背子组成。

在命妇的服装中，凤冠与霞帔是区分身份等级的主要标志，也是明代新出现的妇女服饰中最重要的两种衣物。凤冠实际上是在宋代的冠梳影响下形成的。它用金属丝网或者竹篾作为骨架，上面罩纱，再嵌金银花钿、金银点翠凤凰，装饰上珠宝流苏。前面提及在定陵中出土过一批凤冠，那是专门供后妃使用的。明代习惯把一般贵族妇女使用的冠也叫作凤冠，但是那上面不能装饰龙凤，只是点缀一些珠翠钗簪而已。即使这样，由于头饰是区分等级的主要标志，所以等级差别也很明确。例如洪武五年（1372）规定的命妇头饰是：一品头饰为珠翠庆云冠，有3件珠翠翟、1件金翟、2朵珠翠花、1件小珠翠梳、1件金云头连三钗、2件金压鬓双头钗、1件金脑梳、2件金簪。二品则少一件金翟。三品的头饰是3只珠翠孔雀、2只金孔雀。四品少一只金孔雀。五品的冠饰为3只小珠翠鸳鸯、2只镶金银鸳鸯、2朵小珠翠花、1件小珠翠梳、1件云头连三钗、2件压鬓双头钗、2件镀金簪。六、七品的冠上有3只镀金银练鹊。八、九品的冠上有3只银间镀金银练鹊。其他云头连三钗、压鬓双头钗、脑梳与簪也是相应的镀金银或银间镀金制品。

霞帔是在隋唐帔帛的基础上发展而成的。唐代时，人们曾以彩霞来形容美丽的帔帛。白居易的《霓裳羽衣舞歌》中唱道"虹裳霞帔步摇冠"，大约是在那时起就有了霞帔的名称。明代霞帔是一条从肩上披到胸前的彩带，用锦缎制作，上面绣花饰，两端做成三角形，下面悬挂一颗金玉坠子。明代把它确定为贵妇的礼服成分，并且根据不同的品级确定了不同的花纹。一、二品命妇霞帔的花纹是蹙金绣云霞翟纹，三、四品命妇霞帔的花纹是金绣云霞孔雀纹，五品命妇霞帔的花纹是云霞鸳鸯纹，六、七品命妇霞帔的花纹是绣云霞练鹊纹，八、九品命妇霞帔的花纹是绣缠枝花纹，其长度经规定，均为长五尺七寸，宽三寸二分。这就有点和以前汉唐官员佩戴绶带类似的作用了。

　　由于凤冠霞帔是贵妇人的标志，所以它在明清封建社会中是每个妇女追求的目标。实在求不到，也要在婚礼上戴一下仿制品，过过干瘾。直至民国初年，老式的婚礼上还要给新娘戴凤冠。现在，它就成了民俗中一种有趣的回忆。

　　至于命妇的常服，只要是长裙大袄即可，但是在纹样与边饰上有所区别。其纹饰大多与其品级佩戴的霞帔花纹相同。

　　官民相比，一个在天，一个在地。贵妇人可以享用绫罗绸缎、珠宝刺绣。而普通妇女的礼服只能是用紫色的粗布衣料制作，不许用金绣。这是官方的明文规定。此外，还限定了妇女日常穿的袍衫只能用紫绿、桃红等浅色，不许用大红、鸦青、黄色等。农民可以穿绸、绢、纱、布等，而商人只能穿绢、布。在如此严格的限制下，一般的妇女衣装都比较简单。加上宋元时期妇女的服装类型已经十分丰富，所以，在明代创造的新式衣着只有"比甲""头箍"等几种。

　　比甲是一种无领无袖的长衫，对襟中缝，类似宋代的背子，但两侧不开缝，两襟间用带子束合，有些像近代的马甲，但是比马甲长得多。据说它最早是在元代出现的，还是皇帝专用的御衣。后来才流入民间，而且特别受到妇女青睐，成为妇女的专利了。追根寻源，它可能是由军人罩在外面的箭衣演变来的。在古代的绘画中可以看到，元代还很少有女子穿比甲，明代女子穿比甲的就很多了。比甲成为女服后，被绣上种种花样，色彩、装饰丰富了许多。它一般穿在衫裙的外面，胸前敞开，或者在腰间束帛，衬托得女子身材更加袅娜俏丽。小说《金瓶梅》中描述了许多种比甲的式样，有配着白纱衫的银红比甲，有沉香色遍地金比甲、绿遍地金比甲、大红遍地金比甲等。遍地金，大约是在面料上用金线绣出密密的花纹。这些色泽鲜艳的比甲十分美观，具有极好的装饰效果，可是已经明显突破了朝廷的禁令。看来那时曾经的禁令到后来都实行不下去了，或者名存实亡。这也是明代经济发展、市民阶层不断扩大的结果。

　　早在宋代，劳动妇女就经常戴一种包头，遮挡灰尘。但是那时的包头是一块整帛做成，又长又大，包完发髻后剩下的部分就拖在脑后。在南宋无名画家作的《耕织图》与李嵩作的《货郎图》等作品中都有戴着包头的女子形象。到了明代，妇女则喜欢戴一种黑色纱罗制作的包头，无论老少都经常用它。它又叫"额帕"，每幅大约宽四尺，戴用它时将它对角折叠，从额前向后面缠裹，再将巾角绕到额前方打一个结子。现在古装戏剧中渔家女子之类的人物扮相，经常束这样一个包头。后人将它进一步简化，称之为"渔婆勒子"。

明代在包头与渔婆勒子的基础上，发展出一种新的头部装饰——头箍。最初的头箍与网巾有些相似，也是用棕丝或者马尾结成网，罩住头发。以后戴的人逐渐增多，又增添了纱头箍、熟罗头箍等。式样也由宽带变成一个窄条。头箍扎束在额头上，成了一种纯粹的装饰品。冬季戴的头箍常用各种皮毛料子制作。当时人们又叫它卧兔儿、貂覆头等等。官宦富贵人家为了要显示自己的气派，还在头箍上镶嵌各种珠宝以及金花玉饰等。明人的《天水冰山录》中记载：严嵩这个奸臣大肆搜刮财产，被抄家时，各种金银珠宝不计其数，其中就有金镶珠宝头箍七件。那该是非常贵重的宝物了。头箍的普遍使用也可以在考古发现中找到证据。山西省阳城明代墓葬中出土的一些女陶俑，头上都戴了头箍，从中就可以了解到明代头箍的具体式样。

明朝末年，妇女中流行一种"水田衣"。它是将大小不同的各色方块衣料拼缝在一起，很像和尚穿的"百衲衣"。由于它色彩斑斓，互相交错，如同一块块水田排列，所以被形象地叫作"水田衣"。它具有奇特的美学效果，是完整的衣料无法比拟的，而且制作简单、式样别致，显示了明代妇女巧妙的构思与卓越的缝纫手艺。

如果详细查考，水田衣似乎在唐代就产生了。唐代诗人王维有诗云"裁衣学水田"。可能意味着当时已经有了这种水田式样的拼缝衣。但是可能早期的水田衣裁制时是将衣料裁成统一大小的方形，再有规律地拼缝。不像明代这样大小不一，随意变幻。

明代妇女的下身衣服仍然以裙子为主，很少穿裤。但是她们在裙子里面要穿膝裤，包裹小腿。膝裤往往比外衣还要讲究。使用五彩织锦，采取镶、挖、绣、缀等缝纫技巧来完成。甚至有的人还在膝裤上嵌金花、珠宝等。裙子仍是整片的折裙。起先，颜色讲求浅淡素净，后来就逐渐奢华鲜艳起来。在商业经济发达的江南地区尤其明显。这时裙子上或者描画，或者插绣，或者堆纱，腰间做上几十条细褶。行动起来，犹如水波荡漾，浮光泛彩。据说有一条浅色的画裙，叫作"月华裙"，裙幅用十幅绢纱缝成，腰间有无数细折，每个折裥是一种颜色，轻描淡绘，色彩非常淡雅，看去有如月光下的花朵。还有一种"凤尾裙"，是用绸缎裁成同样大小的条子，每条上面都绘着各种花鸟纹样，又在旁边镶上金线，拼合起来，真像凤凰展翅一般光彩夺目。

虽然文献记载明代官方对服装多有限制，还是怎么也管不住人们追求享受、喜好新奇美丽的本性。妇女的衣装式样在明代也还不断地变化，形成一个个新的时尚潮流。领导时装的一般是南方妇女，特别是南京秦淮一带的歌女乐伎，与这里的经济发达及官员文人携伎之风有关。明代文献中记载，明代初年的弘治年间（1488—1505），妇女的衣衫短小，才到腰部；到了正德年间（1506—1521），衣衫逐渐宽大，裙褶增多。中国国家博物馆藏的明代《宫蚕图》，上面的妇女下身穿一条宽大的裙子。裙子外面穿一件长及腰部的宽松短衫，正是这一时尚的反映。嘉靖初年（1522—1530），衣衫增长，上衣的下摆离地面只有五寸左右，袖子宽大，袖口达四尺多宽，裙子变短，折裥减少。隆庆、万历年间（1567—1619），女装的衣袖重新变窄。到了崇祯年间（1628—1644），衣裙都变得又短又窄。传统的宽肥式样到此就在历史上告一段落了。

以上的各种服饰式样，在明代画家留下的作品中可以一一找到证据（图142）。例如唐伯虎的《簪花仕女图》，上面的三个女子都穿着窄袖长背子。直领用宽条织锦缘边，形成对襟，一直通到下裙。背子里面是薄衫与长裙。裙裾离地有五寸左右，露出里面的衬裙。这种打扮在当时是比较流行的。传世画卷《汉宫秋》中的女乐伎，上身穿窄袖的短襦，下身穿裙子。裙子的上端用帛带系到胸前。这件裙子比较宽肥。万历年间的刻本《荆钗记》中也有类似的衣着。作为实物证据，在江苏省常州明代墓葬中出土的女装，可以组成一套这样的女子服装。另一件万历年间的刻本《诗余画谱》中，插图描绘了一个身穿对襟长袍的贵妇。她的长袍衣袖比较宽，领口做成小圆立领，遮掩住脖颈，这是比较少见的式样。类似的宽袖上衣比较多见，如故宫博物院收藏的明代琉璃人像、山西省博物馆收藏的明代女陶俑、明代绘画《燕寝怡情》等处都有所反映。明代画家仇英绘有一件人物画册，上面的侍女服装则是窄袖短衫、紧身长裙的组合，肩披帔帛。

明清小说中，往往对当时人物的衣着描写得非常细致。从中可以看到不少服装的颜色、花纹与式样。例如明代小说《金瓶梅》，记述贫民妇女的日常衣着是"上穿白布衫儿，桃红裙儿，蓝背甲"。而西门庆这样的豪门内眷穿的则是"大红妆花

图 142 明代绘画中的妇女衣装

通袖袄儿、娇绿缎裙、貂鼠皮袄"。李瓶儿嫁给西门庆时，穿的是"大红五彩通袖罗袍，下着金枝线叶沙绿百花裙，腰里束着碧玉女带，腕上笼着金压袖，胸前璎珞缤纷，裙边环佩叮当"。潘金莲等人日常穿的衣服有"白绫袄儿、蓝缎裙"，以及"香色潞绸雁衔芦花样对衿袄儿、白绫竖领、妆花眉子、溜金蜂赶菊纽扣儿、一尺宽海马潮云羊皮全沿边挑线裙子、大红缎子白绫高底鞋、妆花膝裤、青宝石坠子、珠子箍"等等。

　　最后附带提一下明代妇女常用的䯼髻。这是一种新式假发髻。与以前各朝代的女子假发不同，它是以铁丝框架作为主体。制作时先用铁丝编一个圆框，然后在上面编上假发，形成一个高高的发髻。它比起女子自身的发髻来要高出一倍以上，中间是空的，用时安放在头顶上，用簪插住。豪门贵族的妇女为了表示阔绰，也有用铜丝、银丝，甚至金丝来编框架的。在明清小说，如《金瓶梅》《红楼梦》等名著里面，经常提到妇女的各种䯼髻。可见它是当时有钱人家普遍使用的头饰。

凛冽清风

由于整个官场的极度腐败，又遇上连年的自然灾害，内外交困下，延续近300年的明王朝最终被农民起义推翻。然而，一场空前的民族灾难却从天而降。在东北地区逐渐强盛起来的满族贵族，趁机兴兵入关。刚夺得政权就陷入腐化堕落的农民起义军一败涂地。汉族政权内部的倾诈纷争使仅有十数万精兵的清军迅速吞并了中原，建立起中国历史上最后一个封建王朝——清。

满族是女真民族的后裔。他们的祖先曾经建立金朝，所以清朝最早也叫作后金。他们的衣装头饰一直保存着女真民族的独特习惯。他们男子的头发，都将头顶的前部剃光，剩下后面的长发梳成一条大辫子。他们擅长制裘皮。日常服装以皮毛制作的长袍马褂为主。明代万历二十三年（1595），朝鲜人申忠一到过女真人居住的赫图阿拉，他在所著《建州图录》一书中记载：努尔哈赤头戴貂皮帽，着貂皮护项，身穿五彩龙纹天盖，上长至膝，下长至足，皆裁貂皮为缘饰。诸将亦有穿龙纹衣者，只其缘饰或以豹皮，或以水獭，或以山鼠皮。足蹬鹿皮乌拉鞋，或黄色或绿色。可见各种皮衣是满族的主要服装。满族接近中原以后，才逐渐使用棉布、绸缎等。等到占领中原以后，他们就想用满族的服饰来改变汉人，以巩固自己的统治。的确，区区几十万满族人一旦进入上亿人的汉族汪洋中，马上会感到自己人数与力量的渺小，时刻担心丧失对中原的统治。因此，他们入关后，立即沿承了金代统治者在其占领区推行过的强行剃发的手段，迫使汉人遵照满族的习俗，剃发，留辫，改穿满族服装。企图通过这种做法改变汉族的民族意识。

顺治二年（1645），江南各省被清兵攻占后，清王朝便下令，厉行剃发改服，命令全国百姓自部文到达之日起，在十天以内全部实行剃发梳辫。若有"仍存明制，不随本朝之制度者，杀无赦"。命令一下，各地清朝官员，出动兵卒，带着剃头匠，到处抓人剃头，稍有抵抗就将抵抗者立即杀头。当时有所谓"留头不留发，留发不留头"之说。直到近代，旧式剃头师傅挑的剃头挑子上还有一根竖起的杆子。传说就是这一时期悬挂砍下的人头用的。

接着就要改换汉族的传统服饰。无论官商军民，都要改穿清朝的民族服饰。凡是不改的人都要遭到严厉的镇压。清代虽然实行了严厉的文字狱，进行舆论控制，但对于清代初期这些残酷的民族压迫，仍有零星记载得以存留下来。如《研堂见闻杂录》中记载：有的文人在家中偶然戴了方巾，不幸被人告发，便立即被捕，处以死刑。有两个青年人到庙会上香，不小心戴了方巾，被巡按见到，当即抓来打了几十棍，上报皇帝，将这两人斩首示众。有些乡间百姓，不知道改换衣着的法令，还穿着原来的汉族服装进城，就被看守城门的军人当场剥得精光，事后还得以保全了性命为幸。

这一系列旨在消灭汉族民族意识乃至传统文化的官方措施，激起了极其强烈的反抗。清代初期，民间反抗剃头易服的斗争此起彼伏。即使是像"嘉定三屠"那样残酷的大屠杀也不能制止民族反抗斗争的发生。直至顺治十一年（1654），朝廷中的大学士陈名夏还说："要天下太平，止须留头发，复衣冠，天下即太平矣。"虽然说这话的人也因此而被处死。但是它正反映了直到那时反抗剃发改服的斗争还没有平息。大批明代的遗民，或者直接组织反抗起义，或者逃入山林躲避，或者借遁入空门，为僧为道来抵抗剃头。

如此强烈的民族反抗，迫使清政府在加强镇压的同时，也不得不做出一些让步。他们首先接受了明代遗老金之俊"十从十不从"的建议，就是：衣冠发式"男从女不从，生从死不从，阳从阴不从，官从隶不从，老从少不从，儒从而僧道不从，倡从而优伶不从，仕宦从而婚姻不从"，以及"国号从而官号不从，役税从而语言文字不从"。这样，既使满族衣饰占据了主导地位，又保留了汉族衣装中的一些特点。加上清政府注意减轻赋税、恢复生产，使人民生活有所稳定。这些让步政策与清政府加强控制，实行严刑酷法的手段两相结合，迫使中原汉族逐渐接受了满族的服装发式。从此，具有浓厚民族色彩，沿袭数千年的汉族冠冕服装制度便寿归正寝了。

进关以前，满族一直是以骑射为主的游牧民族。它的服装特色来源于骑射征战生活的需要。所以，清朝始终坚持满族的服装特色，也是坚持满族军队的骑射力量，作为满族统治的根本保障。根据《清太宗实录》记载，清兵未入关以前，就有一些满族大臣劝说清太宗皇太极放弃满族衣冠，改用汉装。马上遭到了清太宗的怒斥。他说："我国家以骑射为业，今若轻循汉人衣冠，不亲弓矢，则武备何由而习乎？"顺治九年（1652），正式公布了《服色肩舆永例》，对各品官员的服色式样乃至士民兵商的衣着都一一加以详细规定。典型的表现是冠帽、马蹄袖、袍褂和裤子等方面（图143）。

清代男子的冠帽，有礼帽、便帽的区分。清朝建立后作为官员的制帽使用的叫作礼帽。一提起它来，我们就会想到在电影、电视剧中常常出现的拖着长长的羽毛翎子的圆顶大帽。礼帽分为两种，一种是在八月到来年二月之间戴的，叫作暖帽；另一种是在三月到八月之间戴的，叫作凉帽。

暖帽从上面看起来是圆形的。圆顶，四周有一圈宽宽的折檐。它的颜色以黑色为主。材料采用呢子、绸缎、绒布等。帽檐用黑貂皮、银貂皮、海龙皮、狐皮等各种皮毛制作而成。由于这些皮毛的原料比较昂贵，一般官员便使用黄鼠狼皮染黑了来制作。康熙年间，江南织造行业中又创造出一种剪绒暖帽，价格比较低廉，质量也不错。京城里的一些清水衙门中那些穷京官很喜欢戴这种帽子。暖帽的顶上都装着红色的帽纬，有的用丝缕制作，有的用红缎子裁成。人们也叫它红缨儿帽。

在礼帽顶部的中央，装有一颗顶珠。制作顶珠的原料有宝石、珊瑚、金、银等。顶珠是区别各级官职高下的重要标志，可以一望而知。根据清代礼制的规定，一品官员的顶珠用红宝石嵌装，俗称"红顶子"。当时百姓斥责那些靠屠杀盘剥百姓升官的人是"用血染红顶子"。二品官的顶子是用珊瑚做的。三品官员顶子是蓝宝石。四品官员顶子用青金石。五品官员顶子用水晶。六品官员顶子用砗磲。七品官员顶子用素金。八品官员顶子用阴文镂花金。九品官员顶子用阳文镂花金。监生与生员们用素银。

比起官员的礼帽来，皇帝的礼帽要尊贵许多。它有三层顶，每层上盘四条金龙。每条龙的口中含一颗大东珠。帽顶的中央还嵌上一颗硕大无比的珍珠。除去冬、夏不同的礼帽——朝冠外，皇帝的冠帽还有吉服冠、常服冠、行服冠、雨冠等等。它们比起朝冠来要简朴一些。

凉帽则是一个圆锥体的笠帽，用玉草或者藤丝、竹丝编成，外面罩上罗纱，缀上红色的帽纬。顶珠与暖帽相同。现在有些表现清朝生活的电视剧中不论冬夏都给官员戴上这种凉帽，那就与实际生活相差太远了。

在顶珠的下边，还插有一根二寸长的翎管，一般用白玉、翡翠、珐琅或者玻璃料器做成。翎管是专门用来插花翎的，这也是清代官员特有的身份等级标志。有人

图 143 清代宫廷画家绘制的《乾隆画像》

说，这种插翎毛的习俗在明代就有，《养吉斋丛录》中记载，明代的江彬等人在白红笠帽上面插有染色的天鹅翎毛。身份高贵的插 3 支，一般人插 2 支、1 支。但是这在当时并没有形成制度。到了清代，将插的翎毛改为孔雀翎，又把竖直的插法改为向后拖垂的插法。正式纳入了官员的服饰制度。由于孔雀尾羽的末梢中央有一圈灿烂的花斑，中心是蓝黑色，活像一只眼睛，所以清人称之为"眼"。清代官员戴的翎毛，根据其品级高低分为三眼、双眼、单眼和无眼四种。有眼的统称为花翎，无眼的叫作蓝翎。现在我们还会在一些清代历史戏剧中见到某人吆喝一声："来人哪，摘去某某的顶戴花翎。"这就是将某某官员撤职查办了。

按照清朝的惯例，一般只有贝子（王子）戴三眼花翎；国公、和硕额附（驸马）戴双眼花翎；内大臣、侍卫、护卫和统领、参领等禁卫军、亲卫军军官戴单眼花翎。此外，有军功者与皇帝给予特别恩赐的官员也可以戴花翎。而一般官员是不能戴花翎的。尤其是清代初期，花翎的地位非常尊贵，汉人官员很少能戴它。只是到了清代末年，政治腐败，军功泛滥，赏赐花翎的做法才越来越普遍。加上买官鬻爵的风气越来越盛，什么人都可以花钱买个官来当当。花翎也就越来越不值钱了。清朝政府走到这一步时，不但满汉区分、官品尊卑全被破坏殆尽，连国家气数也是气息奄奄，朝不保夕了。由此可见，现在戏剧中不论清初还是清末就给戏中官员人人戴上花翎的做法正是不懂历史的表现。

马蹄袖是满族特有的。它的外形恰似一只马蹄。本来它正规的名字叫作"箭袖"，是武士射箭时保护手腕的防护物。一般用纽扣装在清人常穿的"箭衣"——一种开衩的短袍的袖口上。平时可以翻起来，露出手。行礼时要放下来。清朝官员行礼时，先将左右两臂交叉抚过袖口，向下一甩，就是把箭袖放下来的标准动作。清代人十分注重马蹄袖的作用。一般士庶日常行礼时，即使不穿箭衣，也要在袖口上用纽襻系上一副马蹄袖，行完礼再解下来。人们形象地把这种袖子称作"龙吞口"。

男子服装中，袍褂是最主要的礼服。满族的袍褂与汉族传统的长袍不同，上身紧窄，袖子细瘦，由肩部向腕部逐渐收缩，袖口前端安上箭袖。领口做成圆形，不上立领。衣襟右掩，在右腋下系扣襻。有些袍子的下身前后左右都开衩。这是骑马民族为了上马方便而形成的服装特色。按照规定，官吏平民的袍子只开前后两条衩。皇帝宗室子弟才能在袍子上开四条衩。

开衩袍之外，满族人还常穿一种行袍，又叫缺襟袍。它的式样与满族人日常穿的袍子一样，但是比日常穿的袍子短大约十分之一，前面开衩，右半边的衣裾比左

图 144 清代的朝服袍子

半边短一二尺，从正面看缺了一块。这是为了骑马时上下方便。不骑马的时候，可以将右前襟缺少的一块用纽扣连接在袍子上，就和一般的袍子一样了。行袍也可以作为礼服来穿。届时在外面再加一件对襟大袖马褂就行了。这种行袍在故宫博物院、沈阳故宫等地都有收藏。北京故宫中收藏的一件行袍，不仅前面缺襟，而且后面的下摆也可以取下来。真是变化多端啊。

清朝官员的礼服也是袍子（图 144）。但是在等级标志上吸收了明代的制度。皇帝穿绣有龙纹的明黄袍。在祭祀圜丘、祈雨、祭谷等大典礼时穿衮服。这种衮服可不是汉族传统的衮服。它是圆领、对襟的长袍，绣上四团五爪金龙。官员命妇们穿蟒袍。对于各级官员的蟒袍纹样都有详细的规定。例如皇子用金黄色的九蟒袍，一至三品的官员用蓝或石青等颜色的四爪九蟒袍，四品至六品的官员用蓝或石青色的四爪八蟒袍，七至九品的官员用蓝或石青色的四爪五蟒袍。不绣蟒纹的袍子，除去皇家禁用的颜色以外，一般人都可以使用。

这里需要提到一种满族特征最明显的衣袍，叫作"端罩"。它是皇帝、皇族与近侍大臣等才可以穿的裘皮服装。毛皮向外翻，式样与行袍相似。皇帝的端罩用紫貂或黑狐皮制作。明黄缎作袍里子。皇子用紫貂，金黄缎作里子。亲王、世子、郡王、贝勒、贝子用青狐，月白缎作里子。公、侯以下至文官三品、武官二品的端罩用貂皮，蓝缎作里子。侍卫的端罩用猞猁、豹皮等。可见即使是在皮毛衣服上，也要表现出强烈的等级观念来。这正是封建专制社会的特点。

满族人习惯在袍子外面再穿一件稍短的褂子，也叫作外褂。它一般是对襟圆领，袖子比较宽大。袖口平齐，长及肘部。身长大约与膝部以下相齐。它与袍子结合，形成了清代特有的袍褂衣服式样。官服中的外褂上缀有补子，叫作"补褂"。它中央开襟，门襟上有五颗纽扣，前胸与后背装饰有补子。由于是中央开襟，补子被分为左右两半。补子的纹样与明代文武各级官员的补子纹样基本相同，但是尺寸比明代的补子略小一些。高级官员的补褂下摆上还绣有海水牙子等纹饰。这样，补褂与袍服、礼帽、顶珠、花翎、朝珠、官靴组合起来，就形成了清代官员的主要官服。

一般男人平时穿的外褂大多用石青、黑、绀等多种颜色，质地有单衣、夹衣、皮衣、棉衣等各种各样，只是不许用亮纱与羊皮制作。

另外有一种满族特有的外褂，非常短小。它的袖子长度只到肘部，身长不超过腰部，显得轻捷方便，特别适宜骑马时穿。因此，人们就叫它马褂。马褂有对襟、大襟、缺襟等几种类型。对襟马褂比较正规，经常被作为礼服的成分穿用。其中有一种黄马褂的地位最为尊崇。不经皇帝赏赐是绝对不能穿黄马褂的。清朝能穿黄马褂的人有三种：一是跟随皇帝的侍卫，黄马褂在这里是近卫职务的标志，叫"职任褂子"；二是在皇帝出猎与阅兵时射箭中靶或获猎物最多的官员，这时，黄马褂是优胜的奖励，叫作"行围褂子"；三是在治理国家和对外征战中立下大功的官员，这种黄马褂是皇帝的特殊赏赐，叫"武功褂子"。前两种褂子使用黑色的纽扣，平日里不能穿。最后一种马褂用黄色的纽襻，任何时候都可以穿。而且这种赏赐还要写入史册和个人档案，是一种终生的荣耀。我们常可以见到清朝官员自报履历时提到"赏穿黄马褂"，就是在表示这种殊荣。以往黄马褂主要赏给满族官员，以后随着汉族官员的重要性逐渐增加，也开始赏给汉官。清朝末年的曾国藩、李鸿章等人都受到过清政府的这种赏赐。

大襟马褂的衣襟向右侧掩襟，是平民百姓经常穿的衣服。而缺襟马褂的式样比较新奇，前面的大襟向右掩系，但是右襟的下裾缺一块，使右襟的外形成为一个弓形，所以又叫作琵琶襟马褂。它大多用作外出时穿的行装。这种马褂应该是来源于上面说过的缺襟袍。缺襟袍也是右半边的衣襟要短一块，从正面看也近似一个弓形。只是马褂的衣长要短很多。康熙年间有一种长袖、衣身比较长、不开衩的马褂，保暖性能比较好，老人喜欢穿它，叫作"阿娘袋""卧龙袋"。

马褂是清代衣装中具有特色的流行服装。无论贵贱，不分老少，都在外面套一件马褂。所以马褂的式样与颜色也经常变化，产生一些领导潮流的流行样本。最早时兴的是天蓝色的马褂。乾隆年间一度时兴玫瑰紫色的马褂，后来又流行深红色、浅灰色、棕色等。这些流行色大多是追求时髦的纨绔子弟使用。一般作为礼服的马褂还是比较端庄的天青色和玄色。讲究一些的人家要在马褂的领子与袖口上镶上花边。清代中期时，马褂的镶边最宽，后来逐渐变窄。到了清末时就几乎没有什么镶边了。冬天的马褂往往是由高贵的皮毛制成。从乾隆年间开始，一些达官贵人为了显耀自己，使用各种贵重皮毛，如紫貂、玄狐、海龙、猞猁、倭刀、银鼠等制作马褂，而且将毛翻露在外面。这样的翻毛马褂在嘉庆年间最为风行。清朝末年，流行起一种黑色海虎绒马褂。这些时髦的马褂，成为贵族和纨绔子弟的身份标志。一般的士大夫和平民不会如此张扬，还是用绸缎、棉布来制作马褂。绸缎上常织出大朵团花，喜、寿纹样，折枝花等。

与马褂的式样相近似的衣物还有马甲。它也是由骑射生涯创造出来的具有特色的满族衣装。马甲比较窄小，没有袖子，也具有大襟、对襟、琵琶襟等多种式样。开始人们把它穿在里面，起保暖作用。后来就逐渐将它穿在外面，装饰的成分明显增多了。

清朝官员的服装中，有一种特殊的马甲，叫作"巴图鲁坎肩"。"巴图鲁"是满语勇士的意思。显然这种马甲是给勇士穿的。这种马甲四周镶边，前身是一个整衣片，在领口下面横钉一排纽扣，左右的腋下各有一排纽扣。用这些扣子将单独的前身系住。有人因此叫它一字襟马甲。前身左右和领子下面共钉了纽扣十三粒。有人便因此给它起了一个名字："十三太保"。由于它出现后，最早只限内阁要员们穿，所以又被叫作"军机坎"。一种衣物起了这么多怪名字，是以往的衣物中很少见的。"巴图鲁坎肩"做成这种怪样子，也是由骑兵马上征战的生活所决定的。它原来用皮毛制作，贴身穿在袍子里。如果骑马奔驰得身上发热，就可以伸手进去，将纽扣解开，把前后两片抽出来，而不必费事解开袍子。它成为官员的身份标志后，强调了装饰的一面，实用的意义就逐渐消失了。后来，身份上的禁忌逐渐消失，普通人也有所穿用了。

清朝多年大力推行满族服装，改变了汉族传统服装的面貌，并造成了中国服装史上一个十分重要的变革，即确定了裤子的统治地位。几千年来一直被男子穿用的裙子彻底退出了男服的范围。清代不论男女都穿长裤。男子的裤腿比较窄，有合裆裤与套裤两种形式。套裤没有裤裆和裤腰，保留了汉族古代裤子的形式，但是在穿着上，却是将它套在有裆单裤的外面，主要起保暖作用了。

一般人穿着的便服组成是袍、衫、裤、马褂、瓜皮帽、靴鞋等，袍衫的腰身、袖子均比较细窄。靴鞋大多用布制作。瓜皮帽就是明代的六合帽。冬季还流行各种毡帽、皮帽、风帽等。广大劳动者则日常穿大襟短衫、长裤。夏日穿布背心或赤臂。至今仍有人在穿的中式大襟衣衫就是沿袭着那时的式样。我们现在还能看到一些清代末期的老照片，那上面的乡村男女与城市贫民的常见衣着就是一件破旧的大襟短衫和宽口裤，充分表现出在清朝腐朽的专制压迫下下层人民的穷苦贫困生活状况。

清代初期，由于"男从女不从"的默契，汉族妇女保留了自己的传统服装式样。而满族妇女也继续保持着自己的民族服装。当时的统治者严格限制满族及蒙古族妇女仿效汉族服装，直到清中期嘉庆年间，还下命令："倘各旗满洲、蒙古秀女内有衣袖宽大，一经查出，即将其父兄指名参奏治罪。"然而，由于长期共处，双方都不可能不受到影响。连宫中的后妃都有时穿着汉装。乾隆、嘉庆以后，满族妇女仿效汉族妇女服装成风。到了清代后期，竟成了"大半旗装改汉装，宫袍截作短衣裳"的局面。在现在仍然十分流行的旗袍，就是这样一种汉化倾向的结果。

但是，满族妇女的旗装在清代一直被作为礼服保留下来。妇女旗装与男子的袍褂一样，也是以长袍为主体，采用圆领、右掩襟，但是不开衩。除正式礼服外，一般显得比较瘦长。袍子的下裾几乎与地面相齐，袖口敞开，比较宽大。但是没有马蹄袖。这一点与某些蒙古族女装不同。女子外衣中也有马褂，分对襟与大襟等式样。衣身长短肥瘦的变化情况与男子马褂差不多。但是女子马褂的装饰比较多，绣有复杂的花纹。同时还有坎肩、马甲等。一种类似明代比甲的长坎肩叫作"褂襕"。这种坎肩是对襟、圆领、直身、无袖，左右与后身开衩。两腋下各缀上两根长带，直至膝下。故宫博物院藏有清代皇后褂襕黄册，记载着一件石青缎细绣金银墩兰花五彩百蝶褂襕，仅身长4尺4寸，但连材料带工价，一共用了白银210两9分6厘，恐怕比一家普通农民的全部家当还要多。

由此可见，旗装一般用各种精致的绸缎制作。皇后、妃子、贵夫人们的礼服上要绣团龙或者团蟒，其他的人袍衫上便绣着各种花卉、蝴蝶、吉祥图案等。贵妇人的旗袍上还经常要另加一条丝绸长围巾，把它缠在脖颈间，一端垂在胸前。袍衫的外面还会加穿一件马甲。女子的马甲以大襟和琵琶襟的式样为主。清代讲究刺绣与镶嵌等服装装饰工艺。女子在马甲上特别下功夫，在交襟处、左右领口等处都要加上宽宽的多重花边。在交襟处、左右腋下以及对襟等处都经常做出如意云头式样的镶滚边。后来甚至镶滚多道，有"三镶三滚""五镶五滚"等名目。由于装饰过度，使得马甲本身原来的衣料都只有极少部分才能露出来。满眼看去全是花纹。这样加工以后的马甲，色彩丰富，花纹多样，成为女子衣装中主要的装饰成分。

由女子旗装演变而来的旗袍，至今还受到时装界的青睐，是世界服装之林中具有典型中国特色的一朵艳葩。它上下连成一体，既便于剪裁，又能充分体现出女子的体型曲线之美。并且发展出长袖、短袖、高领、低领、侧衩、后衩、上肩等多种不同式样。赢得了国内外广大妇女的喜爱。据说它是由一位满族民间巧女——黑姑创造的。

除去具有民族特色的袍衫以外，满族妇女的头饰与鞋子也富有民族特色。满族妇女的头发经常梳成在头顶左右横卧的两个平髻。老北京人称之为"两把头"。梳好平髻后，插上各种花朵和首饰。以后又在平髻上加插黑色的梯形版片"扁方"。

这种发式，人们称之为"大拉翅"。女子们用大朵的鲜花、金银钗簪、珠翠等装饰平髻与版片，更显出头上发髻的高大华美（图145）。而两把头的梳理也是一种专门的技术。它是将头发从头顶中缝左右分开，向后梳成两股，然后分股向上反折。在折叠时要在头发上抹鸡蛋清、刨花水等黏液。然后覆压，使发髻形成扁平形，微向上翻。为了让发髻平卧在头顶，还得在发髻中间插上架子，让它看上去像一个"一"字，所以又叫它"架子头""一字头"等。发髻压平以后，再把两边剩余的头发折上去合为一股，返回头顶前方，用红绒绳围绕着发根束定，再用三四分宽的帛条包裹发根，使它成为一根短柱。把扁方横插在发根上，用其余的头发缠绕扁方使它和发根固定在一起。最后在扁方上插上各色花饰，才算大功告成。这种头，得有专门的侍女梳理，有时得梳理一两个小时，自然也只能是满族贵族小姐的专享专利了。

满族妇女作为礼服鞋的高底鞋独具特色。一般底高一二寸，后来有增高到四五寸的。鞋底上宽下圆，形状像花盆，装在鞋子的脚心部位。俗称"花盆底"。由于木制高底的中间凿空，像个马蹄，所以又有人嘲弄地叫它马蹄底。好在满族妇女没有缠足的恶习，还可以适应这种鞋子。穿这种鞋可以增加女子的身高，使她们看上去更加苗条。而且穿这种鞋走路只能上身挺直，扭动身体小步前行，虽然可以使女子的婀娜身姿尽显无遗，但是穿它走路可要练就一套功夫。所以，穿这种鞋的主要是中青年妇女，老人就穿平底的鞋子了。梳两把头，穿旗袍与高底鞋已经是满族妇女的标准礼服装束。连慈禧太后都留下了不少穿着这样衣装的照片。

蒙古族是清代满族统治者的重要盟友，北方的防卫大多依靠蒙古族的各部落王公。所以，分布广泛的蒙古族牧民，将自己民族的传统服饰与满族服饰结合起来，形成了独具特色的各种蒙古族服饰。它们至今仍然是中国服饰中璀璨的明珠。

清代蒙古族的服饰中最有特点的是妇女的服饰。主要材料有布、绸缎、织锦、丝绒、毛皮等。头饰用金、银、珍珠、珊瑚、玛瑙、翡翠、琥珀、松石等原料制作，十分华丽。例如陈巴尔虎的蒙古族妇女头饰由头箍和发夹组成。银质的头箍上面镶嵌宝石，錾刻八宝吉祥等佛教图案。后面挂有镂空的银珠，两侧装饰着像盘羊角一样的银发夹，底边是多边形的银质发套，下面垂着银法轮和银链。头顶上再戴上一顶貂皮帽。这种模仿羊角的头饰具有典型的民族特色，是自成吉思汗蒙古与元

图 145 清代满族女装

代起就存在的妇女装饰。与此相配的服装是无腰带的长袍与对襟长坎肩。长袍有灯笼形的抽袖与美丽的刺绣袖箍。坎肩上有银质的扣祥与挂饰，把衣装映衬得更加华贵。而察哈尔蒙古族的妇女服饰则另具风格。其头饰主要由头围箍、脑后饰、发夹等组成。头围箍是以青绸与布做底子，上面缀上13块镂空掐丝银托，镶嵌上半圆形的珊瑚、松石。脑后垂下用松石、珊瑚、珍珠、翡翠等穿成的网络。发辫上饰有长方形的银质发夹，也镶嵌着珊瑚、松石等。鬓边还垂着十余条用米粒大小的珍珠或银珠穿成的细链，显得飘逸秀雅。她们的服装是方领右衽的蒙古袍，外面套一件前后开衩打褶的长坎肩，多用织锦沿边。这是内蒙古草原中部的蒙古服饰代表。内蒙古草原西部的鄂尔多斯蒙古妇女服饰，也特别强调头饰。用青布做底的头箍上面钉着8至13块银托，银托上镶嵌着半圆形的珊瑚、松石等宝石。脑后饰上装饰着大串的珊瑚珠串。鬓饰垂在两侧，各有6条流苏，是用金银、珊瑚、松石串等穿成，下端缀有银铃。装饰发辫的发棒上面也缀有雕花的银饰片和珊瑚珠等。这套头饰藏好后，还要在上面戴一顶绣有龙凤图案的圆顶立檐帽。与之配套的蒙古袍色彩素雅。外面套一件四开裾的长坎肩。坎肩上极尽装饰之功，用绣花缎、织锦等镶边，加上大量刺绣图案，缀上银扣或铜扣等饰物。显得庄重华贵，典雅大方。

清代汉族妇女的衣装，开始时仍然沿用明代末期的式样。故宫博物院藏《雍正十二妃子图》中，各位皇妃的便装都是明式的衫、裙、比甲等。清代版刻《康熙耕织图》中，农妇们穿的也仍然是对襟衫、裙、比甲、交领长袍等汉族服装。后来，随着时尚的逐渐改变，形成了清代的新风格。像清代的命妇也穿戴凤冠霞帔，但是清代的霞帔成了一件马甲，上面缀有补子和流苏，与明代的霞帔完全不同了。

清代汉族妇女主要的服装成分还是袄、衫与裙子。外面罩披风或者穿比较长的背心。到了清代后期，穿裤子的时间比较多。尤其是平民百姓中，衫、袄与长裤是主要的日常服装。这时女子的裤子有着宽大的撒腿，上面绣着大量繁缛的花边。而劳动妇女的裤子一般就没有任何装饰了。而且为了日常劳动方便以及保暖，经常用宽布带子将裤腿扎紧。这样，绑腿带子也成了平民衣着中的一种重要组成部分。由于绑腿需要，这种平时穿的裤子裤腿就比较窄了。

披风是清代妇女常穿的外套。其作用与男子穿的外褂相似。它长及膝部，对襟大袖，上面绣有五彩夹金线的花纹。豪富人家，还在披风上嵌缀各种珠宝。在披风里面穿大袄。袄有单、夹、皮、棉的四季区别。袄身与袖子比较宽大。衣领大多是圆领或斜领。这一点是受了旗装的影响。

作为下裳的裙子式样很多。颜色与花饰也越来越精美。从保存下来的清代服装中看，明代流行的凤尾裙、月华裙、墨华裙、百褶裙等清代仍然流行。其中墨华裙类似后来的手绘，颇具文人气息。它是用墨弹到裙子面料上，形成自然晕染开的花

图 146 清代百褶裙

纹，既雅致又不拘一格。百褶裙是做工精巧的衣物，南方妇女尤其喜爱穿。有一条
保存下来的清代百褶裙，前面锈上花纹，加花边栏杆，左右各打上五十个细褶，是
名副其实的百褶裙（图 146）。在咸丰、同治年间，有一种创新的百褶裙。它粗看
上去与旧时的裙子没有什么区别，但是将衣褶拉开，就可以看到各道细褶之间都用
丝线交叉相连，形成鱼鳞甲片一样的效果。人们叫它鱼鳞百褶裙，具有很大的伸缩
性。这种裙子做工十分精细，一条裙子要花费几十上百个女工，真是极尽巧思。此
外，还有在裙子上缀加各式飘带的凤尾裙，有在裙裾上缝缀一排金银响铃，使得一
走动就叮咚作响的凤尾舞裙，有在裙子前后加平幅裙门、裙背，绣着人物花草的马
面裙等。这些华贵的裙子只有官僚富贵人家才能享用，平民百姓只不过是使用布
裙、绢裙，粗布蓝裙子是劳动人民中最常见的。

　　云肩在清代还存在，而且绣制得非常精致，四周装有璎珞。它主要是在婚礼和
祭祀等大典礼时使用。光绪末年，妇女中时兴低而且大的垂髻。为了防止头油沾染
衣服，开始用绒线编织一些小型的云肩，披在肩上遮盖衣服。这时，云肩才越来越
多地出现在日常场合中。中国国家博物馆中收藏有清代云肩的实物。它上面刺绣着

各色人物、楼台、花鸟等纹样，四周缀上璎珞，串上珠宝玉饰。纹饰绣工精湛，栩栩如生，珠宝玉饰熠熠生辉，价值非凡。这样的云肩仅有帝王贵族之家才能享用，并且是仅在宫廷祭祀、大婚等重大礼仪场合出现。

我们可以看看《红楼梦》等清代小说中描写的清代贵族家庭女装，该有多么丰富多彩。例如王熙凤在礼仪场合出现，"身上穿着镂金百蝶穿花大红洋缎窄褃袄，外罩五彩刻丝石青银鼠褂，下着翡翠撒花洋绉裙"，一派富贵豪华气象。而在家里日常穿的冬装则是"带着秋板貂鼠昭君套，围着攒珠勒子，穿着桃红撒花袄，石青刻丝灰鼠披风，大红洋绉银鼠皮裙"。显示出大多采用毛皮衣裳的北方民族遗风。相比之下，作为大丫头的鸳鸯，衣着就偏重于汉族式样，并且以布帛质地为主。平日在屋里身穿"水红绫子袄儿、青缎子背心，束着白绉绸汗巾儿，脖子上戴着花领子"。外出时一身打扮是"半新的藕合色绫袄，青缎掐牙背心，下面水绿裙子"。不仅简单朴素了许多，而且明显地表现出不同等级、不同身份妇女衣着上的区别。衣裳的阶级属性与政治作用在这里得到了生动的证明。

与以前的朝代相比，清代的手工业与商业都有很大的发展。所以，清代早期的妇女衣装主要受到南方经济繁荣地区的文化走向影响，式样精细，剪裁适体，色彩也典雅大方。苏州、南京一带的纺织刺绣领先于全国，引导着时尚。清朝宫廷专门在南方设立织造衙门，负责供给宫廷各色纺织品衣料。但在清代后期，由于官僚社会的腐败奢华，商品经济畸形发展。由京城中贵族官僚的炫富趋向，造成女装向极力堆砌装饰，夸豪斗富的方向演变。衣料上的镶嵌、花边重重叠叠，配色对比强烈，十分刺眼。为此不惜千金一掷，使做工唯恐不精，装饰唯恐不贵。而今天我们从中感觉到的只是一种暴发户式的病态鉴赏心理。例如道光、同治年以来，妇女衣装纷纷在衣边缘、裤脚、袖口等部位镶加多重各色花饰。这种做法具有鲜明的时代特色。女子的手工技艺到这时也发展得十分高超，充分表现了古代妇女的聪明才智。这时的衣着上滚加花边镶条，绣出大片花鸟图案，缀加珠玉花饰，或者在衣料上挖空补花，镶嵌出各种图案等，最多的有镶十八道的。根据江苏巡抚的《训俗条》中记载，当时有"白旗边""金白鬼子栏杆""牡丹带""盘金间绣"等镶滚名目。有些图案新鲜离奇，为前代所不见。在故宫博物院以及海外一些博物馆收藏的大量清代女装精品中，可以一一欣赏这些美妙的制作工艺。

　　这种过分强调装饰的做法使女装的面貌为之大变。说不定它正是中国封建社会灭亡前的一种征兆吧。满族衣装具有极强的民族特色，又被绑上了封建礼法制度的枢车。所以在清朝灭亡后，迅速在社会生活中淡化消失。辛亥革命以后，西方的现代服装影响逐渐遍及城市及农村，改变了中国传统服装的一统天下。现代工业的兴起更是从根本上改变了中国传统的以家庭纺织、缝制为主的服装业。清朝贵族豪奢繁缛、费工费时的女服也很快就成了历史遗迹。现在，它完全告别了社会生活，只是收藏家所注目的珍品了。

巧夺天工

　　本书开头，在追溯人类服装起源时，我们曾经提到中国大地上发现的有关养蚕与丝织的新石器时代遗物。养蚕与丝绸纺织，是中国古代先民勤劳智慧的结晶，作为中国对人类文明最伟大的贡献之一，在历史上留下了重要的一页。从在河南省郑州青台、浙江省吴兴钱山漾等处见到的 5000 年前的丝织品，到湖北省江陵楚墓中发现的大批战国丝织品，其间丝绸织造走过了 3000 年的漫长历史。在这期间，中国大地上的纺织印染技术已经发展完善，可以生产出极其精美的丝织品。这一生产技艺的高度发展，为中国古代的服装提供了最优良的面料，也给服装设计师们建造了充分发挥才能的最好舞台。与此同时，丝绸还走向世界，成为中外贸易的重要商品，进而影响了世界各地的服装发展。而后，毛纺织、棉纺织的引入发展也使古代服装行业日益完善扩大。有关技术曾经领先世界。在近代以来的考古发现中，不乏有关文物遗迹。所以，在回顾过中国古代服装发展的历程后，还必须提及近代有关古代纺织技术的重大考古发现，让人们了解一下，我国古代在服装织造方面有过多么辉煌的生产技术成就，从而更深切地体会到古代人们的物质生活。

　　早在商周时期，中国的丝织技术应该已经是非常发达的了。我国最早的一部诗歌总集 ——《诗经》，收集了商周时期流行于各国的诗歌。其中有过不少关于纺织与服饰的具体描写。如《诗经·小雅·巷伯》中的"萋兮斐兮，成是贝锦"。用现代话翻译出来，是"颜色鲜明的丝线错杂一起，织成五彩的贝纹锦缎"。可见早在周代，各种花纹美丽、色彩鲜艳的丝绸精品已经成批地生产出来了。那时的织机应该还是比较原始的腰机一类工具，但是梭子、打纬刀等纺织工具已经完备。能够织出花纹，就表明使用多种不同颜色的纬线，其技巧比起只织单一颜色的布帛来已经有了极大的发展。

　　汉代的《说苑》一书中指责商代的纣王荒淫无道，说他用锦绣织物去覆盖宫室。现代的考古发掘可以证实这不是汉代人的杜撰。在近代科学考古发掘中，商代的青铜器出土时，经常可以发现原来包裹在铜器外面的纺织品遗痕。1929 年至 1935 年之间对河南省安阳殷墟的发掘中，出土了不少上面残存纺织品痕迹的青铜器，如在侯家庄西北岗 HPK 1001 号大墓中发现的铜爵、铜戈等。20 世纪 30 年代，瑞典学者西尔凡（V. Sylwan）在研究中国丝绸时，也在一件马尔米博物馆收藏的殷商铜觯上发现了菱纹刺绣纺织品的残迹。1950 年，在安阳武官村殷商大墓中出土

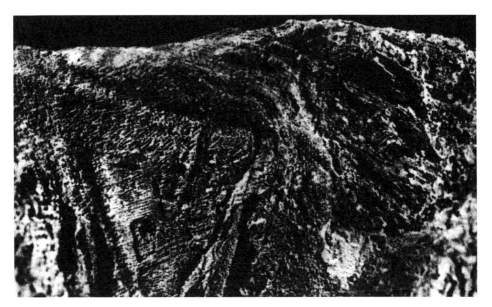

图147 河北藁城台西遗址发现的纺织品遗迹

了三件铜戈，表面上也有绢帛的明显痕迹。近年来，在时代更早的河北省藁城台西商代墓葬发掘中，发现出土的一些青铜容器与武器上也有丝织品的痕迹（图147）。它们有些原来覆盖在器物上，有些是缠绕在器物外面的，显然是下葬时携带的丝织品。根据电子显微镜扫描的结果，可以判定它们是蚕丝的纤维。在其中一件铜觚表面上留下的丝织品痕迹中，甚至可以辨别出有五种不同规格的纺织品。其中有平纹的"纨""纱"，细薄的"纱罗"，特别值得珍视的是在里面还发现了一块属于平纹绉丝的织物——"縠"的残痕。这种纺织品在表面上织出了美丽的绉纹，工艺复杂，是十分贵重的纺织品。它们可以表明商代的丝织技术已经达到了相当高的水平。现在研究者分析出这些丝织品遗痕中有三种以上的不同织法：第一种是普通的平纹组织，第二种是由经线显出突起的畦纹这种纺织方法。第三种是由经线显出花纹的文绮织法。用第三种方法织造织物时，必须要使用带有简单提花装置的织机。可见这时的纺织技艺已经不再是"手经指挂"的初级阶段了。这些包裹在青铜器外面的大量丝织品，说明当时的贵族已经有足够的丝织品用以挥霍，纣王用锦绣覆盖宫殿也不是不可能的。

西周距离现代更近了一点，生产技术也有所进步。现在在西周贵族墓葬中发现的纺织品痕迹与遗物也比商代要多。在陕西省泾阳高家堡的一座西周早期墓葬中曾经发现了麻布。而河南省浚县辛村1号墓的木椁顶上也发现了一些麻布的残片。麻应该是比丝更先被人们利用的自然产品，只是质地较粗糙，贵族衣物不大会采用。

最重要的是在陕西省宝鸡茹家庄的西周中期墓内新发现了一批关于蚕、丝的实物，给我们了解西周时期丝织与刺绣的情况提供了非常珍贵的资料。首先，在BRMI这座墓葬中，发现了大量玉石制作的蚕形饰物。这些造型生动的玉蚕，向我们展示出了西周时期已经十分发达的桑蚕生产情况。那时，养蚕已经是农家妇女的重要生产活动了。《诗经·豳风·七月》中就生动地描写了妇女采桑的繁忙景象："春日载阳，有鸣仓庚。女执懿筐，遵彼微行，爰采柔桑。"用今天的话来讲，就是："春天的阳光多么明亮，黄莺在不断地歌唱。女子们手执浅浅的篮筐，走在那小路上，去摘取柔嫩的桑叶。"在故宫博物院收藏的战国铜壶上，正有这样一幅逼真的采桑画面。女子们有的爬上树干采摘桑叶，有的手提竹篮运送摘下的叶子。从古代文献的记载中，我们可以了解到，当时养蚕纺织是每个女子都要参加的劳动，甚至王后与贵妇人们也要象征性地在每个春天去北郊祭祀蚕神，采摘桑叶，祈求桑蚕丰收。由于古代的村社习俗，平时每天晚上，全村的女子就聚到一起纺织。《战国策·秦策》中有这样一个故事，公众聚集做活的屋子里需要点灯，灯油由来这里做活的众人凑钱购买。有一个穷女子，没有钱交。其他女子就嫌弃她，不愿意让她来一起做活。这个穷女子说："我没有钱，但是我每天都先来给大家打扫屋子。灯光可以照亮全屋，我只要在角落里借大家一点光亮。你们不会连一点亮光都舍不得吧。"这是今天还流行的"借光"一词的来源。它正说明了当时妇女聚集一起纺织劳作的习俗。

其次，在宝鸡茹家庄的西周墓中发现了大量丝织品痕迹。其中有些是黏附在青铜器上，有些是压附在淤土上，一般可以看出三四层叠压在一起，大部分是平纹的纺织品。值得注意的是有一块淤泥上的纺织品印痕具有简单的菱花图案，应该是斜纹的提花织物。这只有用专门的提花织机才可以织出。此外，还发现了一处刺绣的印痕（图148），它采用了至今还在使用的辫子股绣针法，运用双线条刺绣出卷曲的草叶纹、山形纹，针脚非常匀整。这说明了当时的刺绣技术已经非常成熟了。

在春秋时代的楚国墓葬中，发现过大量丝织品。如 1957 年在河南省信阳楚墓中出土了织有菱形花纹的文绮与方目纱。1952 年至 1958 年对湖南省长沙楚墓的发掘中发现了残存的绢带、绢片、丝绵被、平纹绢和具有菱形花纹的文绮等。特别是在长沙左家塘的战国中期墓葬中发现了中国最早的织锦，其中包括有几何纹锦、对龙对凤纹锦与填花

图 148 陕西宝鸡茹家庄西周墓葬中发现的丝绣痕迹

燕纹锦等。1965 年在湖北省江陵望山的楚墓中发现了提花的丝帛、刺绣品等。甚至远在苏联阿尔泰地区巴泽雷克的几座古代墓葬中也发现了中国的丝绸。这些丝绸经测定，其生产的时代相当于战国早期。它们上面用彩色丝线绣出了花枝围绕中的凤凰。另外，其中还发现有用红、绿两种颜色的纬线织出凸显花纹的织锦。

中国古代最早的诗歌总集《诗经》中有不少描写当时人们衣着的诗句。它们是上述那些考古发现的最好注脚。把它们结合起来，我们可以更好地了解到古代织物的面貌。

《诗经·周南·葛覃》中记述了用葛制作布匹的过程："葛之覃兮，施于中谷。维叶莫莫，是刈是濩。为絺为绤，服之无斁。"翻译成用现代诗歌，就是："葛藤枝儿长又长，蔓延到，谷中央。叶子青青密又旺，割了煮，自家纺。细布粗布制新装，穿不厌，旧衣裳。"诗歌中对贵族的精美丝绸服装也描述得十分具体。如《诗经·秦风·终南》中说"君子至此，黻衣绣裳"，译为现代文，是"公爷封爵到此地，绣花衣裙闪五彩"。《诗经·唐风·扬之水》中说"素衣朱绣"，译为现代文，是"身穿白衫红衣领"。《诗经·豳风·九罭》中说"我觏之子，衮衣绣裳"，译为现代文，是"我的客人不寻常，绘龙上衣彩色裳"。在《诗经·邶风·出其东门》和《诗经·邶风·绿衣》等篇章中还描写了当时妇女的衣裳色彩。有绿色外衣配黄色的夹里，有白色衣服配红腰围，有白上衣配绿裙子等。可见当时的纺织印染工艺已经很完善了。如此丰富多彩的美丽织物，表明当时的纺织业发达程度，由广大农村劳动妇女手工织造出的丝绸麻布已经成为当时社会经济中不可或缺的一个重要组

成部分。

在春秋战国时期，中国的丝织品已经传播到世界各地。在古代希腊人的历史记载中，中国被称作"塞里丝"，即丝国。根据希腊史学家亚波罗多剌斯的记载，在公元前3世纪，西方的国家已经知道了丝国。说明当时可能已经有贩卖丝绸的商旅往来在横亘欧亚的漫长道路上了。这条后来闻名于世的"丝绸之路"穿过河西走廊、塔里木盆地，跨越帕米尔高原，途经中亚、西亚各国，到达地中海，全长7000多公里。也可能有人从西伯利亚跨越乌拉尔山，途经中亚或巴尔干到达地中海沿岸。有学者认为，在西南边境，还有通向印度的丝绸之路，也就是西汉时期张骞考察的身毒道。至少在公元前4世纪，中国的丝就从这里传播到印度。历史上，不知有多少精美的中国丝绸通过这些道路运往欧亚各地，受到各国人民的热烈欢迎。在罗马城内的多斯克斯区，曾经设有专门出售中国丝绸的市场。公元4世纪时的罗马历史学家马里塞奴斯曾经记述：以前我们国内只有贵族才能穿上中国的丝绸衣服，而现在不论什么人，即使是士兵、工人、仆役也能穿上中国丝绸了。这该是多么庞大的贸易出口啊！

考古发掘的成果证实了这些历史记载不是虚妄的神话。在古代罗马与古希腊的文化遗址中出土的大量彩绘陶瓶上面，留下了许多反映当时生活的人物图画。这些人物中有不少穿着长袍。绘制这些长袍的线条圆润飘逸，显示出它们是用轻薄柔软的纺织品制作的，而最适合这种要求的纺织品无疑是中国丝绸。在丝绸之路沿线的很多地点，从中亚的撒马尔罕一直到阿拉伯半岛上的帕尔米拉、杜拉欧罗波等地，都曾经发现过汉代与魏晋时代的中国丝织品。近年来又在新疆和田东面的尼雅古遗址和吐鲁番的阿斯塔那墓地等处多次发现大量东汉、北朝至隋、唐时期的精美丝织品，更为有力地说明了中国古代丝绸大量出口的事实。

这些出土的丝织品与在中原大地上发现的大量丝绸共同向我们展示出战国秦汉时期高妙的纺织技艺与庞大的养蚕、缫丝、纺织等手工业生产规模。汉代的重要著作《论衡》中说："齐郡世刺绣，恒女无不能。襄邑俗织锦，钝妇无不巧。"《汉书·贡禹传》中记载："齐三服官作工各数千人，一岁费数巨万。"它们反映了汉代社会中丝绸纺织业所占有的重要地位，描写了当时纺织生产的盛况，特别是已经有规模宏大的官营专业纺织场所。由于丝绸生产已经如此普及，技术不断提高，所以我们看到的战国秦汉时代的丝织品遗物已经非常丰富了。它们色彩艳丽，花纹精巧，品种多样，美不胜收。现代的有关专家曾经根据出土实物将当时的纺织品做了一些分类，发现现存的遗物中，"纨素"，即今天所称的绢，是最为常见的。一般的平纹绢每平方厘米大约有50至60根经纬线。织成品比较稀薄。在湖北省江陵马山楚墓中出土的丝织品衣物中，大部分都属于绢这一类。素色绢一般用来制作衣衾和其他衣物的里子。它们大多是织得比较稀疏的纺织品。而用作面料与绣花底料的绢就显得比较紧密，经纬均匀，质量比较好。

绢应该是当时使用最广泛的纺织品。因为它的织造技术比较简单，用料也比较节省。以后技术发展，出现了织得更精细、更紧密的高级绢，例如古人称为"冰纨"的细绢，既洁白又纯净。在河北省满城汉中山靖王刘胜墓中出土了一种质地细致的畦纹绢，它在纺织时使用的经线比纬线多一倍，所以呈现出纬线方向凹下的直条纹，好像田地中的畦梗一样。表现出即使是简单的平纹织法也在不断地改进技术，创造新品种。

其次是罗纱。早期的罗纱是平纹纺织品，而且使用的经线与纬线都比较少，比较稀薄。面料上可以看到细小的方孔。最稀疏的罗纱每平方厘米只使用20根左右的经纬线。江陵马山一号楚墓与蒙古诺音乌拉汉墓等处都曾经发现这种纱的残片。它们大多是用来包裹头发，或者制作内衣。

古代素纱制品中最精彩的莫过于湖南省长沙马王堆汉墓中发现的一件禅衣。这件素纱制作的禅衣轻薄透明，像蝉翼一样。整件衣服长190厘米，却只有49克重。它的经纬密度为每平方厘米62根上下，并不算少。但是由于它使用的蚕丝经纬线极其细微，所以织成的纱料又轻薄又细密。它向我们显示了当时十分高超的拈线技术，比起现代的缫丝纺线技术来也毫不逊色。

随着纺织技术的迅速发展，汉代已经出现了罗纱组织的提花罗纱。这种罗纱用两根经线作为一组，与纬线交织而成。其中的一根经线叫作纠经。它每织入一根纬线时就改换一次位置，使两根经线交替左右绞转，这样织成的罗纱就不容易松散，而且还可以利用纠经变换位置的特性编织出一定的花纹来。河北省满城汉中山靖王刘胜墓、新疆民丰汉墓中都出土了这样的花罗纱。

绮是一种斜纹起花的素色绸，还有进一步染色的彩绮。它们是比较贵重的纺织品。在现代出土的汉代绮中，见过一种特殊的织造方法。它是在面料的底子部分使用平织，在要织出花纹的部分另外添加一组平纹组织的经线。一般在织绮时使用的经线数量是纬线数量的二至三倍。所以织成品显得紧密厚实。在织物表面上提花，更加增添了纺织品的光彩。湖南省长沙马王堆汉墓出土的菱纹绮就是这样的佳品。

现在可以见到的汉代织物最高水平代表是锦。它是一种具有多种突起花纹的彩色丝织品，色彩鲜艳，纹饰多样。这是由于织锦时，使用的经线非常稠密，每平方厘米可以达到160根以上，而纬线每平方厘米只有30根左右。锦一般用二至四种颜色的彩线交织而成。由于使用了先进的提综装置织机，可以随时变化，织成很多种花色。供给贵族们使用的高级纺织品更是精美。

汉锦的先源是战国时期楚国的织锦。例如湖北省江陵马山楚墓中出土的服装面料，就有八九种织锦花色。像用浅棕色、土黄色、朱红色三种丝线织成的塔纹锦，用棕色、黄色、红色三种丝线织成的凤鸟凫纹几何纹锦，用棕色、深黄色、深红色三种丝线织成的舞人动物纹锦，用浅棕色与朱红色丝线织成的凤鸟菱形纹锦、大小菱形纹锦等。我们可以详细看一下其中的舞人动物纹锦，这上面有七组不同的图案，如对龙、对凤、对麒麟与舞人等，纹样组织得非常复杂，需要极高的纺织技艺。经分析，纺织时需要在经纬结构中构成一种有三色经线的两重织物，其中一组经线作为夹经的经丝，另外两组经线的交织点重合在一起，形成点状的花纹。还有一种织法是在二重经线的织物中，配牵一组分段换色的彩条经丝。这样，两组经丝就可以织出三种以上的不同颜色。此外，在湖北省随县擂鼓墩战国墓中还发现了纬二重组织的织锦。它们用一组纬丝与经丝织成平纹，由另一组纬丝将显示花纹的经丝托起来，把不显示花纹的经丝压住。这种织造方法，直至近代，中南地区的苗、侗、布依族等一些少数民族妇女还在使用。

由于干燥或者冰冻，地下埋藏的纺织品得以保存。在北方的新疆楼兰、尼雅等古代遗址，内蒙古扎赉诺尔东汉墓葬以及蒙古诺音乌拉汉代匈奴王墓群、朝鲜平壤乐浪遗址、俄罗斯贝加尔湖南伊尔莫巴德墓葬等处，多次发现汉代织锦的遗物。其中有二色、三色、四色甚至五色的经锦。面料上以神怪动物、山岳纹、云纹等为主。在新疆尼雅遗址曾经发现汉代的织锦护臂，上面织出复杂的凤鸟、怪兽、云纹

图 149 新疆尼雅遗址出土汉代织锦

等图案，还织出了"五星出东方利中国"等汉字（图 149）。其发现由于这些文字轰动一时。特别是在湖南省长沙马王堆汉墓中出土的大量彩锦，上面有秦汉时期最流行的几何纹、神兽动物纹、变形云纹、花卉纹等。还有非常罕见的绒圈锦织物。这种织物的织造技术比较复杂，是采取四根一组的变化重经组织，使用大量经线。按照当时一般每幅宽 50 厘米计算，一幅上的经线可以高达 11200 根。它是巧妙地运用"假织纬"的办法，起出大小绒圈来。使得几何纹的绒圈锦表面上形成一层高出锦面 0.7 毫米的绒圈，造成了非常丰满华丽的立体效果。可以说，这就是后代天鹅绒纺织技艺的前身。这件文物是中国纺织科技史上的一个重大发现。它表明，在秦汉时期，我国已经有了足以与现代织造技术相媲美的先进纺织手段。

　　当时的纺织机也有具体的形象留存。在汉代画像石中，有一些关于纺织的画像。上面画的织机已经有了经架与提综设备。机器平放在地上，用脚踏来控制经线的上下。这样的平放式脚踏纺织机以及当时使用的提花机，欧洲在公元 7 世纪以后才开始使用，到 13 世纪才有所普及。各国学者普遍认为，这些纺织机都是从中国流传过去的。在汉代墓葬中还出土过陶制的纺机模型。由于纺织业的发展，官

图 150 陕西法门寺地宫出土唐代刺绣

方征收的赋税中都包括丝绸布帛，官署的府库中存储了大量布帛，甚至用布帛代替货币进行流通贸易。在古代文献和出土的古代籍账文书中有着不少这样的记载。

以后历代，中国都有大量精美的丝绸制品生产出来，同时不断发展纺织技术，创造出新的纺织品种。现在从文献记载中看来，隋唐服装的质地与色彩都达到了非常精美的地步。上文已有详细记述。在这些衣料上，都有大量的精美纹样与刺绣图案，耗费的人力物力是非常惊人的。陕西省扶风法门寺的佛塔地宫出土了中晚唐时的纺织品，它们是唐代纺织刺绣高超技艺的具体证明。这里附图中的一件大红罗地蹙金绣，就是在红色的丝罗上用金线刺绣而成（图150），呈现出华美的团花与云朵图案。

元代最著名的丝织品是用金线织造的锦缎。蒙古语称之为"纳石矢"。1970年在新疆盐湖出土了织金锦的实物，真是非常富丽。当时官员的服装都是用这种织金锦制作的。在故宫博物院中收藏有一件元代的红地龟背团龙凤纹纳石矢披肩。由于使用的金线较粗，看上去金光灿烂。1976年在内蒙古集宁东南的察哈尔右翼前旗巴音塔拉公社土城子村元代集宁路故城遗址中出土了一批印金提花绫服装，如印金牡丹、莲花、菊花、玫瑰花纹的提花缠枝牡丹纹绫长袍、凸版印金圆形冰纹夹衫、黄色斜纹提花绫印金被面等。它们充分显示出元代丝织工艺的高超成就。它们的主要纺织特色、织造技术与衣物的式样都与南宋的纺织品与衣物相似，如与福州的宋代黄升墓中出土衣物就很接近，说明元代的丝绸纺织与宋代是一脉相承下来的。当时，元朝通过海、陆两条丝绸之路大量出口丝绸、瓷器等手工艺品，正证明丝绸生产的兴盛。《马可·波罗游记》中对于这一贸易的发达景象有大量生动的记录。据书中记载，当时南京、镇江、苏州等城市都在大量生产织金锦，马可·波罗足迹所到之处，都可以见到繁忙生产的纺织作坊。江南纺织业的中心地位，在这时已经确立了。

到了明代，江南的纺织业更加工场化，出现了大批专业纺织工场和专业纺织工匠。一些大的纺织工场已经达到拥有上百架织机、上千名工人的规模，开始了有组织、有分工的大型工业化生产。中国资本主义生产的萌芽就是在这里首先破土而出的。现在保存在苏州石刻博物馆的明清重要碑刻《永禁机匠叫歇碑》《永禁踹匠齐行增价碑》等，都是中国工业史上的重要资料。它们反映了当时工匠的罢工斗争，也反映了当时苏州纺织工业的状况，对于了解当时的纺织业发展具有重要的意义。

明代开始，官方在江南设立了专门的官营纺织工场，据《明会典》记载，设在南京的内织染局有织机300多张、军民工匠3000多名。另外还有隶属司礼监的神帛堂，有织机40张、工匠1200多人。它们生产宫廷使用的纺织品。同时，也采购一些民间生产的高级纺织品。造成官营与民营工场在生产技术与质量上的不断竞争，促成了纺织技艺的不断进步。以前各朝代的优秀纺织纹样都得到了采用，并且不断创新。在纺织机械上，也大有改进，使用了更加完善的纺织机。例如明代弘治年间，福州就创造出了新型的"改机"。它是一种复杂的大型织机，由多人操作，可以上四层经线、两层纬线。织出的提花织物，两面都能显出同样的花纹，质地轻软，手感很好，穿着更是舒适。可惜由于中国在机械动力方面没有突破，使这些复杂的机械完全靠人力驱动，造成对生产的束缚。但是它们的提花原理，则比起近代纺织机来也毫不逊色。在上海市松江县的一座明代墓葬中，曾经出土一些由明代"改机"生产的丝织品残片。这些丝织品的图案布局严谨，构图完整，使用龙、凤、仙鹤、祥云、花卉等组成纹样，配色也典雅大方。

1958年，考古工作者发掘了著名的明代定陵。出土有男女衣装共200多件，织锦165卷。这些织物都是当时官营工场的产品。制作技艺精细，显得华丽无比。每卷上都加有腰封，写上织造的时间、地点、织物名称、尺寸以及工匠的姓名，表现了官营工场严格的管理制度。在定陵中还首次发现了明代单面绒与双面绒的实物。有一块绒锦的丝绒绒毛长达0.2厘米，手感非常好。根据明代历史资料记载，明代的丝织品种类有纱、罗、锦、绫、缎、丝绒、绸、织金缎、妆花缎、改机织物与云布等。这些种类已经包括了现代纺织品的主要种类。自然，各大门类中的具体花色品种更为繁多。这些类型的纺织品，大多在定陵的出土品中可以见到。

清代继承了明代纺织业的成果，并且使江南等地的纺织业规模继续扩大，成为国家经济的重要支柱。除遍及各地的丝绸麻布等产品之外，当时，中国形成了四个大的织锦产区。它们是四川的蜀锦、河南等地的宋锦、江南一带的织金锦和妆花锦。这些高端丝织品名闻天下，因而被官方视为禁脔，大多工场都属于官营。特别是清代，又在江宁、苏州、杭州等地专门设立织造衙门，皇帝派遣心腹官员掌管，供应宫廷需要的大量织物，并作为国库储存来源。此外，这些官员还担负着安抚江南局势、监督官员与给皇帝写密报等政治任务，从经济和政治上控制江南富庶之地。大家都很熟悉的《红楼梦》作者曹雪芹，其祖上连任江宁、苏州织造，就是这种重臣。难怪他会在小说中把各种服装描写得细致入微。

官营工场的规模越来越大，自然将大批技艺高超的工匠征入官方管辖之下，也就刺激了民营工场的发展竞争，造成产品质量的创新。清代文人记载当时苏州等地出产的纺织品时说：苎丝缎中，最上品叫作清水缎，全用纯净的细丝织成。差一点的叫兼生缎，杂有生丝。进贡的苎丝缎叫平花、云蟒，精致美妙，巧夺天工。罗有花罗、素罗、刀罗、河西罗等品种，有花的纱叫夹织纱。绢分为生、熟两种。供书画使用的画绢每幅宽达四尺，薄如蝉翼。进贡用的绢要用专门的织机制作，由三个人一同织成，幅宽可以达到二丈。绸子有线绸、丝绸、绵绸、杜织绸、纹绸、绉绸、绫机绸、春绸等多种花色。秋罗有遍地锦，绉纱有花绉、素绉二类。做被子、帐子用的药斑布青白相间，画有人物花鸟或者写上诗词。刮白布用苎麻制作，像罗纱一样细密。飞花布像绵丝一样柔软。此外，还有弹墨、刷绒、缂丝、织金等高级织物。这些产品，充分表现出了中国数千年来传统纺织技术的辉煌成就。

除去丝绸以外，中国古代也曾经广泛地使用羊毛、骆驼毛、牦牛毛、兔毛等各种动物毛制作纺织品，而且历史悠久，甚至早于利用蚕丝的历史。根据考古发现，早在新石器时代，今新疆、陕西、甘肃一带的手工毛纺织业就已经诞生了。

在新疆罗布淖尔地区，曾经发现一具裹着毛织物与毛毯的女干尸。这些用羊毛织成的衣物，根据测定，距今约4000年。这些纺织品都是平纹组织，密度比较稀，是比较原始的纺织品。1978年秋天，在新疆哈密五堡墓地出土了公元前1200年左右的精美毛织物。有平纹、斜纹两种，织得比较精细。这里还发现了用彩色毛线织成的方格彩罽残片。彩罽是比较高级的毛布。这块残片有21厘米长、16.5厘米宽，每平方厘米上有经线21根、纬线16根，在深褐色的底子上织出了红、蓝、白三色的方格。看来当时的毛纺织技术已经达到了一定的水平。1957年，在青海省柴达木盆地南部的诺木洪遗址也出土了大量的古代毛纺织品。经测定，这些织物距离现在有2800年左右，大约相当于中原的西周时期。它们主要是平纹的织物，其中包括五块红色与褐色相间或者黄色与褐色相间的彩罽。

根据文献记载，中原地区古代制作的毛织物大多用牛、羊、马毛制作，是比较粗糙的褐。由于保存的条件相对不利，在中原还很少有古代的毛纺织品出土。而西北地区的游牧民族由于以蓄养牲畜为生，毛纺织的技术更为发达。到了相当于秦汉时期的年代，西北就已存在着技术极其高超的毛纺织业了。

在新疆民丰的尼雅遗址中曾经出土了一批毛纺织品，经测定其制作年代与东汉相当。其中有人兽葡萄纹双层平纹彩罽、龟甲四瓣花纹彩罽、毛织带、蓝色斜纹褐等。它们全部是用细羊毛织成，制作得十分精致。像龟甲四瓣花纹彩罽，在蓝色的底子上用白色的细线织出方形与八角形交错的龟甲形纹样，又在八角形和方形中填上红色的四瓣花纹，用白色勾边，显得极为美观。1980年新疆罗布泊的楼兰故城高台墓地2号墓出土了一件彩色的地毯残片。经测定其制作年代相当于东汉。它是用红、黄、黑、蓝四色的毛线织成，出土时色泽如新。在这座墓葬中还出土了另一件地毯残片，更令人惊叹。它正面具有紫红、粉红、橘黄、中黄、草绿、深蓝、墨绿与羊毛的本色等八种色彩纹样，背面是深蓝色。制作时采用嵌结绒纬的方法造成两面栽绒的效果。根据有关研究，这是现今世界上发现的最早的一件双面栽绒地毯。它表明当前仍在使用的地毯栽绒技术极有可能发源于中国新疆地区。此外，在高台地区2号墓与新疆和田洛浦县山普拉乡赛依瓦克汉墓中出土了极为精美的拉绒缂制毛织品。缂织是通过通经断纬的技术织出花纹，是中国古代创造的一种高级织物制作方法。高台地区2号墓中出土的石榴花卷草纹缂毛彩罽，具有美丽的花纹，做工精巧，令人惊叹。而赛依瓦克汉墓中出土的一条裤子残片制造技术更为高妙。它是在蓝色的底子上缂织出人首马身的神怪形象，四周还环绕着花朵，色彩明快，具有极高的艺术价值。在赛依瓦克汉墓中还出土了织有菱纹与树叶纹的缂毛坐垫。这么多的古代毛织品发现，证明当时这里普遍使用毛织品的历史，反映了西北地区自古以来发达的毛织工艺水平。

汉代以后，中国的毛纺织技术一直在稳步发展，边疆的毛纺织技艺与织物图案也不断向内地传播，与中原的纺织技术融合，同时中原的纹样与技艺也传播到边疆。在新疆于田屋于来克的北朝遗址中就出土了大量当时的方格呢、紫褐布、黄斜纹褐等毛织物。其中有一种在蓝底子上印有白散点花序的斜纹褐布，装饰的风味非常强，在今天制造的布匹上还可以见到类似的装饰图案。在新疆若羌米兰遗址出土过唐代的几何兽纹毛毯。新疆巴楚脱库孜萨来遗址也出土了大批唐代毛织物。其中有用藏羊毛织的花毯，有用新疆羊毛、藏羊毛、河西羊毛交织的牡丹绒毯，以及用土种羊毛与山羊毛交织的毛布等。这些织物，采用的原料来自各地，图案风格中既有中原汉族的特点，又有西域各族的文化特色，是唐代文化融合吸收了各族文化后蓬勃发展的写照。

用葛、麻纤维为原料的中国古代纺织品发现了很多，说明中原运用葛、麻纤维的历史非常悠久。前面已经介绍了新石器时代从半坡仰韶文化遗址到河姆渡遗址等地的大量发现，而古代文献记载，在周代，葛、麻已经成为人们十分看重的纺织原料。《周礼》中记载，周代官府专门设有"掌葛"一职，来管理葛布的生产。春秋战国时期的葛布生产达到高峰。这时的葛布制作得细密光滑，穿着舒适，很受欢迎。

中国的麻纺织业主要分布在黄河中下游以及南方。原料以苎麻为主。在1978年，从福建省崇安的岩墓中发现了距今约2400年的苎麻布。在江苏省六合的东周墓葬中也发现过苎麻布，它每平方厘米的经线有24根，纬线有20根，是比较精细的织物。1970年在江西省贵溪仙岩的战国早期墓葬中出土了一些纺织品，其中也有麻布。特别是在湖南省长沙马王堆汉墓中出土了一种苎麻布，十分细致，每平方厘米有经线37根、纬线44根，其细密的程度可以与丝织品媲美。说明麻纤维的加工纺织技术已经十分成熟。直到宋代，麻布仍然是制作精美的高级衣料。宋代文人周去非的《岭外代答》一书中曾记载："邕州产的苎麻布洁白细薄，织有花纹的叫作花练，一端长四丈多，只有几十个铜钱那么重。卷起来可以放进一段小竹筒中。但是价格昂贵，一端布值一万多文钱。"可见直至宋代，麻布仍然大量生产，并且加工技术日益精湛，可以制作出轻薄舒适的质地，成为高级的衣物原料。

当前占据纺织原料主体的棉花，进入中原的时间比较晚。根据植物学的研究，可能从相当秦代的时候开始，中国南部的广东、海南岛一带，以及西南地区和新疆就有了棉花的种植与纺织。但是中原地区的人使用棉花则要在上千年以后了。

棉花的原产地多在海外。广东、海南一带的古代棉花是古亚洲棉，又称印度棉，能在亚热带形成多年生的小灌木。古代人叫它吉贝，又叫作木棉，也有人叫它梧桐花树。用这种棉花纺织成的布古代叫作"吉贝"，古代文献中又写作"斑布""黎单""木棉布"等。南北朝隋唐时期的史书中记载南方的风俗时说：当地男女都是用横幅的吉贝绕在腰部以下，作为衣服。1979年福建省崇安的岩墓船棺中出土了一些青灰色的棉布残片。根据科学测定，距今有3200多年了。

另外一种一年生的棉花是非洲棉，原种植于西北地区，即今新疆与河西走廊一带。在西北的属于汉代至唐代之间的古代遗址中，多次出土当时的棉布遗物。例如在1959年新疆民丰一座东汉时期的合葬墓中出土了两块盖在木碗上的蓝白花印花棉布。1960年在新疆吐鲁番阿斯塔那309号墓中出土了用丝和棉花交织成的几何纹布。这座墓属于北朝末年的高昌王国时期。在阿斯塔那的墓葬中还发现过借贷棉布的契约。这种纸质契约文书是制作随葬品时废物利用被埋入墓葬中的，但是却保留了珍贵的文化信息。这件写于高昌和平元年（551）的借据上写着一次就借贷棉叠布60匹，反映出当时棉布的生产盛况。棉布在唐代商业贸易交往中的重要地位也由此可见。

此外，1964年在新疆吐鲁番阿斯塔那13号墓中出土了穿着棉布衣裤的晋代俑人。新疆于田屋于来克遗址中的北朝墓出土了一块长21.5厘米、宽14.5厘米的蓝白色印花棉布。在新疆巴楚巴脱库孜来遗址的晚唐地层中，除出土有棉布以外，还发现了当时种植的棉花种子。这些考古发现充分证实了当时新疆地区的棉花种植业、纺织业是多么普及与发达。

南北朝时期，中原虽然有棉布出现，但它们大多是来自南方沿海地区的产品，所以又叫作南布。中原并不生产。根据《南史》记载，陈代的著名文人姚察，清正简朴。有一次，他的门生送给他一匹南布。姚察说："我穿的服装用麻布就很好了。这样好的布对我没有用。"拒而不收。可见当时棉布在中原还是很珍贵的。所以当时连皇帝也把棉布当作上等用品。南朝梁武帝使用的床帐，据说就是用木棉布制作的。这时对于棉布的记载多来自东南亚地区，如称林邑国"王著白氎与吉贝"，婆利国"男子皆拳发，被古贝布，横幅以绕腰"。因此，棉布在中原大多被看作是外来的新鲜事物。美国学者谢弗认为："尽管唐朝有着卓越的纺织业，但还是进口了大量外国制作的布匹，也许正是由于唐朝自身具有最发达的纺织业，才促成了外来纺织品的大批进口，因为发达的纺织业刺激了人们对于新奇的纺织品的强烈兴趣。作为亚洲各地精美货物的征集者，唐朝不可避免地受到了这些进口货物的影响，而且当时有一些表现出明显的外来观念印记的唐朝货品也被运送到了国外。"实际上，唐朝进口的外来纺织品多是一些供上层玩赏享用的所谓珍奇物品，如特殊的毛织品、火浣布（石棉布）、新罗与日本的特色绢绸、冰蚕丝等等。很多还是作为进贡的礼品被记录下来的。这些进口的纺织品数量不会很大，对中国的纺织业影响也不是很明显。

到了宋代，中原地区才开始比较普遍地种植棉花，从而为平民百姓带来了福音。我们近来发现的中原棉花制品，大多是宋代以后的产品。1966年在浙江省兰溪的一座南宋墓葬中出土了一条完整的拉绒棉毯，长约2.51米，宽约1.18米，属于平纹组织，在两面拉出绒毛，制作精良。估计它的生产时代在淳熙六年（1169）前后。当时棉布也逐渐被越来越多的人当作衣料。到了宋末元初时期，北方的渭水流域、黄河中游地区，以及南方的长江流域，都已经大面积地种植棉花。从现在保存着的这一时期的大量绘画、石刻线画、刻本书插图等文物中，可以看到一些描绘当时纺织场面的图画，从弹棉花到纺线、织布，都能在画面上表现出来，栩栩如生。这些棉花纺织技术的迅速发展，得益于南方劳动人民的长期努力。在江南一带世代敬奉的棉纺织业始祖、著名元代妇女黄道婆，就是他们的突出代表。黄道婆原籍松江府乌泥泾（今上海市华泾县），为了躲避战乱，她只身一人流落到崖州（今海南岛）。在那里，她与早就从事棉花种植、纺织的黎族妇女一起劳动，学会了先进的棉花加工纺织技术，例如用弹弓清除棉花籽，用纺车纺棉纱等。黄道婆聪明好学，又善于钻研，对纺织工具有不少改进。直至元天顺年间，她才搭船渡海回到松江老家，以后就向当地的农民传授棉花的加工技术，普及纺织工具，使棉布生产得到迅速发展，江南一带的棉花种植也随之兴起。很快，松江就成为当时棉布生产与贸易的中心。黄道婆在棉纺织业发展上的伟大功绩，使她深受江南农村劳动人民的尊敬，不仅被记录入史册，而且在松江地区一直设立有"先棉祠"来祭祀她。祠中塑有黄道婆端庄的坐像，向我们展示着古代劳动妇女的丰功伟绩。

由于棉花的产量较高，经济效益好，并且比蚕丝耐用，到了明代，中国种植的

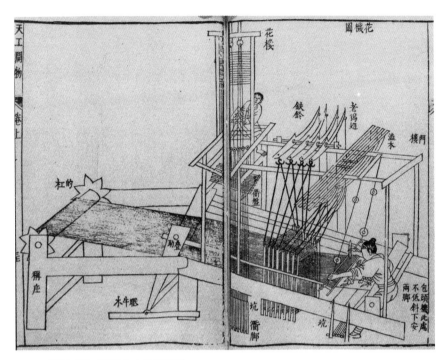

图 151　明版《天工开物》中的织机图

棉花产量已经超过丝、麻、毛的产量，成为主要的纺织原料了。这时一般人们穿
的衣服主要是棉布所制作，而且还有大量棉布出口。明代著名的科技著作《天工开
物》中记载：当时中原"棉花寸土皆有""织机十室必有"，可见棉花种植业与纺织
业在当时有多么兴盛了。这时的棉纺织机结构已经相当复杂，可以织出变化多端
的图案，完成技术要求很高的织物品种。我们可以去看一下《天工开物》中绘制的
大型织机，已经是由众多机件构成的庞大复杂的机械设备了（图 151）。可惜由于
始终缺乏科技投入，仍以人力为主，产量较低，质量也难以与现代织机的产品
相比。

纺织品的印染、刺绣等技术，是伴随着纺织技术的发展不断提高的，它是美化
人们衣着的主要手段，在中国古代同样具有悠久的历史和丰富的文物证据。

秦汉时期的纺织品印染工艺也已经成熟。出土丝织品显示，当时可以运用矿物
质染料与植物质染料染出数十种纯净、艳丽的色彩。而且还能运用套版印花的技术
染出各种美丽的图案。湖南省长沙马王堆一号汉墓中的一件纱锦袍，是在面料上用

凸版印出植物的藤蔓，然后再用毛笔彩绘出花朵与叶子。此外，这里还有用三块版套色印花的金银泥印花纱。1979 年，在江西省贵溪仙岩一带的春秋战国墓葬中出土了一件用印花版印花的双面印花苎麻布，把我国印花技术的历史推得更早。在甘肃省武威磨嘴子汉墓中出土的 3 件印花绢，有的用三套色型版套印出绛红、绿、白色的云草纹，有的用阴阳合模轧纹印花。这些巧妙的技艺，使我国古代的纺织品披上了五彩缤纷的外衣，具有丰富的艺术表现力，从而征服了世界各国的广大消费者。

比起印花来，更为简便并带有特色的是绞缬和蜡染技艺。绞缬就是今天人们所说的扎染。制作的方法十分简单，先在绢上确定花的位置，然后用针挑起花的位置，将它按十字形折叠，用线捆扎住。所有的花都扎好后，放入染料中染色，晾干后，拆开捆扎的线就可以了。因为扎紧的地方没有浸入染料颜色，就留下了白色的花纹。这种花纹没有一定的形状，自由随意，具有强烈的装饰性。现在我们还没有发现汉代的绞缬品，但是在新疆吐鲁番阿斯塔那的西凉墓中出土过西凉建元二年（344）前的绛红色小方块纹绞缬绢帛。上距汉代不远，大约汉代也已经存在这种技术了。

蜡染是使用得比较广泛的一种染花工艺。用蜡液在白色的布帛上画出花纹，然后在染料中染色。等到颜色染牢以后，将蜡在热水中煮掉。布帛上就显出了白色的花纹。现存最早的蜡染制品是在新疆民丰北大沙漠东汉合葬墓中出土的两块蜡染白花棉布。一块上是圈点、锯齿纹与米字网格纹；另一块上分为几个矩形，大矩形内好像是佛像，四周是装饰边，再外边有一个装饰人物的方形画面，上面仅保存了一个半身裸女像，颇具西方文化色彩。1984 年，在新疆和田洛浦县山普拉汉墓中也发现了类似的蜡染棉布。

在已经染织好的丝织品上，妇女们发挥自己的丰富想象，飞针走线，绣出华丽美妙的纹样，几千年来，形成了名扬四海的中国刺绣。它是工艺美术与服装装饰中的一枝奇葩。

在夏、商、周时期，已经出现了刺绣。例如在陕西省宝鸡茹家庄的西周强国墓地中发现的刺绣痕迹。战国时期的刺绣品更为多见。1958 年在湖南省长沙烈士公园的 33 号楚墓中曾发现四幅裱贴在棺木内壁的刺绣，上面绣有龙凤蔓草纹、鹿纹、鹤纹等精美的图案。近年在湖北省江陵马山 1 号楚墓中出土的大量战国时期的绣品保存得十分完好，21 件绣品，图案各不相同，包括龙虎凤纹、飞凤纹、凤鸟花卉纹、飞凤蟠龙纹、龙凤合体蟠纹等。它们是用锁绣的手法制作，图案富于变化，配色也很考究，充分表现出当时刺绣工艺的高超水平。

汉代的刺绣文物，最早的要数湖南省长沙马王堆汉墓中的 30 多件绣品。根据墓中出土的随葬文书，可以知道当时人们将这些绣品根据其图案分别叫作"信期绣""长寿绣""乘云绣"等。这些当时流行的高级绣品，针法以辫子股为主，也有部分采用直针绣法。针法细腻流畅，造型优美，具有极高的艺术价值。这些绣品，在绢、绮、罗纱等细密的织物上用绛红、土红、土黄、宝石蓝、草绿、湖蓝等多种颜色的丝线交错，绣出卷草、流云、花蔓、龙、凤、植物以及各种几何纹样。图案中粗细多变、曲折缠绕的线条与明暗不等的格子巧妙地结合起来，形成一种瑰丽奇特的梦幻效果，表现出继承楚文化的汉代文化中崇尚神鬼，刻意营造神仙境界的艺术色彩。

汉代的刺绣应该是在当时极负盛名的艺术品。不仅国内有多次出土发现，如北京市大葆台西汉墓、河北省怀安五鹿充墓、甘肃省武威磨嘴子东汉墓等处都发现过刺绣品，纹饰以神兽、龙凤、花鸟为主，就是在蒙古诺音乌拉的匈奴王墓葬中也有出土。新疆民丰的尼雅古国墓葬中也发现过大量精美的织锦与刺绣，应该是中原王朝的赠予。据说从三国时的吴国就有了"苏绣"的流派。唐代张彦远的《历代名画记》中说："吴王赵夫人，善书画，巧妙无双，能于指间以采丝织为龙凤之锦，宫中号为机绝。孙权尝叹魏蜀未平，思得善画者图山川地形。夫人乃进写江湖九州山岳之势。夫人又于方帛之上，绣作五岳列国地形，时人号为针绝，又以胶续丝发作轻幔，号为丝绝。"是说吴王的赵夫人擅长书画，能在手指间用彩色丝线织成龙凤花纹的织锦。孙权曾经叹息蜀汉没有被平定，想找善于绘画的人画山川地形图。赵夫人就为他画了九州的山川地势，又在方形丝帛上绣出五岳和各国地形。当时的人称她为"针绝"。这些精妙的丝织刺绣品，就是在技术发达的今天，也是可以排在第一流的。

唐宋时期的刺绣水平是非常高超的。前面介绍服装时已经涉及了一些。从敦煌莫高窟中发现的一批唐代锦绣制品，所绣图案生动逼真，如绣帐灵鹫山释迦说法图、牡丹鸳鸯绣囊等。其中有一件绣佛像，高3米多。这些绣品反映出当时已经运用了戗针、扎针、蹙金、盘金、擞和针等多种复杂的刺绣技法，甚至能绣出类似中国画中晕染的艺术效果。宋代时，刺绣不但成为重要的手工业，而且还形成了具有地方特色的若干个艺术流派，如首都汴梁一带的"汴绣"等，其作品风格一直延续下来，对后代的刺绣工艺产生了重要的影响。现藏台北故宫博物院中的宋代绣品《白鹰轴》，利用不同的绣法，能够绣出具有高低厚薄不同质感的雄鹰羽毛，纹理细腻，是刺绣艺术达到顶峰的代表作。后代又形成了湘绣、广绣、蜀绣等各个著名的刺绣流派，制作出了大量的刺绣珍品。

现在保存下来的明清时期绣品数量比较大，除去精工绣制的各种服装以外，还有模仿绘画、书法的著名绣品，表现出精湛的工艺水平。例如明代著名的"顾绣"，是上海顾名世家族女眷的绣品，在当时社会及今天的收藏界享有盛誉。明代著名书画家董其昌的弟子顾寿潜，也是顾家后人，他妻子韩希孟用刺绣模仿名人字画，开创了刺绣进入纯艺术作品领域的风气。现在北京故宫博物院收藏了模仿宋代书画家米芾、元代书画家赵子昂作品的刺绣《米画山水图》《花溪渔隐图》《洗马图》《女后图》等。它们是极受珍视的文物瑰宝。北京故宫博物院还收藏了明代鲁绣的作品《荷花鸳鸯图》《芙蓉双鸭图》等，这些北方的绣品表现出与顾绣等南方作品不同的艺术特色，布局自由，设色浓艳，表现出北方居民强健豪放的性格。

故宫博物院中保存的清宫遗存下来的清代刺绣织物是一个非常丰富的宝藏。其中每种绣品都是花费大量人力物力的华贵的象征。例如一件清朝初年的深青色如意云纹两色金蟒缎，是在黑青色的缎面上用金线织出栩栩如生的金色团龙纹，又在团龙纹中用各色丝线织出五彩祥云。每朵祥云的周围绣上金线的边缘，色彩鲜明，金碧辉煌。而清代皇帝的龙袍更是精工细作，耗费大量人工。按照当时宫廷的规矩，每一件龙袍都要由清宫如意馆中的第一流工师认真审计，绘出图样。经过皇帝亲自审定认可后，才派出专门差官，星夜奔驰，送到江南的织造公署，由织造官员监造。从清宫档案中保存的当时公文中可以看到，对于每件龙袍使用金银线多少条，丝线多少两都要明确记录汇报。这样一件龙袍，往往要制造一两年。用工精细可想而知。现在保存在故宫中的龙袍，一般绣有九条金龙，还有大量的祥云、花卉、十二章纹、吉祥如意图案、海水、山石纹样等。刺绣时需要将一根丝线分成几份细线使用。绣成的图案精细之处连肉眼都难以看清。《红楼梦》一书中提到，宝玉有一件名贵的孔雀裘。贾母称之为："雀金呢，这是俄罗斯国拿孔雀毛拈了线织的。"很巧，故宫藏品中也有这样的孔雀毛织品。清朝皇帝的袍服中，有一种就是用孔雀尾上的羽毛捻线织成地子，上面用丝线织出花纹，再串缀上无数细小的珍珠。可见这种纺织品不仅仅像贾母所说来自俄罗斯，而更应该是中国织工的原创。小说中贾府的孔雀裘自然无法与皇帝的华服比拟。不用说它的纹饰有多么精美，仅想一想这些罕见的材料就足以令人惊叹。封建专制帝王的穷奢极欲，由此可见。但是对今人来说，在这些衣装上浸透的劳动人民汗水，展现出的劳动人民智慧，才是最值得珍惜的文化瑰宝。

历代封建统治者极尽豪华奢侈的衣着，在今天却成为中国古代手工艺辉煌成就的证物，充分显示出了古代劳动妇女的聪明才智，凝聚了五千年中国古老文明的结晶。如果说人类的才智可以巧夺天工，那么这些精美绝伦的纺织刺绣就是巧夺天工最突出的代表！

　　说到这里，我们只是大致地浏览了一下中国古代服装的历程，而且还主要是中原汉族服装的历程。生活在中华大地上的，还有众多少数民族。由于他们的历史服装材料不足，没有能详细地逐一介绍，这是一个遗憾，也是需要我们继续努力调查与研究的课题。几千年来，亿万劳动人民充分发挥了聪明才智与汗水劳力，塑造出如此灿烂的服饰文明。而在历史前进的过程中，围绕着服装的变化，又产生了无数有趣的典故与传说，发生过无数次思想的交锋与文化的撞击。由此看来，衣服鞋帽不仅是古代人们日常生活中必不可少又司空见惯的琐事，更是与人类社会前进历史息息相关的重要文化因素。由于近代考古学的发展，使得祖先遗留下的大量文物能够将这一灿烂文明日益清晰地向全世界揭示出来，表现出古代中国人民对于世界文明所做的重大贡献。这一贡献必将永远彪炳于人类史册，它就像中国丝绸美丽的光芒一样，永远灿烂辉煌。

作者简介

赵　超 ｜ 1948年生于北京。中国社会科学院考古研究所研究员，中国社会科学院研究生院教授（已退休）。1982年毕业于中国社会科学院研究生院。曾被聘为英国牛津大学、香港城市大学、日本东北学院大学、日本明治大学客座教授，法国高等实验学院访问教授及德国海德堡大学、美国加州大学洛杉矶分校、芝加哥大学等校访问学者。主要研究方向为：汉唐时期考古学，古代铭刻学，古文字学与古代文化思想等。个人撰写学术专著等书籍16种（已出版），参加合作出版学术著作20种，发表论文约200篇。